ノートルダム楽派の楽譜 ▶ p.53

ミンネゼンガーのハインリヒ・フォン・マイセンと仲間たちを描いた絵 ▶ p.26

デュファイとバンショワ ▶ p.38

黒符計量記譜法 ▶ p.53

オケヘムと王室礼拝堂聖歌隊 ▶ p.40

口絵1

『デュエット』 ▶ p.57

『ラ・バールと音楽家たち』 ▶ p.67

太陽神アポロンにふんしたルイ14世
▶ p.61

フリードリヒ大王のフルートコンサート ▶ p.76

ヴァイオリン工房のアントニオ・ストラディヴァリ
▶ p.68

マリア・テレジアに謁見するモーツァルト ▶ p.85

ヴェネツィアの養育院の少女たちによるコンサート ▶p.71

『シューベルティアーデ』 ▶p.97

ベルリオーズの巨大なオーケストラを描いた風刺画
▶p.103

ラジヴィウ公のサロンで演奏するショパン ▶p.107

日本音楽集団による演奏 ▶p.192

《イーハトーヴ交響曲》の初演 ▶p.198

口絵3

美術と音楽

マニエリスム
ルネサンス

『長い首の聖母』 ▶p.51

ロココ様式（美術）
ギャラント様式（音楽） 18世紀

『ポンパドゥール夫人』 ▶p.83

印象主義 19世紀

『印象・日の出』 ▶p.140

フォーヴィスム（美術）
原始主義（音楽）
20世紀

『帽子の女』 ▶p.140

『印象Ⅲ（コンサート）』 ▶p.136

表現主義
20世紀

『街』 ▶p.140

音楽史を学ぶ

増補改訂版

古代ギリシアから現代まで

久保田慶一 編著

教育芸術社

はじめに

　本書は、これまでに出版されてきた数多くの音楽史の本とは、少し構成が異なっています。

　まず本書の題名ですが、『西洋音楽史』や『音楽史概説』といったものではなく、『音楽史を学ぶ』としました。この題名を付けた理由は、西洋音楽史だけを学ぶのではなく、日本も含む古代から現代までの音楽史を通して多くのことを学んでほしい、あるいは多くのことが学べる本だからです。

　この「学び」を可能にするために、本書では、音楽史の各時代の背景にある「時代と社会」について、各章の最初で概説しています。続く「音楽史の流れ」では、各時代の音楽、特に様式（スタイル）の特徴や変化について解説しています。また各時代の重要な事項として、音楽の様式や形式、楽派、さらに時代・社会的背景について、トピックを設けてあります。そして「聴いておきたい名曲」、「知っておきたい音楽用語」や作曲家の解説が付されています。

　音楽史の中には音楽様式や音楽社会の歴史といった大きな流れだけでなく、楽譜、ジャンル、楽器などにもそれぞれの歴史があります。また音楽は、文学、美術、演劇など他の芸術とも関連しています。それらについても、適宜「コラム」を設けて説明しています。

　このように本書は、音楽史を通してさまざまな学びが可能になるように意図されています。最初から順を追って読んでいくだけでなく、ジグソーパズルのピースをひとつひとつ吟味——人物の説明を読んだり、示された作品を聴いたり——して、そのうえでピースを組み合わせて図柄を完成させることで、自分なりに音楽史を理解してほしいと思います。もちろんすべてのピースを使わずに、いくつか選んで取り上げることも可能です。それによって、各時代がいろいろな図柄となって現れてくるはずです。

　各章の最後に「まとめと今後の勉強のために」のコーナーを設け、今後の学びの指針を示しました。この指針を参考にして、「音楽史の学び」をさらに楽しんでいただきたいと思います。

増補・改訂版によせて

　本書の初版が出版されたのは 2017 年です。それから現在（2024 年 8 月）までの間に多くの方々に読んでいただけたことを感謝しております。その 8 年足らずの間に、日本の社会だけでなく世界は大きく変化しました。とりわけ重大な出来事としては、2019 年末頃からはじまったコロナ・パンデミック、そしてロシアのウクライナ侵攻やイスラエルのガザ攻撃を挙げることができるでしょう。そしてこれらの出来事は今もって完全に終息したわけではありません。こうした不安定な時代や社会にあっても、われわれ人間の生活は継続を余儀なくされます。しかし音楽を含む芸術活動は、こうした時代や社会にあっても、あるいはそうであるからこそ、新しい可能性を探求し、世界各地で地道な活動が続けられています。

　増補改訂版では初版では十分な記述がなかったアメリカ音楽史を大幅に加筆し、さらに上述した近年の状況についての項目も追加しました。とりわけ近年のさまざまな出来事については、歴史的な評価が定まっていないものもありますので、時代が経過するにつれて説明の内容も変化する可能性もありますのでご容赦ください。

　人は前（未来）に向かって進むとき、ボートをこいで進むときのように、後ろ（過去）を見てオールを動かし続けなくてはなりません。歴史を学ぶ意味のひとつがここにあると思います。

　　　　　　　　　　　　　　　　　　　　　　　　　　　　　久保田 慶一

Contents

はじめに

前5～後8世紀（古代ギリシア・ローマ時代を中心として）

時代と社会／音楽史の流れ ……………………………………………… 10
古代ギリシア演劇の発達 ………………………………………………… 11
ムーシケーの概念 ………………………………………………………… 12
古代ギリシアの音楽理論 ………………………………………………… 14
古代ギリシア哲学における音楽 ………………………………………… 16
地中海地域のキリスト教聖歌 …………………………………………… 17
キリスト教における音楽 ………………………………………………… 17
　　〈コラム〉
　　　　古代ギリシアの楽器 ………………………………………… 13
　　　　ピュタゴラスによる音程の発見　☆ピュタゴラス／ニコマコス … 14
　　　　古代ギリシア語起源の音楽用語 …………………………… 15
　　　　聖書と音楽 …………………………………………………… 19
まとめと今後の勉強のために …………………………………………… 19

9～14世紀（中世）

時代と社会／音楽史の流れ ……………………………………………… 20
修道院・聖歌学校の設立 ………………………………………………… 21
グレゴリオ聖歌 …………………………………………………………… 22
大学の設立 ………………………………………………………………… 24
騎士歌人の音楽　☆ヴェンタドルン ……………………………………… 26
パリのノートルダム大聖堂 ……………………………………………… 27
ノートルダム楽派　☆レオニヌス／ペロティヌス ……………………… 28
ヨーロッパ大陸とイングランドの文化交流 …………………………… 31
アルス・ノヴァ　☆マショー ……………………………………………… 31
イタリアのトレチェントの音楽 ………………………………………… 34
　　〈コラム〉
　　　　ドレミ…の成立 ……………………………………………… 30
　　〈聴いておきたい名曲〉
　　　　4声オルガヌム《地上の国々は見た》ペロティヌス 作曲 ……… 29
　　　　ノートルダム・ミサ曲　マショー 作曲 ……………………… 32
　　〈知っておきたい音楽用語〉
　　　　教会旋法 ……………………………………………………… 23
　　　　ネウマ譜 ……………………………………………………… 24
　　　　モテット ……………………………………………………… 33
　　　　ランディーニ終止 …………………………………………… 35
まとめと今後の勉強のために …………………………………………… 35

☆：重要人物解説

15〜16世紀 （ルネサンス）

時代と社会／音楽史の流れ ……………………………………………… 36
ブルゴーニュ楽派 ………………………………………………………… 37
フランドル楽派　☆ジョスカン・デプレ ……………………………… 39
ルターの音楽観 …………………………………………………………… 44
プロテスタントの音楽 …………………………………………………… 44
楽譜の印刷技術の開発 …………………………………………………… 46
ヴェネツィア楽派　☆A. ガブリエーリ／G. ガブリエーリ ………… 47
ローマ楽派　☆パレストリーナ ………………………………………… 48
　　〈コラム〉
　　　　楽譜の歴史 ……………………………………………………… 52
　　　　ルネサンスの楽器　☆ダウランド …………………………… 54
　　〈聴いておきたい名曲〉
　　　　バラード／ミサ曲《もしも顔が蒼いなら》デュファイ 作曲 …… 38
　　　　ミサ曲《パンジェ・リングァ》ジョスカン・デプレ 作曲 … 40
　　　　モテット《アヴェ・マリア》パレストリーナ 作曲 ………… 49
　　　　コンソート《涙のパヴァーヌ》モーリー 編曲 ……………… 54
　　〈知っておきたい音楽用語〉
　　　　模倣様式 ………………………………………………………… 41
　　　　計量記譜法（定量記譜法） …………………………………… 42
　　　　オラトリオ ……………………………………………………… 48
　　　　マドリガーレ …………………………………………………… 50
　　　　マニエリスム …………………………………………………… 51
　　　　ア・カペッラ …………………………………………………… 51
まとめと今後の勉強のために …………………………………………… 55

17世紀 （バロック）

時代と社会／音楽史の流れ ……………………………………………… 56
イタリアの「新音楽」　☆カッチーニ ………………………………… 57
オペラの誕生と普及　☆モンテヴェルディ／A. スカルラッティ …… 59
フランス：ヴェルサイユの宮廷音楽　☆リュリ／クープラン ……… 61
ドイツ：三十年戦争時代の音楽　☆シュッツ／フローベルガー …… 65
器楽の隆盛 ………………………………………………………………… 67
　　〈コラム〉
　　　　イギリス・ルネサンスのシェークスピア演劇と音楽　☆パーセル …… 64
　　　　ヴァイオリンの歴史 …………………………………………… 68
　　〈聴いておきたい名曲〉
　　　　モノディー《麗しのアマリッリ》カッチーニ 作曲 ………… 58
　　　　オペラ《オルフェオ》モンテヴェルディ 作曲 ……………… 60
　　　　オペラ《アティス》リュリ 作曲 ……………………………… 63
　　　　クラヴサン曲《シテール島の鐘》クープラン 作曲 ………… 63

合奏協奏曲 ト短調《クリスマス》 コレッリ 作曲 ……………………… 69
〈知っておきたい音楽用語〉
　　通奏低音（バッソ・コンティヌオ）………………………………… 58
　　旋法、音階、調、調性 ……………………………………………… 66
まとめと今後の勉強のために ………………………………………………… 69

18 世紀（バロック〜古典派）

時代と社会／音楽史の流れ ………………………………………………… 70
イタリア：ナポリとヴェネツィア　☆ヴィヴァルディ …………………… 71
フランス：パリ　☆ラモー …………………………………………………… 73
ドイツ：ハンブルク、ライプツィヒ、ベルリン、マンハイム　☆J.S. バッハ／C.P.E. バッハ …… 75
イギリス：ロンドン　☆ヘンデル／J.C. バッハ ………………………… 80
前古典派 ……………………………………………………………………… 82
オーストリア：ウィーン　☆ハイドン／モーツァルト …………………… 84
〈コラム〉
　　ピリオド（古楽）演奏 ……………………………………………… 73
　　啓蒙主義と音楽 ……………………………………………………… 82
　　古典派ソナタに至る歴史　☆D. スカルラッティ ………………… 88
　　古典派の交響曲 ……………………………………………………… 90
〈聴いておきたい名曲〉
　　ヴァイオリン協奏曲集《和声と創意の試み》から〈四季〉 ヴィヴァルディ 作曲 …… 72
　　幻想曲とフーガ ト短調（BWV542）J.S. バッハ 作曲 …………… 77
　　マタイ受難曲 J.S. バッハ 作曲 …………………………………… 78
　　フランス組曲第 5 番 ト長調 J.S. バッハ 作曲 …………………… 79
　　オラトリオ《メサイア》ヘンデル 作曲 ………………………… 81
　　弦楽四重奏曲第 77 番 ハ長調《皇帝》ハイドン 作曲 …………… 87
　　交響曲第 41 番 ハ長調《ジュピター》モーツァルト 作曲 ……… 87
　　オペラ《魔笛》モーツァルト 作曲 ……………………………… 88
〈知っておきたい音楽用語〉
　　バロック組曲 ………………………………………………………… 79
　　ギャラント様式 ……………………………………………………… 83
まとめと今後の勉強のために ………………………………………………… 91

19 世紀（古典派〜ロマン派）

時代と社会／音楽史の流れ ………………………………………………… 92
ウィーンとベートーヴェン　☆ベートーヴェン …………………………… 94
ウィーンのビーダーマイヤー時代と検閲 ………………………………… 97
ドイツ音楽の隆盛　☆シューベルト／シューマン／メンデルスゾーン…… 98
音楽のロマン主義　☆ベルリオーズ ……………………………………… 101

サロンとヴィルトゥオーソ　☆ショパン／リスト……………………………106

ウィーンのリングシュトラーセ文化と擬古典主義　☆ブルックナー／ブラームス ………109

ヴァーグナーの「楽劇」　☆ヴァーグナー…………………111

イタリア・オペラ　☆ロッシーニ／ヴェルディ／プッチーニ ………………115

オペレッタ、ウィンナ・ワルツの隆盛 …………………117

民族主義運動の勃興 …………………118

国民楽派　☆ムソルグスキー／リムスキー＝コルサコフ／スメタナ／ドヴォルジャーク …………119

バレエ音楽の確立　☆チャイコフスキー ……………122

フランス国民音楽協会　☆サン＝サーンス／フォーレ ………………123

後期ロマン派と世紀末　☆マーラー／ R. シュトラウス／ラフマニノフ ………126

象徴主義・印象主義の音楽　☆ドビュッシー…………128

〈コラム〉

ベートーヴェンの交響曲 …………94

フランス革命と音楽 …………96

パリ国立高等音楽院と各国の音楽院 …………105

ピアノの歴史 …………108

バイロイト祝祭劇場 …………112

イギリスの作曲家 …………125

ジャポニスムと音楽 …………129

ドビュッシーの和声 …………131

時代を先取りした作曲家サティ …………132

〈聴いておきたい名曲〉

交響曲第9番 ニ短調《合唱付き》ベートーヴェン 作曲 …………95

歌曲集《冬の旅》シューベルト 作曲 …………99

ピアノ曲集《謝肉祭》シューマン 作曲 …………100

ヴァイオリン協奏曲 ホ短調 メンデルスゾーン 作曲 …………101

幻想交響曲 ベルリオーズ 作曲 …………103

エチュード〈別れの曲〉／スケルツォ第2番 ショパン 作曲 …………107

交響曲第1番 ハ短調 ブラームス 作曲 …………110

オペラ《ラ・トラヴィアータ（椿姫）》ヴェルディ 作曲 …………116

交響詩〈ヴルタヴァ（モルダウ）〉スメタナ 作曲 …………120

交響曲第9番 ホ短調《新世界より》ドヴォルジャーク 作曲 …………121

バレエ音楽《白鳥の湖》チャイコフスキー 作曲 …………123

交響曲第1番 ニ長調《巨人》マーラー 作曲 …………127

牧神の午後への前奏曲 ドビュッシー 作曲 …………128

〈知っておきたい音楽用語〉

イデー・フィクス（固定楽想） …………104

交響詩 …………104

ライトモティーフ（示導動機） …………112

標題音楽と絶対音楽 …………114

トリスタン和音 …………130

まとめと今後の勉強のために …………133

20 ～ 21 世紀 （現代）

時代と社会／音楽史の流れ ·· *134*
表現主義の音楽　☆シェーンベルク／ヴェーベルン／ベルク ············· *135*
無調音楽　☆スクリャービン ··· *137*
音楽のフォーヴィスム（原始主義） ··· *138*
ヴァイマル文化 ··· *139*
新古典主義　☆ストラヴィンスキー／ヒンデミット ······················· *141*
民族主義的音楽　☆バルトーク／コダーイ／ラヴェル／ファリャ ··········· *142*
12 音技法の音楽 ··· *145*
アメリカ的音楽を求めて ··· *147*
アメリカの前衛音楽 ··· *154*
ロシア・ソ連の音楽 ··· *157*
ジダーノフ批判　☆ショスタコーヴィチ ··································· *158*
ユダヤ人音楽家の亡命 ··· *159*
アメリカにおける亡命文化 ··· *160*
冷戦と音楽家 ··· *161*
ミュージック・コンクレートと電子音楽 ····································· *163*
トータル・セリー（総音列主義）　☆メシアン／ブーレーズ ··············· *164*
偶然性の音楽　☆ケージ／シュトックハウゼン ····························· *166*
新ロマン主義と多様式主義 ··· *171*
コンピュータ音楽 ··· *173*
サウンドスケープ ··· *174*
ネット配信からアクセスの時代へ ··· *174*
　　〈コラム〉
　　　　20 世紀の絵画と音楽 ··· *140*
　　　　アメリカの歴史：誕生と奴隷制 ······································· *151*
　　　　戦争と音楽 ··· *162*
　　　　ダルムシュタット国際現代音楽夏期講習会 ··························· *168*
　　　　トーン・クラスターの響き　☆ペンデレツキ ························· *169*
　　　　メルヘンと伝説を愛した作曲家　☆オルフ ··························· *170*
　　　　新しい音楽技法 ··· *172*
　　〈聴いておきたい名曲〉
　　　　バレエ音楽《春の祭典》ストラヴィンスキー 作曲 ····················· *138*
　　　　バレエ音楽《ボレロ》ラヴェル 作曲 ································· *143*
　　　　コントラスツ バルトーク 作曲 ····································· *144*
　　　　ピアノ組曲（op.25）シェーンベルク 作曲 ··························· *146*
　　　　ラプソディー・イン・ブルー ガーシュイン 作曲 ····················· *150*
　　　　ウエスト・サイド物語 バーンスタイン 作曲 ························· *150*
　　〈知っておきたい音楽用語〉
　　　　ブルー・ノート ··· *151*
　　　　微分音 ··· *156*
　　　　図形楽譜 ··· *167*
　　　　プリペアド・ピアノ ··· *168*
まとめと今後の勉強のために ··· *175*

明治 (1868〜1912)・大正 (1912〜1926)

時代と社会／音楽史の流れ ……………………………………… *176*
洋楽導入 ………………………………………………………… *177*
音楽取調掛　☆伊澤修二 ………………………………………… *179*
東京音楽学校とお雇い外国人　☆滝 廉太郎／ケーベル ……… *180*
鹿鳴館と西洋音楽 ………………………………………………… *182*
常設オーケストラの誕生　☆山田耕筰 ………………………… *184*
日本のオペラ ……………………………………………………… *185*
　〈コラム〉
　　　明治維新と日本の伝統音楽 ……………………………… *178*
　　　東京音楽学校存廃論争 …………………………………… *183*
　　　ドイツ人俘虜収容所と《第九》 ………………………… *186*
　〈聴いておきたい名曲〉
　　　組歌《四季》滝 廉太郎 作曲 …………………………………… *182*
　　　歌曲《からたちの花》山田耕筰 作曲 ……………………… *185*
まとめと今後の勉強のために …………………………………… *187*

昭和 (1926〜1989)・平成 (1989〜2019)・令和 (2019〜　)

時代と社会／音楽史の流れ ……………………………………… *188*
戦時体制下の音楽 ………………………………………………… *189*
大学における音楽教育 …………………………………………… *190*
現代音楽祭の盛況〜大阪万博 …………………………………… *193*
ホール・劇場の整備 ……………………………………………… *195*
文化や芸術を支える社会の仕組み ……………………………… *196*
音楽による社会参加 ……………………………………………… *197*
インターネット時代の音楽 ……………………………………… *198*
パンデミックとデジタル活用 …………………………………… *199*
　〈コラム〉
　　　初音ミク …………………………………………………… *198*
　〈聴いておきたい名曲〉
　　　ノヴェンバー・ステップス　☆武満 徹 作曲 ………………… *193*
　　　オペラ《夕鶴》☆團 伊玖磨 作曲 ……………………………… *194*
　〈知っておきたい音楽用語〉
　　　現代邦楽 …………………………………………………… *192*
まとめと今後の勉強のために …………………………………… *200*

おわりに

索引　　人名索引　*202*
　　　　事項索引　*210*

編著者・執筆者プロフィール　*215*

前5〜後8世紀 (古代ギリシア・ローマ時代を中心として)

■時代と社会

エジプト、メソポタミア、インド、中国の大河流域では、肥沃な土地に恵まれ、農業が発達した。多くの人々が生活し、また共同的な労働が必要とされたことから、古代国家が成立した。これら四大文明の周辺ではその影響下に多くの文明が誕生し、そのうちの一つ**ギリシア文化**が、ヨーロッパの文化にとって重要となる。

ギリシアのパルテノン神殿(前5世紀)と**ローマのコロッセウム**(後80年)
古代ギリシアと古代ローマの代表的な遺跡。当時の建築技術の高さを伝えている。

バルカン半島南部の先住ギリシア人やドーリア人は、前8世紀頃から**ポリス**と呼ばれる都市国家を形成し、**ペルシア戦争**(前500〜前449)に勝利した後は、**アテネやスパルタ**が台頭した。とりわけアテネでは直接民主制が確立され、文化的にも大いに繁栄した。アテネとスパルタが戦った**ペロポネソス戦争**(前431〜前404)、北方マケドニアの**アレクサンドロス大王の東方遠征**(前334〜前324)後は、ギリシアのポリスは衰退した。しかしこのアレクサンドロス大王の遠征によって、ギリシア文化が広くオリエント世界に広がり、**ヘレニズム文化**が形成された。

イタリア半島では**ローマ**にラテン人が都市国家を建設し、前6世紀末には共和政も敷かれた。3度にわたる**ポエニ戦争**(前264〜前146)に勝利したローマは、前1世紀後半には地中海世界のみならず、西ヨーロッパを含む地域を支配し、ローマ帝国を確立した。この時代にはギリシア文化を基礎にしながら、独自の**ローマ文化**が形成された。

前7〜前4年頃にパレスチナのベツレヘムで**イエス**が誕生し、その弟子たちが**キリスト教**を布教し、帝国は313年にキリスト教を公認した。しかしその後、帝国は解体の一途をたどり、395年に**テオドシウス帝**が死去すると、東西に分割された。**東ローマ帝国**はその後1453年まで続いたが、**西ローマ帝国**は4世紀後半以降に始まる**ゲルマン人の大移動**によって、476年に滅亡してしまう。

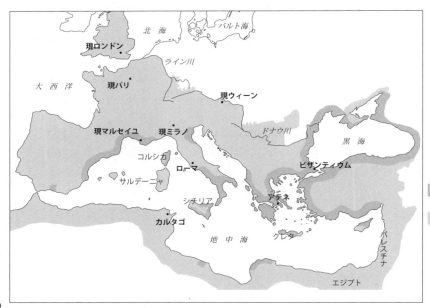

古代ギリシアの勢力範囲
古代ローマ帝国の最大領域
古代ローマ帝国時代の都市は、現在の都市の基盤となった。

■音楽史の流れ

　古代文明は、文字や絵画などを通して人々の音楽生活を現代に伝えている。これらによって当時から音楽芸術が高度に発達していたことが分かる。とりわけヨーロッパ文化の源流となった**ギリシア文化**では、音楽がさまざまな領域で重要な役割を担っていた。ギリシア時代に盛んに演じられた悲劇や喜劇では**合唱隊**が重要な役割を担い、哲学の領域では**音楽理論**が、さらにそれを基礎にして、音楽の哲学が発展した。ギリシア文化はその後ローマ帝国に広く普及し、**ローマ文化**へと継承される。今日でも使用されている音楽用語にギリシア語起源のものが少なからずあるのは、そのためである。ローマ文化はローマ帝国、特に西ローマ帝国の崩壊とともに消えてしまうが、ギリシア時代の文化は、13世紀には再びアラビア文化を経由してヨーロッパに伝えられる。そして14世紀末のイタリアに起こるルネサンス運動によって、16世紀末にはギリシア悲劇の復興を目指した音楽劇としてオペラが誕生する。

　ローマ時代には、地中海東部のパレスチナで誕生した**キリスト教**が普及し、やがて国教として認められる。キリスト教は音楽を重視した宗教であったことから、礼拝においては歌で神を讃美した。このような**聖歌**はキリスト教の伝播とともに地中海沿岸地域に広がり、やがてこれらの地域の聖歌はローマで統一され、**ローマ聖歌**となった。現在のヨーロッパ地域に建国されたフランク王国が、8世紀になってキリスト教とともにローマ聖歌を取り入れたことで、現在のヨーロッパ地域に広がり、その後の西洋音楽における発展の基礎となった。

前5～後8世紀　古代ギリシア・ローマ時代を中心として

古代ギリシア演劇の発達

　古代ギリシアには、合唱、舞踊、ものまね、物語などさまざまな芸能が存在した。これらの伝統芸能は、オリエント文明からの影響のもとでミケーネ文明期に多様な発展をみせた。ギリシアの演劇は、これらの伝統芸能を背景に成立したとみられ、前5世紀中頃のアテネにおいて最盛期を迎えた。そしてこのアテネの演劇がギリシア各地に普及した。現存する悲劇、喜劇、サテュロス劇[1]のいずれもこの頃につくられた。アテネでは毎年、春のディオニュソス祭において、前6世紀後半からは悲劇の、前5世紀

エピダウロスの劇場の遺跡　前4世紀に建造された巨大な野外劇場。オルケストラ（orchestra）と呼ばれる半円形の舞台を、階段状の客席が取り囲む。すり鉢状の構造によって、舞台の声が客席の最上部まで響く。

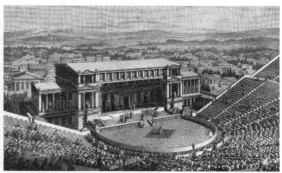

アテネのディオニュソス劇場の復元図
（レーレンダーの木版画、1895年頃）

---

[1] 酒神ディオニュソスとその従者である半人半獣の精霊サテュロスの劇。サテュロスは、やぎの角と耳と足、あるいは馬の尾をもつ半人半獣の姿で描かれることが多い。いたずら好きである。

初頭からは喜劇の競演が行われていた。それに伴ってギリシア各地に劇場が造られ、その中のいくつかが史跡として今日まで残っている。

ギリシア演劇の特徴の一つは、仮面を着けて演じることである。初期の演劇では1人の役者のみが登場し、仮面を着け替えることで、劇中のすべての役を演じ分けていた。古典期になると役者の数は3人まで増えた。ギリシア演劇には**コロス**（choros）と呼ばれる合唱隊が登場し、悲劇の場合は12人から15人ほど、サテュロス劇の場合は50人ほどの規模であった。この合唱隊のメンバーも仮面を着けていて、すべて同じ柄の仮面であったという。

演劇は、まず合唱隊による歌謡で始まり、次に役者と合唱隊長が語る部分となる。そして最後にもう一度合唱隊による歌謡が行われる。このような「歌謡ー語りー歌謡」が演劇の進行の基本となり、劇の筋が複雑化したり役者の数が増えたりするごとに、この形が何度か繰り返された。

16世紀末に、イタリアの都市フィレンツェで知識人たちの集まりである「カメラータ」（▶p.59「オペラの誕生と普及」）がオペラを誕生させるが、彼らはこのような古代ギリシアで行われていた演劇を、音楽劇として復興しようとした。

喜劇の仮面の彫像（前3世紀）　**悲劇の仮面の彫像**（前4世紀）
当時使用していた仮面は現存しないが、こうした彫像や絵などによって当時の仮面の様子が伝えられている。

ムーシケーの概念

英語のmusicやフランス語のmusique（ミュズィク）など、ヨーロッパの多くの言語で「音楽」を意味する語は、ギリシア語のムーシケー（mousikē）を語源としている。ムーシケーとは、ギリシア神話におけるオリンポス12神の一人であるアポロン[1]に仕える女神**ムーサ**（mousa）に由来し、「ムーサに関わる」という形容詞が名詞になったものである。ムーサは英語では**ミューズ**といわれる。博物館を意味する英語のmuseumも同様にmousaに由来する。

前8世紀頃に活躍した古代ギリシアの詩人ヘシオドスの『神統記』によると、このムーサの女神たちは、9人全員がゼウスとムネーモシュネーの娘であると

『**パルナッソス**』（アッピアーニのフレスコ画、1811年）竪琴を弾くアポロンと9人のムーサたちが描かれている。
パルナッソスとは、アポロンが祭られ、ムーサたちが住むとされるギリシアの山の名。

1　大神ゼウスの息子。羊飼いの守護神で、芸能や芸術の神でもある。

され、ギリシア中央部に位置するパルナッソス山に住み文芸を司っていた。それぞれの芸の担当から、古代ギリシア人にとってムーシケーという言葉が、今日意味するところの「音楽」だけでなく、さまざまな種類の文芸に通じており、総合芸術的な意味合いをもっていたことが分かる。古代ギリシアで上演されていた悲劇で、芝居だけでなく合唱や音楽舞踊が一体となっていたことにも、このことが表れている。

	ムーサの神々	司る文芸
1	カリオペー	叙事詩
2	クレイオー	歴史
3	エウテルペー	叙情詩
4	タレイア	喜劇、牧歌
5	メルポメネー	悲劇、挽歌
6	テルプシコラー	合唱、舞踊
7	エラトー	独唱歌
8	ポリュムニアー	讃歌、物語
9	ウーラニアー	占星術、天文

古代ギリシアの楽器

古代ギリシアの楽器の中で重要なものは、**キタラとアウロス**である。

キタラは、共鳴胴から2本の腕木が垂直に伸び、上端部分に横木が付けられた構造の楽器であった。共鳴胴から横木にかけて7本の弦が張られている。文献ではその後弦の数が増えたことが分かっているが、瓶や皿などの表面に描かれた絵画では、7弦で描かれていることが多い。ギリシア神話では、ゼウスの息子アポロンが用いる楽器として描かれている。またオルフェウス[1]はキタラの名手として知られ、その演奏は野獣を魅了し、冥界の王の心を和らげたとされる。

アウロスは、2本の細い円筒管を口にくわえて、V字形にして吹く楽器である。それぞれの管には、3〜5の指孔が開いている。この2つの管が、音楽的にどのような役割を果たしていたかにはさまざまな説があり、多くの研究者は、一方で旋律を、他方で伴奏のドローン[2]を演奏したと考えている。ギリシア神話には、半人半獣の自然の精霊であるマルシュアース[3]が巧みに演奏したと記されている。

ギリシア時代には、キタラとアウロスの性格は対立すると考えられていた。キタラはアポロンが持つため理性的で道徳的な楽器だったのに対して、ディオニュソス祭にも用いられたアウロスは、人の心を興奮させ、感情を揺さぶる楽器であった。

キタラを持つアポロン（ローマ時代）

アウロスを吹くサテュロス
（『ボルゲーゼの壺』の装飾、前1世紀）

---

1 アポロンに仕えるムーサの女神カリオペーの子。毒蛇にかまれて亡くなった妻エウリュディケーを返してもらうために、冥界の王の前で竪琴を奏でた物語は、しばしばバロック時代以降のオペラの題材になった。
2 低音を持続させて、他の旋律的な声部を支える音。
3 ムーサの女神の前で、マルシュアースはアウロスを吹き、アポロンはキタラを奏で、その腕を競った。マルシュアースは負け、罰として生きながら全身の皮を剝がされて死んだ。

ピュタゴラスによる音程の発見

　ピュタゴラスの教団では、哲学や数学の他に、音楽や天文学なども教えていた。ピュタゴラス自身が書いた著作は残されておらず、彼の思想は弟子や後世の哲学者の著述において伝聞という形で伝えられている。

　ピュタゴラスは、数的比例と音程の関係を初めて明らかにしたといわれている。ニコマコスの伝えるところによると、ピュタゴラスが鍛冶屋の前を通りかかったときに、鍛冶屋が打つハンマーが、オクターヴ、完全5度、完全4度で響くのを聴いて、そのハンマーの重さを調べたところ、重さの比が2：1だとオクターヴ、3：2だと完全5度、4：3だと完全4度になるという比が対応することを発見したとされる。実際のところ、音の高さが重さに比例しないことは知られており、この逸話は、弦の長さの比例に置き換えられて、中世の音楽理論書にしばしば引用された（右図参照）。

　オクターヴ、完全5度、完全4度といった**協和音程**が我々の耳に濁りのない美しい響きとして感じられ、このような感覚的な美が単純な数比によってできていることから、ピュタゴラスは、「数」の秩序が世界を構成すると考えた。

ピュタゴラスが音程と数比について研究する様子を描いた版画（ガッフリウス著『音楽の理論』、1492年）
左上には聖書に登場するユバル（▶p.17「キリスト教における音楽」）、右下にはピュタゴラス教団の一員であったフィロラオスも描かれている。

ピュタゴラス（前6世紀後半に活躍） ギリシア、サモス島出身の哲学者、数学者。生地で哲学を学んだ後、30歳頃から諸国を遍歴しさまざまな学問を身に付けた。60歳頃に南イタリアのクロトン（現在のクロトーネ）に、輪廻転生を信じる秘密主義的なピュタゴラス教団を創立した。

■ **ニコマコス（後1世紀後半 - 2世紀初頭に活躍）** ゲラサ（現在のヨルダンのジャラシュ）出身の新ピュタゴラス派の哲学者、数学者。アリストテレスの影響を強く受けているが、アリストテレスの息子のニコマコスとは別人。

古代ギリシアの音楽理論

　古代ギリシアの、ピュタゴラスやプラトンにみられる数的・宇宙論的な音楽理論は、前4世紀の**アリストクセノス**[1]の『ハルモニア原論』によって、聴体験に基づく音楽理論へと発展した。現在知られている古代ギリシアの音楽理論の大部分は、アリストクセノスに依拠している。

　古代ギリシアの音階は、下行形で表記されていた。音階の基本となったのは**テトラコルド**である。これは完全4度の枠内に2個の音を挟む4つの音からなり、枠を形成する2つの音は常に固定されるが、中に挟まれる2音は移動する。移動する2音の配置によって、全音階的、半音階的、四分音階的の3種類

のテトラコルドが生じる（譜例1）。このテトラコルドをつないで音組織を形成するのだが、そのつなぎ方には接合型と分離型の2つの方法があった（譜例2）。この方法でテトラコルドを4つ結合させると大完全音組織（シュステマ・テレイオン・メイゾン）が、3つ結合させると小完全音組織（シュステマ・テレイオン・エラッソ）が生まれた（譜例3）。

大完全音組織から連続した8音を切り出して音階をつくることによって、7種類の音程配列をもつ音階ができた。これをオクターヴ種といい、それぞれのオクターヴ種にはギリシアの地方名や種族名などの名称が付けられた（譜例4）。ここでは、全音階的テトラコルドに基づく音組織でオクターヴ種を示しているが、他のテトラコルドを用いてもオクターヴ種をつくることができる。

ギリシアの音楽理論は、少なからずその後の中世の西洋音楽に影響を与え、テトラコルドの考え方は今日にも受け継がれている。また中世の教会旋法にもギリシアの音階論に倣った名称が付けられているが、その実態は全く関係がなく別のものになっているので、注意が必要である。

古代ギリシア語起源の音楽用語

ミュージック（music）という言葉がギリシア神話の女神ムーサ（mousa）に由来するように、音楽用語には古代ギリシア語起源のものがいくつかある。

ギリシア悲劇で重要な役割をした合唱隊はコロス（choros）と呼ばれたが、ここから現在の合唱、**コーラス**（chorus）という言葉が生まれた。また劇場でコロスが配置された、舞台の前の半円形の土間はオルケストラ（orchestra）と呼ばれたが、この言葉はやがてその場所で演奏する集団を指すようになり、**オーケストラ**（orchestra）という言葉になった。

1　アリストクセノス（前 375 から 360-?）古代ギリシアの哲学者。アリストテレスの弟子にあたり、ペリパトス派に属する。

古代ギリシア哲学における音楽

数を万物の根源と見なし、協和音程が弦の長さ（ハンマーの重さ）の単純な数比で表せることを指摘したピュタゴラス派は、協和音程の数比を宇宙の秩序を形成する原理（ハルモニア）として捉え、魂が音楽を通してこのハルモニアを「模倣」し、それによって「浄化」されることを重視した。現代語の「ハーモニー」はこのハルモニアに由来する（▶p.14「ピュタゴラスによる音程の発見」）。

このハルモニアの考え方をさらに発展させたのが**プラトン**[1]で、人間の生き方を決定し支配するものが、宇宙論としてのハルモニアに啓示されており、それを自己の内に具現することが魂の調和（ハルモニア）であると主張した。彼は著作『国家』や『法律』において、ムーシケー（音楽を含む精神教育）を体育とともに重視し、音楽が精神に与える倫理的な影響を説いた。

プラトン

プラトンの高弟であった**アリストテレス**[2]は、著作『政治学』において、プラトンと同様に国家教育の観点から音楽を論じ、音楽と「快さ」や「徳育」との関係から、音楽における徳育、カタルシス、休養の3つの効用を論じた。特に「快さ」について、ピュタゴラス的な宇宙の調和を認識する音楽とは異なり、我々人間の感覚で認識できる音楽であると論じた。この経験主義的な観点は、後世の音楽論にも影響を与えた。

アリストテレス

このような古代ギリシアの音楽論は、古代ローマの哲学者**ボエティウス**[3]を通して、中世の音楽観へと伝えられた。ボエティウスは『音楽教程』の中で、ピュタゴラス派の音楽論や**プトレマイオス**[4]のハルモニア論を紹介しながら、音楽には3つの種類があると論じた。それは**ムシカ・ムンダーナ**（宇宙の音楽）、**ムシカ・フマーナ**（人間の音楽）、**ムシカ・インストゥルメンタリス**（道具の音楽）

ボエティウス

の3種類である。ムシカ・ムンダーナとは宇宙のハルモニア、すなわちこの世界の秩序のことで、我々の感覚では聴くことはできない音楽である。ムシカ・フマーナとは魂のハルモニア、つまり魂と肉体の調和であって、この音楽も我々の感覚では聴くことはできない。そしてムシカ・インストゥルメンタリスがまさに人声を含む楽器によって産み出される音楽のことで、我々の耳の感覚で捉えることができるものであるとした。

プトレマイオス

古代ギリシアから中世にかけて音楽観は変遷していくが、その根底にあったのはピュタゴラスに由来する音楽の数学的な探求であった。

上から順に、ムシカ・ムンダーナ、ムシカ・フマーナ、ムシカ・インストゥルメンタリスを表した細密画
（13世紀フランスの写本）

---

1 プラトン（前429頃-前347）　古代ギリシアの哲学者。
2 アリストテレス（前384-前322）　古代ギリシアの哲学者。
3 アニキウス・マンリウス・セヴェリヌス・ボエティウス（後480頃-後524頃）　古代ローマ末期の哲学者、政治家。
4 クラウディオス・プトレマイオス（後83以降-後161）　古代ギリシア人の天文学者、地理学者、数学者。

地中海地域のキリスト教聖歌

　キリスト教は、313年にローマ帝国のコンスタンティヌス帝によって公認されるや、それ以後皇帝の保護を受けて急速にその勢力を伸ばし、ヨーロッパに広まった。しかし4世紀から5世紀にかけて、キリスト教は教義に対する解釈の違い[1]から、ローマを中心とする**カトリック教会**と、東ローマ帝国（ビザンツ帝国）の首都コンスタンティノープル（旧名ビザンツ）を中心とする**ビザンツ教会**（東方教会）と、このどちらにも属さなかったシリア、アルメニア、エジプト、エチオピアといった**地中海地域の教会**（東方諸教会）の3つに分かれていった。

　カトリック教会以外の教会では、各地域のさまざまな文化を吸収して、独自の**聖歌**が歌われた。しかしこれらの地域では、その後ヘレニズムやイスラームなどの影響を強く受けたため、3～5世紀頃の聖歌が今日まで変わることなく歌い続けられることはなく、さまざまな影響下に特色ある聖歌が育まれた。

　ビザンツ教会の聖歌は、カトリック教会の聖歌（グレゴリオ聖歌）と同様に、レパートリー、記譜法や旋法などの理論体系化が進められた。また、ビザンツ教会の聖歌はギリシア語の歌詞で歌われた。

　シリア教会の聖歌は、ビザンツ教会の聖歌の影響を受け、音組織などはビザンツ教会と似ている。またアラブの影響もみられ、一部に、四分音[2]を含む旋法も使われる。

　エジプト教会では当初ギリシア語を用いていたが、ナイル川沿いに信仰が広まっていく過程でコプト語（古代エジプト語）に翻訳された。エジプト教会の聖歌は、自由なリズムのメリスマ様式で歌われ、非常に凝った装飾を伴うのが特徴である。

　エチオピア教会は、カルケドン公会議の後にシリアの修道士たちによって広められ、シリア教会とエジプト教会の影響を受けて発展した。エチオピア教会の聖歌は、グレゴリオ聖歌やビザンツ教会の聖歌のような教会旋法ではなく、3つの「ゼーマ」と呼ばれる音組織を用いた。また打楽器の伴奏で歌われるのも特徴である。

キリスト教における音楽

　キリスト教は、歴史的に音楽と密接な関係を保ってきた。音楽を歌ったり聴いたりすることによって得られる崇高な趣が、キリスト教の信仰心によって得られる体験と類似しているからである。神を讃美して歌うことを重視する宗教であるキリスト教では、歌うことは神への祈りに通じ、祈りは歌となった。このように音楽と深い関係をもつのが、キリスト教の特質の一つといえる。

　聖書には音楽とキリスト教の信仰が結び付いた記述が見られる。『旧約聖書』の「創世記」においては、ヤバルの弟ユバルが、「竪琴や笛を奏でる者すべての先祖」として描かれている。また「民数記」では、モーセは主に命じられて2本の銀のラッパを作り、人々を集めるときに吹かせたという。『新約聖書』に収められたキリスト教初期の伝道師であるパウロによる「コロサイの信徒への手紙」でも、「詩編と讃歌と霊的な歌により、感謝して心から神をほめたたえなさい」とある。

　キリスト教の祈りと音楽の関係は、4世紀後半までに**典礼音楽**と、**聖務日課**と呼ばれるキリスト教の根幹をなす典礼儀礼を確立した。典礼は教会で信者たちが神へ祈る祭儀で、ローマ・カトリック教会において、典礼の主要なものが、**ミサ**[3]である。ミサの式の流れと、それに対応して歌われる**聖歌**との関係が表1（次頁）に示されている[4]。聖歌を伴う祈りの部分がこの表の▨▨で示されている。このミサ

1　イエス・キリスト自身が、人であるのか、神であるのかという問題。キリストが神であり人であるという両性説と、キリストは神であるという単性説がある。ニケーア公会議、カルケドン公会議では両性説が認められ、単性説は異端とされた。
2　半音をさらに2つに分割した音程。
3　ミサは、イエスが最後の晩餐のとき、パンとぶどう酒を手にして行った一連の動作や言葉を起源とした祭儀。
4　ミサは、キリスト教の長い歴史の中でその内容が大きく変更されてきた。表1のミサは、ルネサンス末期にまとめられたミサの内容を表している。

前5～後8世紀　古代ギリシア・ローマ時代を中心として

の儀式には、**グレゴリオ聖歌**やそれが芸術的により高められた多声音楽が用いられた。

ミサで歌われる聖歌の歌詞には、ミサの行われる日によって異なる**固有文**と常に同一の**通常文**がある。14世紀になると通常文のみに作曲されて、**ミサ曲**と呼ばれた。ミサのための音楽は、『グラドゥアーレ』と呼ばれる典礼書として出版されている。

一方、聖務日課は、毎日一定の時刻に聖職者や修道者たちによって行われる祈りである。その構成を表2に示した。

聖務日課の礼拝では旧約聖書の**詩編**、**讃歌**、**カンティクム**[5]が唱えられる。詩編は**交唱**、もしくは**応唱**という歌い方で唱えられた[6]。聖務日課の中で音楽に関してとりわけ重要なのが、讃課と晩課である。讃課では「主なる神をたたえまつらん」と歌われた。晩課では、カンティクム「私の魂は主をあがめ」を歌う。このカンティクムは古い時代から多声で歌われており、宗教音楽のレパートリーにおいて重要である。1日の最後をしめくくる終課では、時節ごとに4つの聖母マリアの讃歌の1つが歌われた[7]。聖務日課のための音楽は『アンティフォナーレ』と呼ばれる典礼書に収められている。

ミサで聖歌が歌われる様子を描いた絵
（フランスの装飾写本、15世紀）

表1　ミサの式次第

		固有文	通常文
言葉の祭儀		入祭唱（イントロイトゥス）	
			憐れみの讃歌（キーリエ）
			栄光の讃歌（グローリア）
		集禱文（コッレクタ）	
		書簡（エピストラ）	
		昇階唱（グラドゥアーレ）	
		アレルヤ唱あるいは詠唱（トラクトゥス）。続けて続唱（セクエンツィア）を歌うこともある。	
		福音書朗読（説教）	
			信仰宣言（クレド）
感謝の祭儀		奉献唱（オッフェルトリウム）	
		密誦（セクレタ）	
		序誦（プレファツィオ）	
			感謝の讃歌（サンクトゥス）
			典文（カノン）
			主禱文（パーテル・ノステル）
			平和の讃歌（アニュス・デイ）
	聖体拝領	聖体拝領唱（コンムニオ）	
		聖体拝領後の祈り（ポストコンムニオ）	
			終祭唱（イテ・ミサ・エスト）

表2　聖務日課

聖務日課	時刻
朝課	夜明け前
讃課	日の出どき
一時課	午前6時頃
三時課	午前9時頃
六時課	正午頃
九時課	午後3時頃
晩課	日没どき
終課	日没後

　　　　＝聖歌を伴う祈りの部分

5　カンティクムとは、4世紀以降のキリスト教用語で「喜びの歌」を意味し、聖書の詩編に掲載されていない詩に基づく歌。
6　交唱とは、詩編などを2組に分かれて交互に歌う方法。応唱とは、独唱者が詩編の各行を先に歌い、続いて全員が繰り返して歌う方法。
7　待降節から2月1日までは《うるわし救い主の御母よ》、2月2日から聖週間の水曜日までは《めでたし天の元后》、復活祭から三位一体の主日までは《天の元后喜びたまえ》、三位一体の主日後から待降節第一主日の前の日までは《めでたし、元后》を歌う。聖週間の水曜日と復活祭までの3日間（聖なる過越の3日間）は、キリスト教においてたいへん重要な日なので特別な典礼が行われる。

聖書と音楽

「キリスト教における音楽」(p.17) の項目でも述べたように、聖書には音楽に関する記述が多く見られる。その中でも、後世の作曲家によって音楽作品の題材となった記述を、ここで紹介しよう。

ヘンデルのオラトリオ《ユダス・マカベウス》は、『旧約聖書』の「マカバイ記」に記されたユダヤとシリアのマカベア戦争に基づいている。この戦争は前167年、ユダヤ教を禁止しようとしたセレウコス朝シリアに対してユダヤ人が抵抗した運動で、その指導者がユダ・マカバイ[1]という人物であった。彼は強力な軍隊を組織してイェルサレムを制圧し、その20年後、弟のシモンが、約1世紀の間パレスチナを支配することになるハスモン朝を成立させた。

ヘンデルのオラトリオでは、〈見よ、勇者は帰る〉というユダスの凱旋を祝う合唱曲が知られている。しばしば表彰式のBGMとしても使われている。

兵を率いて戦場へ向かうユダ・マカバイ
(ドレの絵に基づく版画)

1　ユダ・マカバイはヘブライ語の表記。ラテン語表記でユダス・マカベウス、ギリシア語表記でユダス・マカバイオス。

まとめと今後の勉強のために

　古代ギリシアやローマ時代の音楽は断片的にしか残されていないので、音楽として鑑賞されることはない。しかしヨーロッパ文化全体がとりわけギリシアの文化 (哲学、科学など) を源流としているように、音楽においても現代に通じる思想や理論、そして音楽用語などは、ギリシア起源のものが多い。紀元後になると、キリスト教が誕生し、地中海沿岸地域に普及していく中で、ユダヤ教の音楽から影響を受けたキリスト教の音楽習慣が伝播し、やがて中世ヨーロッパの音楽へとつながっていく。

　ギリシア時代の哲学、とりわけ音楽に関係するプラトンの『国家』や『饗宴』などを読むことをお勧めする。またギリシア悲劇やギリシア神話は17世紀に誕生するオペラの題材となるので、知っておくとよいだろう。

9〜14世紀（中世）

■時代と社会

西ローマ帝国が476年に滅亡してから15世紀までのおよそ1000年が「中世」である。地中海世界に代わってアルプス以北の西ヨーロッパが歴史の舞台となる。ただしヨーロッパ文化と今日呼ばれる独自の文化が形成されるのは、9世紀以降のことである。

西ローマ帝国の滅亡後にこの地を最終的に支配したのは、**フランク王国**であった。5世紀末のメロヴィング朝のクローヴィスが**キリスト教**の正統であるアタナシウス派に改宗し、**ローマ・カトリック教会**とのつながりを深めた。さらに6世紀末には教皇グレゴリウス1世がゲルマン人の改宗を推進し、キリスト教が普及した。

カール大帝 周辺地域を次々に征服して支配を広げた一方、宮廷に学者を集め文芸の復興にも努めた。

こうした背景のもと、800年にはローマ教会は**カール**に帝冠を与え、ここにカールを大帝に戴く西ローマ帝国が復活する。これによって古代世界、キリスト教、ゲルマン世界の3つが統合され、今日のヨーロッパ世界あるいは文化の源になった。その後王国は順次分裂し、**ドイツ**、**フランス**、**イタリア**へと発展する。またノルマン人、マジャール人、イスラーム勢力などの侵攻が相次ぐが、封建制度による社会の安定や、ローマ教会の勢力拡大を通して、ヨーロッパ世界はより強固になっていった。同時に、**十字軍**の遠征、イスラーム勢力に征服されたイベリア半島での**国土回復運動**（レコンキスタ）、ドイツ人によるエルベ川以東への**東方植民**など、ヨーロッパ世界の拡大も試みられた。

11世紀以降になると商業が盛んになり、各地に都市が発達し、交易を通して商人たちは大いに繁栄した。パリやボローニャなどの都市には**大学**が設立され、文化面での興隆も著しくなった。その一方で、商品経済の発達は農民の生活を困窮させ、農民の反乱が各地で起こり、封建制度を揺るがした。また十字軍の失敗もローマ教会の権威を失墜させ、教会改革が訴えられた。

このような社会の変化を背景にして、政治権力を国王に集中した中央集権国家が成立し、これに伴って後の**身分制議会**も誕生した。特にイングランドとフランスが先進的で、両国の中央集権国家の成長とともに、**百年戦争**（1339〜1453）にみられるように、国家間の戦争も大規模になった。これに対してドイツを支配した**神聖ローマ帝国**では、7人の選帝侯によって皇帝が選出されたが、300近くの小国家や自治都市へと分裂していた。イタリアでも同様で、それぞれの国家的統一は19世紀後半になってようやく達成された。

アイユーブ朝のサラーフ＝アッディーンの軍に包囲されるイェルサレム
第1回十字軍で支配した聖地は再びイスラムに奪われ、これが第3回十字軍のきっかけとなった。

■ **音楽史の流れ**

　フランク王国とローマ教会という世俗と宗教の双方の権力が結び付きを強めたことは、その後のヨーロッパにおける文化と芸術、とりわけ音楽の発展にとって、決定的に重要となった。ヨーロッパ各地に修道院や聖歌学校が設立され、キリスト教と同時に、礼拝のための音楽が普及したからである。

　礼拝のために重要な音楽は、今日**グレゴリオ聖歌**と呼ばれている、聖書の言葉などを朗誦した**単旋律**の聖歌である。これらの聖歌はその後、歌詞の変更や別の旋律が追加されるなどして、その数を増加させた。とりわけ旋律の追加はやがて**多声音楽**の発達を促した。このような初期の多声音楽は**オルガヌム**と呼ばれた。特に、パリのノートルダム大聖堂では、**ノートルダム楽派**と呼ばれる修道士たちによる、華麗なオルガヌムが演奏されていた。

　十字軍の影響によって、ギリシアの古典文化がイスラーム経由でヨーロッパに伝えられた。こうしてヨーロッパでは、ギリシア古典やキリスト教神学を研究したり、教育したりする大学が各地に誕生した。このような大学では、学生の教養として、ギリシア時代の思弁的な音楽理論も教えられた。一方、ヨーロッパ各地では地方の領主が勢力を広げ、宮廷では**騎士歌人**が活躍して、世俗的な歌曲を披露した。

　14世紀になると、多様なリズムが表記できる**記譜法**が開発され、多声音楽の各声部も美しくしなやかな旋律となった。この時代の音楽はフランスでは**アルス・ノヴァ**と呼ばれ、イタリアでは**トレチェント**と呼ばれた。

　イングランドとフランス両国による百年戦争の結果、イングランドとヨーロッパ大陸との文化交流が活発になった。音楽では、イングランドの響きの豊かな音楽がフランスの多声音楽に導入され、ルネサンス音楽の興隆を準備した。

修道院・聖歌学校の設立

　3世紀末のヨーロッパではキリスト教の布教が盛んになり、キリスト教への改宗者が多くなったが、その反面、キリスト教社会は緊張を欠くようになった。そのため信仰心に富む一部の熱心なキリスト教徒が、都市から離れ荒野で過酷な貧困生活を送り、宗教的な共同生活を始める集団も現れた。

　その後各地に多くの修道院[1]が創設されたが、その中でもイタリアの**聖ベネディクトゥス**が529年頃に建てた**モンテ・カッシーノ修道院**が、音楽において

聖ベネディクトゥス
（L. バスティアーニの油彩画、部分、15世紀）

も重要な修道院となった。ベネディクトゥスが535年頃にこの修道院での生活を始めるにあたって定めた戒律には、8つの礼拝からなる聖務日課についての記述があり、修道院での日常の礼拝が音楽と深く関係付けられていた。こうしてモンテ・カッシーノ修道院は、ヨーロッパのキリスト教文化において中心的な役割を果たすようになり、これを模範として多くの修道院が創設されることになった。

　聖歌学校の歴史は6世紀頃から始まる。4世紀後半頃から教会暦に従って歌われる歌詞や旋律に関する規則が制定されたことで、教会内で歌う歌手の養育が必要になったからである。**教皇グレゴリウス1世**[2]は、**スコラ・カントルム**と呼ばれる礼拝音楽を専門に扱う成人歌手と少年聖歌隊員からなる機関を、

1　修道院の歴史は、3世紀末のエジプトとパレスチナに始まった修道院運動に遡る。
2　グレゴリウス1世（540頃-604）　ローマ教皇（在位590-604）。

ローマのラテラーノ大聖堂の近くに置いた。これは新しい歌手の訓練だけでなく、主要学科（▶p.24「大学の設立」）すべての教育も担った。このラテラーノ大聖堂のスコラ・カントルムをモデルにして、サン・ピエトロ大聖堂にはヴァチカン聖歌隊学校が創設された。

教皇座がアヴィニョンに移された時期（1309-77）になると、スコラ・カントルムはしだいに衰退し、1370年、教皇ウルバヌス5世によってこの制度は廃止されてしまった。

モンテ・カッシーノ修道院 ローマとナポリの中間に位置する標高519mの岩山の上に建つ。中世から20世紀に至るまで、戦争による惨禍と再建を繰り返した。

グレゴリオ聖歌

ギリシアを経由してローマに伝えられたキリスト教は、ローマからさらにヨーロッパの北や西へと広まった。各地に教会が建てられ、ミサなどの礼拝ではラテン語が共通して用いられていた。しかし典礼の方法や儀式で用いる教会音楽は、各地で独自のものが発展していった。

ローマの典礼に用いられていた**ローマ聖歌**は、やがて他の地域の聖歌を取り込む形で整備された。596年、**教皇グレゴリウス1世**の命によって行われたイングランドのキリスト教化のために、ローマ聖歌がこの地にも導入された。その後ローマ教会とフランク王国による西ヨーロッパの統一が進められる過程で、ガリア、アイルランドの地域の聖歌やモサラベ[1]の聖歌が融合され、単旋律を無伴奏で歌う**グレゴリオ聖歌**が形成された。（▶p.29 譜例1、p.30 譜例3）

この聖歌の名称の由来は、教皇グレゴリウス1世にちなんでいる。しかしグレゴリオ聖歌の成立は9世紀頃と考えられており、彼の名は権威ある教皇の名として、この聖歌の伝統性を強調するために使われてきたと考えられている。

グレゴリオ聖歌は、9世紀から12世紀にかけてキリスト教が布教された地域で広く歌われた。9世紀末までは、聖歌はすべて口承で伝えられてきたが、10世紀頃から**ネウマ**で旋律が記され、やがて譜表上に角形音符で記されるようになった。グレゴリオ聖歌の旋律は、8種類の**教会旋法**という音組織の考え方をもたらした。

13世紀の装飾写本に描かれたグレゴリウス1世

1　711年以降にイスラーム教徒の支配下に入った、イベリア半島南部のキリスト教徒。

知っておきたい音楽用語

教会旋法

教会旋法は、主に西洋の中世とルネサンスの音楽で用いられた音組織である。**グレゴリオ聖歌**の成立とともに組織され、聖歌の旋律は基本的に8種類の教会旋法に分類された。教会旋法の特徴は、すべて同一の全音階上に置かれ、それぞれがオクターヴにわたる音域にあり、**終止音**と**支配音**（朗唱音やテノル音ともいう）をもつことである。終止音とは、旋律の始まりの音でもあり終わりの音でもある。支配音とは、旋律中で最も多用される音である。終止音に始まりオクターヴ上の終止音までの音域をもつ旋法を**正格旋法**といい、終止音の4度下に始まり、5度上までに至るオクターヴの音域をもつ旋法を**変格旋法**という。

各旋法の区別の仕方は、時代によって異なっているが、一般的に番号を付けて呼ばれることが多く、正格旋法には奇数、変格旋法には偶数が付けられた。また、古代ギリシア時代の旋法名と似た名称で呼ばれることがあるが、各旋法と名称の関係は、ギリシア時代と中世では異なっているので、注意が必要である。

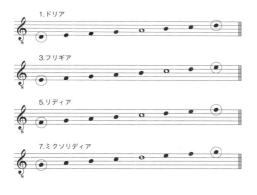

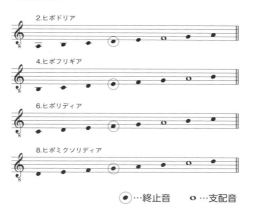

ルネサンスになると、教会旋法の種類は、古代ギリシアの旋法を刷新しようと考えたスイスの音楽理論家である**グラレアヌス**[1]によって拡張された。彼の理論書『ドデカコルドン（12旋法）』（1547）において、新しく4つの旋法が追加され、12種類の旋法として体系化された[2]。しかしルネサンスの実際の音楽は、徐々にイオニア旋法とエオリア旋法に集約されるようになり、長調（長音階）と短調（短音階）の成立を促すことになった。

---

1 ヘンリクス・グラレアヌス（1488-1563）　スイスの音楽理論家、大学教師。『ドデカコルドン（12旋法）』（1547）などの彼の研究は16世紀のみならず、17世紀の理論や音楽観にも影響を与えた。
2 この他にロ音を終止音とするロクリア旋法が『ドデカコルドン』において指摘されている。ロクリア旋法では、終止音のロ音と支配音のヘ音との間に3全音（減5度もしくは増4度音程）が形成される。この音程は中世からルネサンスにかけて「悪魔の音程」として嫌われ、そのためロクリア旋法そのものが使われることはなかった。

知っておきたい音楽用語

ネウマ譜

　中世の単旋律の音楽は**ネウマ**を用いて記譜された。ネウマとは、旋律の動きや演奏上の細かなニュアンスを、曲線や記号を用いて視覚的に分かるように示したもので、西洋音楽における最初期の記譜法の一つである。時代や地域によってさまざまな方式のネウマ譜が登場した。

　初期のネウマによる記譜は、音の高さを明確に示すものではなかった。10世紀頃には、譜線を用いないが記譜の際に音の高低を考慮した「音高ネウマ」が用いられた。そして11世紀頃からは譜線を用いる「譜線ネウマ」の記譜がそれに代わり、以後、譜線の数が増えて13世紀には譜線の数は4本に定着した。また角形の音符も使われるようになった。(▶ p.52「楽譜の歴史」)

大学の設立

　西ヨーロッパの封建社会は、11世紀頃からおよそ300年の間、政治的に安定しており、農業生産が増大し人口も増えていった。各国はヨーロッパ以外の土地にも目を向け、1096年には聖地奪回を目指して第1回十字軍がイェルサレムへ派遣された。十字軍は1270年の第7回まで続いたが、イェルサレム奪回は失敗し、教皇の権威が揺らぎ始めた。それに代わって世俗の国王が権威をもち、イタリアの諸都市が繁栄した。また十字軍は東方との交流を盛んにし、ギリシア古典文化をビザンツ帝国やイスラーム圏からもたらし、「12世紀ルネサンス」といわれる知的高揚を西ヨーロッパに引き起こすことにもなった。

　このような文化的背景のもと、都市には多くの教師と学生が集まり、私塾のような教育の場が形成された。やがて彼らは手工業者の同業組合に倣ってギルドを形成し、**大学**（universitas）を設立した。「教師と学生の組合」を意味する大学は、学生が住む下宿代、書籍の価格といった対外的交渉や学生保護を担っていただけでなく、同時に教師（彼らは受講生から聴講料を得て生活していた）に対しては講義の実践や内容の保証を求めるようなり、まさに学生の

パリ大学の教師と学生（14世紀の装飾写本）

ための機関となっていった。教師はしだいに組合としての universitas から追い出されることになり、collegium といわれる「教師組合」を別につくることになった。そして universitas や collegium が今日の英語の、いずれも大学を意味する university や college になった。

　12世紀から13世紀初めにかけて、このようなギルドを中心にして、大学が自然発生的に形成された。現存する大学で最も歴史が古いものとしては、ボローニャ大学、パリ大学、オックスフォード大学がよく知られている。イタリア北部の町にあるボローニャ

大学は法学を中心に形成され、遅くとも12世紀初頭には存在したと思われる。パリ大学の起源は、12世紀初頭のパリのセーヌ川シテ島にあるノートルダム大聖堂の司教座聖堂学校であり、13世紀頃から南の対岸の地域にさまざまな学校が開設された。オックスフォード大学の起源ははっきりしていないが、ヘンリ2世が1167年に、イギリスの学生がパリの大学で学ぶことを禁止したことから、オックスフォードに徐々に大学が形成されていったと考えられている。

中世のこれらの大学における、教育目的はさまざまであったが、いずれにおいても共通して、学生は教養としていくつかの学問を身に付けた。基礎となる教養科目は「**自由七科**（septem artes liberales）」と呼ばれ、「トリヴィウム」と呼ばれる下位の3科目、**文法、修辞学、弁証法**と、「クワドリヴィウム」と呼ばれる上位の4科目、**算術、幾何学、天文学、音楽**からなった。ここに数学や天文学といった理数系の科目と並んで「音楽」が含まれているのは、ローマ時代の哲学者**ボエティウス**の『音楽教程』が教科書として用いられ、音楽の数比論、すなわち音律を中心とした**ピュタゴラス学派**の音楽理論や**プトレマイオス**の『ハルモニア論』が教えられてきた伝統があったからである。ボエティウスが依拠したギリシア時代の音楽論によれば、世界の調和の根本原理は数の関係のうえに成り立っていて、芸術としての音楽は、根本原理としての調和から生じた現象の一つにすぎないと考えられていた。ボエティウスのこの著書は、こうしたギリシア時代の代表的な音楽論を伝えるもので、当時の教養人にとっては必読の書となった。ギリシアに由来する彼の音楽論は、中世を通じて音楽に対する基本的な考えとなり、音楽は「自由七科」の中で最も高度な学問と考えられていた。

自由七科のラテン語名「セプテム・アルテス・リベラレス」から、現代では教養教育を意味する「リベラル・アーツ」という言葉が生まれた。

ボエティウスに自由七科を紹介する哲学（15世紀のフランスの絵画）
左端がボエティウスで、哲学と自由七科は擬人化されて描かれている。

手にネウマ譜を持った女性が「音楽」を象徴している。

騎士歌人の音楽

中世の音楽は、キリスト教の布教に伴って、教会音楽を中心に発展していく。一方で、中世の人々は宗教的ではない世俗的な声楽も楽しんでいた。その歌詞は、教会の言語であるラテン語ではなく、日常で用いている言葉（フランス語やドイツ語）であり、歌われる詩の内容は、神の教えではなく、宮廷での愛や政治、道徳であった。主にフランスでは**トルバドゥール**と**トルヴェール**、ドイツでは**ミンネゼンガー**や**マイスタージンガー**と呼ばれた、宮廷に仕える世俗音楽家の活動を伝える資料が今日まで残されている。

トルバドゥールは12世紀から13世紀にかけてフランス南部を中心に活躍した詩人兼作曲家たちである。この地域の共通の言語であるオック語による叙事詩をつくり、それに旋律を付けた。トルバドゥールの活動の中心地はアキテーヌ公国の都ポワティエで、やがて彼らの歌はトゥールーズ、プロヴァンスの宮廷で歌われ、北イタリアやスペイン北部のカタルーニャ地方にも広まった。現在まで伝えられているトルバドゥールの詩は2600編余りあり、そのうち旋律が伝わっているのは10分の1である。代表的なトルバドゥールとしては、アキテーヌ公爵の**ギョーム9世**[1]や**ヴェンタドルン**が知られている。トルバドゥールは12世紀後半に一世を風靡したが、**アルビジョワ十字軍**[2]によって南フランスが壊滅的な打撃を受けたことにより、衰退していった。

トルヴェールは、12世紀から13世紀にかけてフランス北部で活躍した音楽家たちである。彼らは、今日のフランス語の源流にあたるオイル語を用いた。南フランスと北フランスは以前から交流をもち、12世紀にはトルバドゥールが北フランスの宮廷を訪れていた。このような背景から、トルヴェールは当初、トルバドゥールの技法や内容をそのまま受け継ぎ、歌詞の言語だけ替えて歌をつくった。やがてトルヴェールの曲は、**アダン・ド・ラ・アル**[3]の作品にみられるような、多声のものもつくられるようになった。トルヴェールは、後述する**アルス・ノヴァ**（⏵p.31）の世俗歌曲やドイツのミンネゼンガーなどにも影響を与えた。

ミンネゼンガーのハインリヒ・フォン・マイセン（下の中央）と仲間たちを描いた絵（14世紀、大ハイデルベルク歌謡写本の細密画） マイセンは「フラウエンロープ（女性の賛美者）」の別名でも知られていた。（⏵口絵1）

ベルナルト・デ・ヴェンタドルン（1120から40頃-1190から1200頃） フランス南東部のプロヴァンスを代表するトルバドゥール。ヴェンタドルンはヴァンタドゥール城（フランスの中央高地にある）のパン職人の息子であったとされ、この地を治めるヴェンタドルン子爵エブル3世から、歌唱法と読み書きを学んだとされる。彼の詩と旋律は、北フランスでも知られており広く流布した。またこの時代としては珍しく現存する作品の数が多い。

---

1 ギョーム9世（1071-1126） 中世フランスの貴族（第9代アキテーヌ公、第7代ポワティエ伯）。作品が現存する最初期のトルバドゥール。
2 フランス南部（カトリックの堕落に反抗するアルビ派が強い地域）を粛正するため、ローマ教皇インノケンティウス3世が派遣した十字軍（1209-29）。またフランス王ルイ8世は南フランスの権力拡大に利用した。この地の独自の文化は廃れ、北フランスの支配下に置かれ、その文化を受け入れることになった。
3 アダン・ド・ラ・アル（1245から50-1285から88または1306以降） フランスのトルヴェールの代表的な作曲家。《ロバンとマリオンの劇》は、現存する最古の音楽劇と考えられている。

ミンネゼンガーは、12世紀から14世紀にかけてドイツやオーストリアの宮廷で活躍した音楽家たちで、中世の高地ドイツ語によって宮廷恋愛詩を歌った。その作風は、トルバドゥールとトルヴェールから受け継いでいた。14世紀以降、ミンネゼンガーの芸術は宮廷文化として急速に衰退してしまったが、上流階級の風習をまねる中産階級の人々へと浸透していき、マイスタージンガーと呼ばれる集団を形成することになった。マイスタージンガーは音楽以外の職業に就きながら音楽活動をし、同業者組合であるギルドのような組織を結成して、詩のつくり方や伝統的な旋律を後世に伝えた。リヒャルト・ヴァーグナーの楽劇《ニュルンベルクのマイスタージンガー》(1868)(▶p.111) では彼らの活躍が生き生きと表現されている。

パリのノートルダム大聖堂

　現在のパリの地には、すでに前1世紀にケルト人の一派であるパリシィ族が集落を形成し、セーヌ川を利用した交易を行っていた。前50年代には**カエサル**のガリア征服によって、この地にローマ人が侵入し、都市国家が建設され、3世紀半ばにはキリスト教がもたらされた。しかしこの世紀の終わりにゲルマン人の移動によって、フランク族が侵入し、ローマ人が建設した都市は破壊されてしまった。

　フランク族の**クローヴィス1世**は、508年にパリをメロヴィング朝フランク王国の首都に定め、シテ島に王宮を建てた。キリスト教の布教の拠点として、パリには多くの修道院も建設された。その後西フランク王国が滅亡し、カロリング朝のパリ伯ユーグ・カペーが987年にフランス国王になったことで、カペー朝が成立する。このカペー朝において現在のパリの基礎が築かれることになり、王宮であるシテ宮やパリの周りを囲む城壁の建設が行われた。

　カペー朝期には、セーヌ川の中州にあるシテ島にノートルダム大聖堂[1]の建設が始められた。1160年にパリの司教として就任した**モーリス・ド・シュリー**の計画により1163年に着工され、およそ100年かけて1250年に完成した。

　ノートルダム大聖堂では、12世紀半ばから13世紀にかけて、音楽史上でも画期的な展開であったモード・リズムによって多声音楽が発展し、典礼音楽の重要な拠点となった。(▶p.28「ノートルダム楽派」)

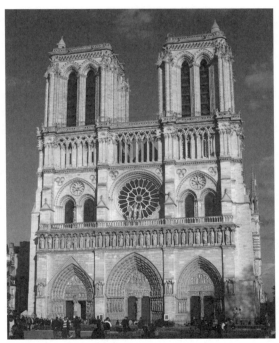

パリのノートルダム大聖堂

---

[1] ノートルダムはフランス語で「我々の貴婦人 (Notre-Dame)」という意味で、聖母マリアを指す。ノートルダムを冠した教会はフランス語圏の都市に多く建てられた。パリのノートルダム大聖堂ではノートルダム楽派の音楽家が活躍し、ランスのノートルダム大聖堂では14世紀にアルス・ノヴァを代表するギヨーム・ド・マショーが活躍した。

ノートルダム楽派

ノートルダム大聖堂ではその礎が築かれた頃にパリのアルベールが活躍し、その後を継いで12世紀半ばから13世紀にかけて**レオニヌス**や**ペロティヌス**といった音楽家が相次いで現れ、フランスにおける多声音楽の一大楽派を形成した。今日、彼らを**ノートルダム楽派**と呼ぶ。

すでに9世紀頃には、グレゴリオ聖歌の旋律の各音に対して5度あるいは4度の音程で別の音を付け加えることが行われた[1]。このような多声化の方法を**オルガヌム**といい、元の旋律と新しく付け加えられた旋律間の音程が一定となる楽曲を**平行オルガヌム**という。

11世紀になると、付け加えられる声部がより自由に動くオルガヌムがつくられるようになった。続く12世紀に入ると、元の旋律の1音に対して多くの音からなる旋律が付けられ、メリスマ・オルガヌムの技法が発達した。このタイプのオルガヌムは、フランス南西部のリモージュにあるサン・マルシャル修道院[2]で好まれた。

多声化されたオルガヌムには、2つの様式が誕生した。1つは**オルガヌム様式**といわれるもので、元のグレゴリオ聖歌を長く引きのばした声部の上で、メリスマ的な旋律が展開した様式である。聖歌を引きのばした声部はやがて**テノル声部**[3]と呼ばれた。もう1つの様式は、**ディスカントゥス様式**といわれるもので、テノル声部とオルガヌム声部がほぼ1音対1音の動きをする様式である。

このようなオルガヌムの伝統を継承して、ノートルダム楽派の多声音楽は展開された。レオニヌスは《オルガヌム大全（マニュス・リベル・オルガニ）》を編纂し、2声のオルガヌムをつくった。また彼は、**モード・リズム**と呼ばれるリズムの記譜法を初めて考案したと考えられている。この記譜法は、次のような6つのリズム・パターンを基本としており、これらのパターンの組み合わせでリズムが表記された。

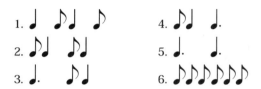

ペロティヌスは、レオニヌスがまとめた《オルガヌム大全》の2声のオルガヌムを、モード・リズムを厳格に用いながら3声もしくは4声のオルガヌムに改作した（▶p.29《地上の国々は見た》、p.53 ノートルダム楽派の楽譜）。オルガヌム様式では、テノル声部が極端に長く引きのばされ（メリスマ的オルガヌムが長く続く）、ディスカントゥス様式では、全声部にモード・リズムが用いられるようになった。このようなディスカントゥス様式はクラウスラとも呼ばれ、やがて独立してモテット（▶p.33）の誕生につながった。

■ **レオニヌス（1150年代-1201頃パリで活躍）** ノートルダム楽派の代表的な作曲家で、ノートルダム大聖堂の高位聖職者。レオナンともいう。当時の理論書に「最良のオルガヌム作者（もしくは歌い手）」とたたえられる。ノートルダム大聖堂で用いられた典礼用のオルガヌム曲集である《オルガヌム大全（マニュス・リベル・オルガニ）》を編纂した。

■ **ペロティヌス（1200頃パリで活躍）** ノートルダム楽派の代表的な作曲家で、ペロタンともいう。レオニヌスがまとめた《オルガヌム大全》に手を加え、モード・リズムを用いて2声のオルガヌムを3～4声のものに改作したと伝えられている。

1　9世紀の音楽理論書『ムシカ・エンキリアディス』には、最も古い多声音楽の例が具体的に記されている。
2　サン・マルシャル修道院の図書館は何世紀もの間ほとんど侵略や略奪を受けることがなかった。フランスの典礼聖歌手写本などの、貴重な資料は1730年にパリ王立図書館に売却された。その後この修道院は1792年に完全閉鎖された。
3　テノルとは、ラテン語の tenor（保持する、連続する）に由来する。ルネサンスになると、この声部の上と下に新しい声部が付け加えられ、現在の四声部合唱の形態へと発展し、今日でいうテノール声部が生じる。それとは区別するため中世のオルガヌムでは、テノル声部と称するのが一般的である。

> 聴いておきたい名曲

4声オルガヌム《地上の国々は見た》 ペロティヌス 作曲

《地上の国々は見た Viderunt omnes》は、中世に活躍したノートルダム楽派のペロティヌスによってつくられたと考えられている4声[1]のオルガヌムである（▶ p.28「ノートルダム楽派」）。譜例1にはこのオルガヌムで使われているグレゴリオ聖歌《地上の国々は見た》の冒頭の旋律が示されている。

この聖歌の旋律の各音は、オルガヌムのテノル声部に置かれ、長く引きのばして歌われる。譜例2は、この曲のオルガヌム様式の部分である。テノル声部では、「Vi」の歌詞に付けられたヘ音が長く引きのばされている。この音の上で残りの3声部が、モード・リズムに基づいたリズムを付けて、華やかに歌われる。

また譜例3はこの曲のディスカントゥス様式の部分であるが、テノル声部も他の声部と同様に、モード・リズムに基づいて歌われている。このような様式をクラウスラと呼ぶ。

修道士によるグレゴリオ聖歌の歌唱
（スペイン、オセイラ修道院）

譜例1　グレゴリオ聖歌《地上の国々は見た》の旋律（冒頭）

譜例2　ペロティヌスのオルガヌム《地上の国々は見た》オルガヌム様式の部分（冒頭）

譜例3　ペロティヌスのオルガヌム《地上の国々は見た》ディスカントゥス様式の部分

1　ペロティヌスらによって、オルガヌムは4声部に拡張した。この時代の各声部の名称は下から順に、テノル、ドゥプルム（第2声部）、トリプルム（第3声部）、クアドルプルム（第4声部）と呼ばれた。テノル声部はこの時代、最低声部であった。

ドレミ…の成立

イタリアの理論家である**グイード**[1]は、優れた音楽教授と実践的理論によって、若い歌手の養成に成果を上げていたことが、当時から知られている。譜線の色付け、記号で音高を区別する記譜法、ドレミ…の基になった**階名唱法**（ソルミゼーション）の確立に、彼は大きな貢献を果たした。

彼は、聖ヨハネの讃歌《あなたの僕たちが》（譜例1）の各節の最初の音に付いている文字を拾い出して**階名**をつくったとされている。もっともこの讃歌はグイードの作ではなく、11世紀頃から歌われていた讃歌であったと考えられている。

讃歌の各節の冒頭の音は順に高くなっていき、その音に付けられたシラブルを取り出して、「Ut、Re、Mi、Fa、Sol、La」（ウト、レ、ミ、ファ、ソル、ラ）という6音（ヘクサコルド）からなる階名が作られた。この階名は、c音、f音、g音から始まる3つのヘクサコルドに当てはめられた（譜例2）。つまり半音が生じる2音は、常にミ、ファと歌われたのである。ヘクサコルドを適宜読み替えることで、グレゴリオ聖歌の旋律をソルミゼーションすることができた（譜例3）。

長調と短調が確立したバロック時代には、主音と導音の間にある半音の役目が意識されるようになった。そのためにこの半音を示す「Si」（シ）という階名が讃歌の歌詞「S(ancte) I(oannes)」から新たに作られ、さらに「Ut」はより発音しやすい「Do」（ド）という読み方に変わった。

右下の図は、12世紀以降、グイードの後継者たちが音楽教育の教材として開発した、**グイードの手**と呼ばれる図である。この図では階名と音名の関係がうまく整理されている。

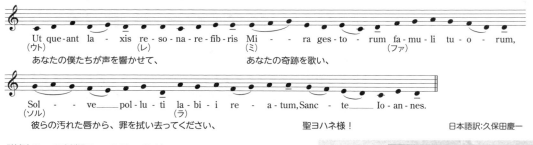

譜例1 《あなたの僕たちが ut queant laxis》
Ut que-ant la-xis re-so-na-re fib-ris Mi-ra ges-to-rum fa-mu-li tu-o-rum,
（ウト）　　（レ）　　　　（ミ）　　　　　（ファ）
あなたの僕たちが声を響かせて、　　あなたの奇跡を歌い、
Sol-ve pol-lu-ti la-bi-i re-a-tum, Sanc-te Io-an-nes.
（ソル）　　　　（ラ）
彼らの汚れた唇から、罪を拭い去ってください、　聖ヨハネ様！
日本語訳：久保田慶一

譜例2 3種類のヘクサコルド
自然なヘクサコルド　柔らかいヘクサコルド　固いヘクサコルド
半音
ウト レ ミ ファ ソル ラ　　ウト レ ミ ファ ソル ラ　　ウト レ ミ ファ ソル ラ

譜例3 〈キーリエⅣ〉の冒頭 ソルミゼーションの例
Ky-ri-e
レ ウト レ ファ ミ レ ウト レ ラ ソル ファ レ ミ ソル
読替

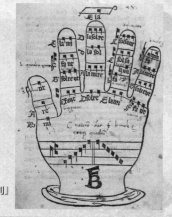

グイードの手
ボナヴェントゥーラ・ダ・ブレーシャの『簡易音楽規則』（1497年出版）に掲載された図。

1　グイード・ダレッツォ（991から92頃-1033以降）　イタリアの音楽理論家。フェラーラ近郊のポンポーザ修道院で音楽教育を受けた後、アレッツォに移り、音楽理論書『ミクロロゴス』を著した。

ヨーロッパ大陸とイングランドの文化交流

　8世紀から10世紀にかけて、西ヨーロッパはしばしば外部からの脅威に見舞われた。東方からはスラヴ人がフランク王国に侵入し、イタリア南部とフランス南部には、イスラーム勢力が侵入した。北方からはヴァイキングとして知られていたノルマン人が渡航し、ヨーロッパの各地で海賊行為や略奪行為を繰り返すことになる。

　10世紀になるとノルマン人が北フランスのコタンタン半島にノルマンディー公国を建国した。ノルマン人は6世紀頃からたびたびイングランドに侵入し、イングランド国内に占有地を設けて、イングランド王と覇権の争いを繰り返していた。しかし1066年についにノルマンディー公国のウィリアムがイングランドを征服し、**ウィリアム1世**として即位しイングランドにノルマン朝を建てた[1]。これをきっかけとして以後300年間にわたって、北フランスとイングランドは、宮廷文化や教会音楽において、同じ文化を共有することになった。イングランドを支配していたアングロ・サクソンの貴族はノルマン貴族が支配し、北フランスの文化が流入し、古英語もフランス語からの影響を受けるようになった。

　このノルマン人によるイングランド征服は、中世イングランドの音楽史においても決定的な事件となった。修道院の活動もノルマン人の修道士に取って代わられ、典礼、儀式、聖歌にノルマンの影響が見られるようになったのである。12世紀から13世紀にかけてのイングランドの多声音楽は、現存する資料は少ないが、ヨーロッパ大陸、特にパリの様式が反映されていた。さらに特筆すべきことに、おそらくベリー・セント・エドマンズ修道院の修道士と思われる無名の者が自らの理論書において、パリのノートルダム楽派の《オルガヌム大全》（▶p.28「ノートルダム楽派」）について、詳細に報告をしている。これは現代の我々にノートルダム楽派のオルガヌムを伝える貴重な資料にもなっている。また《オルガヌム大全》の現存する最古の資料は、13世紀中頃にスコットランドのアウグスティヌス修道会大聖堂のために書かれたものであることが知られている。

　こうした交流を通して、イングランド音楽が大陸に導入され、やがてブルゴーニュ楽派（▶p.37）の音楽を成立させる背景が形成された。

アルス・ノヴァ

　1320年頃、フランスの理論家で、作曲家でもあった**ヴィトリ**[2]は、理論書『Ars nova（「新しい技術」を意味する）』を著した。今日ではこの**アルス・ノヴァ**は、14世紀フランスの多声音楽を指す言葉として使用されている。ヴィトリはこの著書で、記譜における新しい試みを提示した。音符の分割の体系では従来の3分割（完全分割）に加えて2分割（不完全分割）も同等に扱い、さらに細かい音符も導入することで、自由で複雑なリズムを用いた音楽が記せるようになった。このような特徴をもつ音楽の代表としては、14世紀に活躍したフランスの作曲家**マショー**の音楽を挙げることができる。

　14世紀初頭の理論家は、13世紀後半の音楽を指して、アルス・アンティクァ（「古い技術」）と呼んだ。現在では、この言葉はノートルダム楽派以前の音楽を指す。

ギョーム・ド・マショー（1300頃-1377） フランス北部のランス近郊で生まれたと考えられている作曲家。フランス国王シャルル5世などに仕えた。1340年以降はランスの大聖堂教会参事会員の職にもあった。晩年はこの地で過ごした。多くの世俗歌曲の他、モテットなども残している。マショーの唯一のミサ曲である《ノートルダム・ミサ曲》は、ミサの通常文全体を一人の作曲家によって作曲した最古の作品として知られる。

1　ノルマン人による支配をノルマン・コンクエストという。また、フランス王の封建臣下であったノルマンディー公が、同時にイングランド王も兼ねるという状態であった。この関係は、イングランドにフランス文化をもたらすと同時に、両国の百年戦争（1339-1453）を引き起こす原因の一つとなった。
2　フィリップ・ド・ヴィトリ（1291-1361）フランスの理論家、詩人、作曲家。文人としての名声も高かった。

聴いておきたい名曲

ノートルダム・ミサ曲　マショー 作曲

　マショーは、北フランスのランスで教育を受け、ボヘミア王ヨハンに仕えた。当時は百年戦争のさなかにあり、ヨハンが行った軍事的遠征にも、マショーは随伴したと考えられている。1346年にクレシーの戦いでヨハンが戦死すると、その後は主にフランス王に仕えた。また1340年には、教皇よりランスの大聖堂教会参事会員の職位を授与されており、その頃からランスに居を構えて生涯そこで活躍した。この時代はまだ音楽家という職業はなく、聖職者が音楽の活動を主に担った。

　マショーは、**アルス・ノヴァ**を代表する作曲家であり、世俗曲と宗教曲に革新的な技法を用いた。アルス・ノヴァの革新性を示し、かつマショーの特徴にもなっているのが、**シンコペーション**や**ホケトゥス**[1]、**アイソリズム**[2]といった技法によるリズムの多様性である。

　ミサ曲は15世紀には非常に重要になるジャンルだが、マショーのこのミサ曲は、キーリエ、グロリアなどの通常文（▶p.17「キリスト教における音楽」）だけを用いて、全体を1人の作曲家が作曲した最初の多声楽曲である。15世紀のミサ曲のように、音楽的要素を統一的に用いて各楽章を関連付けることはしていないが、4声部[3]で作曲したことなどには、このミサ曲の先進性が見て取れる。テノルにはグレゴリオ聖歌が用いられ、キーリエのテノルはグレゴリオ聖歌の〈キーリエⅣ〉（▶p.30 譜例3）が使われている。

〈キーリエ〉冒頭部分

＊譜例中のローマ数字は、アイソリズムの技法によるリズム型の反復を示している。

　トリプルム声部では、第8と第11小節目にシンコペーションが用いられ、第10小節目にはホケトゥスが用いられている。テノル声部では、4小節を単位とするアイソリズムが繰り返されている。コントラテノル声部では第1から12小節までのリズムが、第13小節目からアイソリズムで反復されている。

1　ホケトゥスは、動作の急激な停止やしゃっくりを意味する古フランス語に由来する語。休符によって、ある1つの声部の旋律が中断されるが、本来歌われる音を他の声部によって補完させる技法。旋律が複数の声部に分割されているともいえる。
2　アイソリズムは、同一のリズム型と旋律型を反復する方法。2つの型の周期は必ずしも一致することはない。
3　この時代にはテノルの下にさらに声部を追加して4声部にすることがあった。この低声部はコントラテノルと呼ばれた。コントラテノルはテノルとほぼ同じ音域に置かれた。テノルより上の声部は、下から順にモテトゥス（ドゥプルムの名称が使われることもある）、トリプルムと呼ばれた。

知っておきたい音楽用語

モテット

　モテットは「言葉」を意味するフランス語のmot(モ)に由来する。もともとは13世紀前半に成立した多声の声楽曲を指したが、中世、ルネサンス、バロックの各時代で、その意味内容が変化した。ここでは各時代のモテットについて簡潔に説明する。

　最初のモテットは、13世紀初頭のノートルダム楽派のオルガヌムのディスカントゥス部分に新しい歌詞を付けたことに始まる。歌詞の内容はオルガヌムの基となった聖歌の改変であることが多かった。また3声のオルガヌムの場合、2つの異なった歌詞が付けられることもあり、このような曲は二重モテットと呼ばれる。

　14世紀のアルス・ノヴァの時代になると、**ヴィトリ**や**マショー**といったこの時期を代表する作曲家が、多くのモテットを作曲するようになる。歌詞の内容は宗教的なものではなく、社会風刺などの世俗的なものになった。

　15世紀のルネサンス時代になると、モテットの様式とその性格は大きく変化した。**デュファイ**は、中世的な硬直したリズムを用いず、より自由なリズムを伴った旋律の動きと和声的な響きに支えられた均整のとれた作品を多く書いている。歌詞の内容はこの頃になると、宗教的な内容を伴うラテン語の歌詞が新しくつくられるようになった。16世紀になると模倣の技法の発展に伴って、モテットにもこの技法が用いられるようになった。この様式を特に、**モテット様式**と呼ぶ。ルネサンス末期になると、ローマ楽派やヴェネツィア楽派によって、その楽派の特徴をよく表したさまざまなモテットがつくられるようになった。

　バロック時代になると、通奏低音による器楽伴奏付きの楽曲だけでなく、宗教改革後のドイツでつくられた**コラール**（▶p.44、45）を基にしたモテットが盛んにつくられるようになった。**J.S. バッハ**の作品にそのすぐれた例を見ることができる。

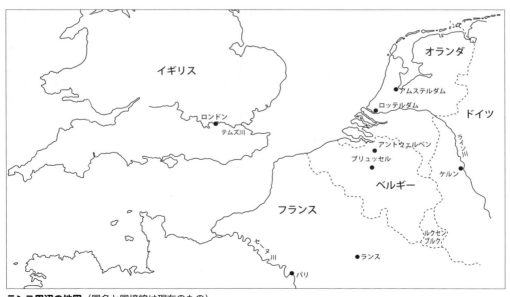

ランス周辺の地図（国名と国境線は現在のもの）

イタリアのトレチェントの音楽

　14世紀のフランスとイタリアは、政治状況において異なった方向を歩んでいた。フランスは王の権力をますます増大させ君主制に向かっていた。一方のイタリアでは、各都市国家が発達し、これらの都市は同盟関係を結んで政治的な安定を図り、経済的にも発展していった。そのためイタリアでは、音楽もフランスとは異なった展開をみることになる。この時期のイタリアの音楽を、特に**トレチェント**[1]の音楽という。

　トレチェントの音楽の主な中心地は、イタリア半島の北部から中部にかけての地域で、特に北部のボローニャやトスカーナの宮廷では、フランス南部の世俗音楽の担い手である**トルバドゥール**の音楽が好まれた。やがてこの趣向から、イタリア人の世俗音楽の担い手である**トロヴァトーレ**が生み出されることになった。彼らの音楽は大部分が即興演奏であったことから、現存する資料は少ない。

　また14世紀から16世紀末にかけてさまざまな文化の中心地であったフィレンツェでは、14世紀中頃からの世俗音楽が多く残されている。その中の15世紀初頭に書き写されたスクアルチャルーピ写本には、2声から3声の世俗歌曲がおよそ350曲収録されている。

　スクアルチャルーピ写本にもみられるように、トレチェントの音楽は、**マドリガーレ**、**カッチャ**、**バッラータ**の3つのジャンルからなっていた。マドリガーレは、田園的、牧歌的な詩や、恋愛を素材にした詩に音楽が付けられた。詩の形は3行＋2行で、最後の2行は締めくくりの部分になり、そこにはそれまでの部分とは別の音楽が装飾的に付けられた。カッチャ（「狩」を意味する）は、生き生きとした民衆的な素朴な旋律で、カノンが付けられた。バッラータは、もともと踊りを伴奏する歌という意味であったが、現存する作品を見る限り、叙情的な性格をもった合唱曲であったと思われる。

　トレチェントの音楽を代表する作曲家として、**ランディーニ**[2]が知られている。ランディーニは、バッラータの作品が100曲以上伝えられており、特に3声のバッラータの多くは2つの伴奏声部をもつ独唱曲の形式で書かれている。

ランディーニが描かれた豪華な装飾写本（15世紀のスクアルチャルーピ写本）　ミニチュア・オルガンを弾く姿が描かれている。

1　トレチェント（trecento）とは、イタリア語で「300」を意味し、1300年代の文化全般を指す言葉として使われる。
2　フランチェスコ・ランディーニ（1325頃-1397）イタリアの作曲家。幼少期に天然痘によって失明するが、オルガンをはじめさまざまな楽器演奏に通じた。最上声部が導音から第6音に下行したのち主音に進行する終止形は「ランディーニ終止」と呼ばれる。この終止形は彼の作品にしばしば見られるのでこの名称が付けられているが、彼の音楽特有のものではなく、14〜16世紀の音楽に多用された手法である。

知っておきたい音楽用語

ランディーニ終止

イタリアのトレチェントの作曲家ランディーニは、音楽用語にその名をとどめている。ランディーニ終止とは、楽節の終止部分において、最上声部がシ（導音）→ド（主音）ではなく、第6音を経由して主音に至る終止（シ→ラ→ド）を指す。

その他、特別な名称をもつ終止形としては、ランディーニ終止の変形である「ブルゴーニュ終止」、バロック時代に多用された「ピカルディ終止」（短調楽曲を短三和音ではなく長三和音で終止する）などがある。

ランディーニ終止　　　　ブルゴーニュ終止　　　　ピカルディ終止

まとめと今後の勉強のために

　現代につながるヨーロッパ音楽は中世の音楽に発する。キリスト教の聖歌であるグレゴリオ聖歌から多声音楽が発達し、ルネサンス時代に全盛となる。さらに多声音楽を記譜するために計量記譜法（◯p.42）が開発され、現代の五線譜法に直接的につながった。修道院や聖歌学校では音楽教育の制度が整備され、聖歌の唱法として、ドレミ…による階名唱法（◯p.30）が誕生し、大学では「自由七科」の一つとして音楽が講義され、音楽を教養と考える知識人の伝統もここに発する。またフランスとイギリスの長年にわたる戦争によって双方の文化交流が生じ、その結果、豊かな響きの音楽が誕生して、ルネサンス音楽を準備した。

　こうしたヨーロッパ文化の隆盛の背景には、イスラーム文化圏との交流によって、ギリシア時代の哲学や科学が紹介され、「12世紀ルネサンス」と呼ばれる文化運動があったことは忘れてはならない。楽器などもイスラームから伝えられたものが多かった。キリスト教文化とイスラーム教文化は、今日では対立的に説明されることが多いが、この時代の文化面では交流が盛んで、そこから多くの新しい文化が誕生したのである。

　中世という名称は、古代ギリシア・ローマとルネサンスの「中間」にある時代に由来する。輝かしい2つの時代に比べて、宗教的因習が支配する「暗黒の時代」と見なされてきたが、実り多い「秋の時代」であった。文献としては古いが、ヨハン・ホイジンガ(1872-1945)の『中世の秋』(1919年、日本語版は1969年)は、この時代の文化の豊かさを知らしめた名著の一つであろう。

　今日演奏会で中世の音楽が演奏されることは珍しいが、リコーダーなどで舞曲などが演奏されることはある。ＣＤなどでぜひ聴いてもらいたい。演奏の中には時代背景を考慮して、アラビア風音楽にアレンジしたものもあるので、興味がつきない。

15～16世紀（ルネサンス）

■時代と社会

　ルネサンスは14世紀のイタリアに始まり、やがて16世紀末までに西ヨーロッパに広がった文化運動である。封建制度が崩壊し、都市経済が盛んになると、カトリック教会の権威に対抗して、人間の理性に根ざした、現実を直視する考え方や感じ方が求められるようになる。これらはギリシアやローマの古代文化を模範とし、人間性を追求したことから、「ルネサンス（再生）」と呼ばれた。美術においてはイタリアの**レオナルド・ダ・ヴィンチ**などが遠近法を活用して自然な人間の姿を描き、文学ではイタリアの**ダンテ**や**ボッカチオ**、イギリスの**シェークスピア**などが、社会や人間の姿を母国語で生き生きと描いた。

　こうした精神世界の広がりに対応するかのように、インド航路やアメリカ大陸の発見など、**大航海時代**が幕開き、ヨーロッパの列強は世界へと進出した。とりわけスペインやポルトガルは、南アメリカ大陸に植民地を開拓した。また覇権争いも激しく、1588年に**イギリス**がスペインの無敵艦隊を破り、**植民地政策**などを通して、大英帝国の礎を築いた。

　カトリック教会を批判して、ドイツでは**マルティン・ルター**が、スイスでは**カルヴァン**が**宗教改革**を起こした。さらにイギリスでは**イギリス国教会**が誕生するに至る。特にドイツでは**グーテンベルク**によって**活版印刷術**が発明されたことで、ルターのドイツ語訳聖書などが出版され、聖書は民衆に広く普及した。宗教改革によって新しく誕生した宗派は**プロテスタント**と呼ばれた。カトリック教会のほうもこの新しい動きに対抗して、**対抗宗教改革**（反宗教改革）を推し進めた。例えばスペインでは**イエズス会**が結成され、世界中で宣教活動を展開した。日本で布教活動をした**ザビエル**はよく知られている。

　この時代は主権国家としていち早く国内の統一的支配を固めた、オーストリアの**ハプスブルク家**と**フランス王家**が対立した。そしてカトリックとプロテスタントという宗教上の対立がそれに拍車をかけた。フランスのカルヴァン派**ユグノー**をめぐる内乱がまさにそれであった。フランスとスペインが戦争した他、スペイン領のネーンデルラントからは**オランダ**が独立した。

『**最後の晩餐**』（レオナルド・ダ・ヴィンチのテンペラ画、1495-98年）イエスが処刑される前夜に12人の弟子と夕食を摂り、その席で、弟子の一人が私を裏切るだろうと予言したときの情景が描かれる。遠近法を用いた構図により、描かれた部屋の奥行きが強調されている。

■ **音楽史の流れ**

　中世においてフランスとイタリアの両国で開花した音楽文化は、ルネサンスになると、イギリスとフランスの音楽文化が融合した**ブルゴーニュ公国**[1]の首都ディジョンとブリュッセルで開花した。特にブリュッセルではデュファイなどの音楽家が活躍し、音楽文化はカンブレなどの周辺都市に広がった。

　こうしてフランス北部から**フランドル**地方にかけての一帯は、音楽の先進地域となり、この地にある教会音楽学校からは優れた音楽家が輩出された。これによって、ヨーロッパ各地にブルゴーニュの地で誕生した豊かな響きを保つ多声音楽が普及したのである。

　当初、ヨーロッパ各地で活躍した音楽家たちは郷里に戻り、後進の指導にもあたったが、やがてフランドル地方がハプスブルク家から独立を遂げる独立戦争の時代に入ると、フランドル出身の音楽家たちは、そのままヨーロッパの各地で生涯を終えることになる。中でもイタリアの各都市で活躍したネーデルラント出身の音楽家たちが、イタリア人音楽家を育て、やがてバロック音楽の誕生を促した。

　フランドル出身の音楽家はイタリアからオーストリア、そして南ドイツで活躍した。ちょうどこの頃のドイツでは、ルターが宗教改革を指導した。ルターは聖書を重視すると同時に、礼拝における音楽の必要性を認め、とりわけ**讃美歌（コラール）**を自ら作曲するなどして、18世紀の前半、J.S.バッハによって頂点に達するプロテスタントの教会音楽の基礎を築いた。

　やがて活版印刷の技術によって、楽譜も**出版**されるようになり、音楽作品はより広い地域で演奏され、聴かれるようになった。

　来るべきバロック音楽を準備したのは、イタリアの**ヴェネツィア**であった。**サン・マルコ大聖堂**では、多声の合唱曲だけでなく、器楽も参加して、合唱の伴奏のみならず合唱曲を器楽で演奏したり、また器楽のための曲を演奏したりした。特にこの教会では演奏席が2階席の左右に位置したために、音響を対比的に扱うことが可能で、ここから協奏曲の様式（協奏様式）が誕生した。

15〜16世紀 ルネサンス

ブルゴーニュ楽派

　フランス中東部に位置するブルゴーニュ地方は、古くは6世紀にゲルマン系の部族によって王国がつくられ、その後フランク王国に統一されるなど、たびたび支配者が代わる地域であった。1363年から1477年までの時期は、ヴァロワ＝ブルゴーニュ家のブルゴーニュ公国の治世にあたり、フランスの一部だけでなく、オランダ、ベルギー、ルクセンブルクに広がる国際的な公国となっていった。首都はディジョン、後にブリュッセルに置かれ、ブルゴーニュ公国はフランスに匹敵するほどの繁栄を築いた。ブルゴーニュ公国の歴代の君主は芸術を保護し、とりわけ音楽の分野ではヨーロッパの中心的存在になり、多くの優れた音楽家が集まっていた。ブルゴーニュの礼拝堂楽団は、最盛期には28人の音楽家を抱えており、これはフランス王室やアヴィニョンの教皇

ブルゴーニュ大公宮殿（ディジョン）　後のルイ14世の時代に、ヴェルサイユ宮殿の設計者マンサールによって再建され、現在は市役所と美術館が入っている。

---

[1] ブルゴーニュ公国は、フィリップ善良公（1396-1467）の治世（在位1419-1467）のときに最盛期になり、シャルル勇胆公（1433-1477）の死によって、フランスに併合された。

の礼拝堂楽団を凌駕する規模であった。こうしたブルゴーニュの宮廷を中心に活躍した音楽家たちを**ブルゴーニュ楽派**という。

ブルゴーニュ楽派は、中世のアルス・ノヴァを中心とする音楽様式からルネサンスの音楽様式への発展を橋渡しした。すなわち、フランス音楽の伝統を受け継ぐだけでなく、イギリスの和声とイタリアの旋律の影響を受け、ルネサンス音楽の基礎を築いたのである。

この楽派を代表する作曲家は、**バンショワ**[1]と**デュファイ**[2]である。バンショワは**フィリップ善良公**の宮廷に仕えていたため、彼の曲は当時から広く知られていて、しばしば他の作曲家の**ミサ曲**の主題に用いられた。デュファイは、ローマ教皇庁の礼拝堂楽団の一員として活躍したり、北フランスの都市カンブレでも活躍したりした後、イタリアとブルゴーニュ公国の両方で活動を行う国際的な作曲家であった。

ブルゴーニュ楽派の音楽の特徴は、**フォーブルドン**と呼ばれる6度と3度が連続する様式で、この豊かな響きはイギリスの音楽に由来した。また旋律が導音（第7音）から第6音に下行してから主音に向かうという**ランディーニ終止**（▶p.35）も好んで用いられた。**ミサ曲**、**マニフィカト**、**モテット**といった

デュファイ（左）とバンショワ（右）
（ル・フランの詩『女性の擁護者』の写本の挿絵、15世紀）
（▶口絵1）

宗教作品も多く作曲されたが、フランス語の歌詞をもつ**シャンソン**や**ロンドー**などの世俗作品も盛んに作曲された。

聴いておきたい名曲

バラード／ミサ曲《もしも顔が蒼いなら》　デュファイ 作曲

ルネサンス音楽では、ある曲の基礎として他の作品から素材を借用することがよく行われた。このような既存の素材を転用する作曲技法を**パロディ**という。ルネサンス時代に好んで使われた素材の一つに《ロム・アルメ（武装した人）》という作者不詳の世俗曲があり、この旋律は多くの作曲家によってミサ曲の定旋律[3]として使用された。

デュファイの世俗曲のバラード《もしも顔が蒼いなら》は、非常に人気のある歌であった。デュファイはこの曲の定旋律（テノルの旋律）をミサ曲の定旋律に転用して、新たに宗教作品としてミサ曲を作曲したのである。ミサ曲に転用した際に、もとの旋律の長さは拡大されている。

このようなミサ曲の定旋律に世俗曲の旋律を転用した曲を、**パロディ・ミサ**と呼ぶことがある。もっともルネサンス末期になると、対抗宗教改革の影響でカトリック教会内部からもさまざまな改善が行われ、世俗曲をもとにしたパロディ・ミサは禁止されることになった。

---

[1] ジル・バンショワ（1400頃-1460）デュファイと並ぶブルゴーニュ楽派を代表する作曲家。イギリスの音楽の影響を受ける。
[2] ギヨーム・デュファイ（1397-1474）ブルゴーニュ楽派を代表する作曲家。当時より最高の音楽家との名声を得ていた。
[3] 多声音楽において、楽曲構成の基本となる旋律。定旋律はグレゴリオ聖歌やコラールのような既存の旋律を用いることが多い。また、ルネサンス時代には世俗曲の旋律が好んで使われることもあった。

バラードの定旋律（■■■の部分）が、ミサ曲の定旋律に転用されている。

フランドル楽派

　ブルゴーニュ楽派の活動の中心地であったディジョンでは、多くの作曲家や音楽家が活躍した。しかし1474年から始まったフランスとの戦争の中、77年のナンシーの戦いで、ブルゴーニュ公国の**シャルル勇胆公**が戦死し、突如ブルゴーニュ公国は終わってしまう。公国の本領はフランスに併合、ネーデルラント地方は、いったんはシャルルの娘であるマリーが相続したが、後にハプスブルク家の領地となった。

　ブルゴーニュ公国の崩壊後も、ブルゴーニュ家に関係していた音楽家たちは、もともと国際的に活躍していたこともあり、各地の宮廷に仕えてその地域の音楽の発展に寄与することになった。

　フランス北部及びネーデルラント地方の出身で、15世紀から16世紀にかけてヨーロッパ全域で活躍した作曲家たちは、**フランドル楽派**と呼ばれた。この楽派に属する作曲家のほとんどは、パリの北（現在のベルギー国境の近く）に位置するカンブレなどの大聖堂や大きな教会で教育を受けた。その多くは聖職に就き、聖歌隊のために作曲をし、自らも音楽活動に参加した。ヨーロッパ全土の聖俗の君主は彼らを自国の聖歌隊に迎え擁することに躍起になった。そのため彼らの活動地域は極めて幅広いものとなった。

　フランドル楽派の音楽の特徴は、声部数の増加にみられる。当初は3声ないし4声、後にはそれ以上の声部数からなる作品がつくられた。さらに**計量記譜法**（▶p.42）が駆使され、複雑なリズムをもつ作品がつくられるようになった。

　フランドル楽派の作曲家は、その教育や活動の背景から、主に宗教音楽を作曲し、**ミサ曲**の他、**宗教**

モテット、固有唱や聖務日課唱が主なレパートリーとなった。代表的な作曲家には、15世紀半ばから後半にかけて活躍した**オケヘム**[1]、15世紀末から16世紀初頭にかけて活躍したジョスカン・デプレ、16世紀前半から半ばにかけて活躍した**クレメンス・ノン・パパ**[2]、16世紀後半に活躍した**ラッソ**[3]らがいる。

オケヘムは、モテットやミサ曲を多く残した。それらの作品は定旋律に基づく複雑な対位法を用いているが、調和のとれた響きを残している。また彼は現存する最古の多声のレクイエム（死者のためのミサ曲）を作曲したことでも知られている。

ジョスカンは、ルネサンス最大の作曲家であり、創作の範囲は宗教作品から世俗作品まで幅広い。彼の音楽は深淵な表現力に富んでおり、通模倣様式（▶p.41）といわれる洗練された対位法の技法を駆使した。

クレメンス・ノン・パパは、主にブルッヘ（ブルージュ）などフランドル地方の聖堂で活躍し、宗教曲の他にオランダ語の歌詞と民衆に歌われていた旋律を用いた多声の詩編歌を作曲している。

ラッソは、同じ16世紀末期に活躍したパレストリーナに匹敵する作曲家で、ラッソのほうがより国

オケヘムと王室礼拝堂聖歌隊（16世紀の写本）
眼鏡をかけた老人がオケヘムといわれている。当時はこのように大きな楽譜を皆で取り囲んで歌っていた。（▶口絵1）

際的に活躍した作曲家であった。ほぼすべてのジャンルに作品を残し、その数はおよそ2000に及ぶ。

ラッソ

ジョスカン・デプレ（1450から55頃-1521） フランドル楽派に属するフランスの作曲家。デ・プレと分けて表記されることもある。ミラノ、ローマで活躍した後、フランスの宮廷で活躍。ミサ曲などの宗教作品の他、世俗歌曲など多くのジャンルに作品を残した。その作風は模倣様式が中心となっている。ジョスカンは、存命中にも優れた音楽家として尊敬を受けていた。**作品** モテット《アヴェ・マリア》、ミサ曲《ロム・アルメ》

聴いておきたい名曲

ミサ曲《パンジェ・リングァ》　ジョスカン・デプレ 作曲

ミサ曲《パンジェ・リングァ》は、ジョスカンの作品の中でも傑作とされる作品で、1514年以降に作曲されたと考えられている。定旋律は、聖体の祝日に歌われるグレゴリオ聖歌《パンジェ・リングァ》の旋律（譜例1）に基づいている。

譜例1　グレゴリオ聖歌《パンジェ・リングァ》

---

1 ヨハンネス・オケヘム（1410頃-1497）フランス、フランドル楽派の作曲家。代表作は《ミサ・プロラツィオーヌム》など。
2 ヤコブス・クレメンス・ノン・パパ（1510から15頃-1555か56）フランス、フランドル楽派の作曲家。代表作は《小詩編歌集》（3声）など。
3 オルランド・ディ・ラッソ（1530または32-1594）ベルギー生まれ、フランドル楽派の作曲家。代表作は《ダビデの懺悔詩編》など。

譜例2で〈キーリエ〉の冒頭部分が示されている。譜例1で示したグレゴリオ聖歌の冒頭部分の旋律は、譜例2において各声部で繰り返し現れる。まず定旋律はテノル声部に、次にバッススに完全5度下で現れる。テノルとバッススの声部でみられた模倣の関係は、次にスペリウスとアルトゥスの声部においても繰り返しみられる。

譜例2　ミサ曲《パンジェ・リングァ》から〈キーリエ〉

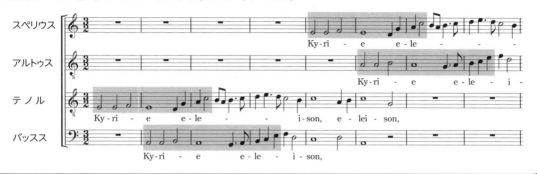

知っておきたい音楽用語

模倣様式

模倣とは、ある声部の旋律や音型を異なる声部でまねることである。音楽においては古くから用いられた技法で、ノートルダム楽派のオルガヌムまで遡ることができる。中世からルネサンスの時代に、この技法は対位法とともに大きく発展した。モテット様式（▶p.33）と呼ばれることもある。

模倣の技法は、ルネサンス初期には声部を交換して模倣するにすぎなかった。とりわけ技法として重要視されるようになったのは15世紀半ば以降のことである。15世紀末には、カノンとなっている2つの声部が一組になって、他の一組の声部がそれを模倣するという方法が用いられるようになった。

16世紀半ばになると、フレーズの冒頭で示された音型が、全声部にわたって順番に模倣されるようになる。この模倣の技法は**通模倣**と呼ばれ、ジョスカン・デプレの宗教曲において高度に発展した。下にジョスカンのモテット《アヴェ・マリア》における通模倣の例を示した。カントゥス声部の冒頭に示された音型が、各声部で順番に模倣されていることが分かる（■の部分）。通模倣は声楽だけでなく、17世紀初期の器楽曲においても、重要な技法となった。

モテット《アヴェ・マリア》　ジョスカン・デプレ 作曲

知っておきたい音楽用語

計量記譜法（定量記譜法）

12世紀から用いられていた**モード・リズム**（ p.28）の記譜法に代わって登場したのが**計量記譜法**である。1260年頃に**ケルンのフランコ**によって考えられ、音符の符頭の形状によって音の長短を明確に示すこの方法は、1600年頃まで使われた。計量記譜法の歴史は、使用された音符が黒く塗りつぶされているか、白抜きの音符かによって、**黒符計量記譜法**（13世紀中頃から15世紀中頃）と**白符計量記譜法**（15世紀中頃から16世紀末）に分けられる[1]。計量記譜法では、現在の楽譜のように音の長短が示されるが、拍節や小節のようなアクセントの周期的な反復という考え方はまだ存在しなかった。

現在の記譜法では各音符の長さは、全音符、2分音符、4分音符と2分割を中心とする体系に従うが、計量記譜法では、3分割と2分割の双方の体系が用いられ、それぞれ完全分割と不完全分割と呼ばれた。

計量記譜法で用いられた音符を次に示す。

黒符計量記譜法の音符

マクシマ　ロンガ　ブレヴィス　セミブレヴィス　ミニマ

白符計量記譜法の音符

マクシマ　ロンガ　ブレヴィス　　　セミブレヴィス

ミニマ　セミミニマ　フーサ　セミフーサ

黒符計量記譜法では、フランスとイタリアで記譜の仕方が工夫されたり、それぞれの長所を取り入れたりしたため、時代や地域によって書き方が異なっている。一方、白符計量記譜法は、ルネサンス時代に成立した、当時の最先端の技術であった楽譜印刷の発展によって、この時代を通して広く使われた。次の表では、ルネサンス時代の音符の分割の体系を示している。

ミサ曲《ロム・アルメ》から〈キーリエ〉各パートの冒頭部分　オケヘム 作曲
（計量記譜法の楽譜）

スペリウス

アルトゥス

テノル

バッスス

1　15世紀中頃、黒符から白符に変わった一つの原因に、従来の羊皮紙に代わって紙が用いられるようになったことが考えられる。羊皮紙では音符を塗りつぶしたほうが明確に見えたのに対して、紙では塗りつぶすとインクが裏までにじんでしまうからである。
2　𝄴は現在の𝄵になった。𝄵は英語では common time と呼ばれるが、この記号は common の頭文字の c ではない。
3　もともと完全分割のときは点が3つ付けられ、不完全分割のときは点が2つ付けられていた。やがて点の数が省略されるようになり、1つの点のあるなしで区別されるようになった。

拍子記号	ブレヴィス	セミブレヴィス	ミニマ	現代の表記
C		◇ ◇	♩ ♩ ♩ ♩	2/4
C·		◇ ◇	♩ ♩ ♩ ♩ ♩ ♩	6/8
O		◇ ◇ ◇	♩ ♩ ♩ ♩ ♩ ♩	3/4
O·		◇ ◇ ◇	♩ ♩ ♩ ♩ ♩ ♩ ♩ ♩ ♩	9/8

テンプス　プロラツィオ

　白符計量記譜法では、［♩］と［◇］の間の関係を**テンプス**といい、［◇］と［♩］の間の関係を**プロラツィオ**といった。拍子記号は上の表のように［O］と［C］と［•］を組み合わせた4種類の記号が使われた[2]。テンプスが3分割されるときは［O］で示し、2分割されるときは［C］で示した。さらにプロラツィオが3分割されるときは、［O］や［C］の中に［•］を付け、2分割されるときは［•］を付けなかった[3]。

　計量記譜法では、例えば白符の場合には［◇］の長さを基準にして、他の音符の長さが決められた。例えば、［O］の完全テンプス、不完全プロラツィオの場合は、［♩］の長さは［◇］3つ分であり、［♩］は［◇］の2分の1となった。また、［C］の不完全テンプス、不完全プロラツィオの場合は、［♩］の長さは［◇］2つ分であり、［♩］は［◇］の2分の1となった。つまり［O］と［C］では、［♩］の長さが異なることになり、［♩］の長さは同じになった。

（左の計量記譜法の楽譜を現代譜にしたもの）
テノル声部には当時流行した世俗曲《ロム・アルメ》の旋律が使われている。

ルターの音楽観

　宗教改革を起こし先導した**ルター**[1]の宗教家としての活躍は言うまでもないが、その改革の熱意は、ラテン語で書かれた聖書をドイツ語に訳し、人々に神の教えを理解させることにも向けられた。そして翻訳されたドイツ語の聖書が、ドイツ文学、とりわけ散文の発展に大きな影響を与えたことでも知られている。また彼の熱意は、教会で用いられる音楽の改革にも及び、彼は信徒が歌うために**コラール**と呼ばれる讃美歌をつくった。そこには聖書に基づく彼の音楽観をかいま見ることができる。

　ルターの思想の核となっている考え方は、神による救いは人間の行為によるのではなく、信仰のみによってもたらされるという、使徒パウロによって語られた「信仰義認論」である。さらに聖書におけるパウロの書簡には、「詩と讃美と霊の歌とによって感謝して心から神をほめたたえなさい」とあり、これは音楽の目的を神の讃美とするルターの音楽観へつながっている。

　ルターは、音楽はすべてのものに伝わることができ、我々が直感的に認識できるものでなくてはならないと考えた。このようなルターの音楽観から生み出されたコラールは、これを歌う信徒にとって、聖書やそれに関連する言葉を母国語で唱えるものであり、まさに信仰を表明する

ルター

手段であった。礼拝では言葉は信仰の告白であり、神を讃美するものとしての音楽においては、言葉と音の関係は重要であった。ルターは「歌詞や音符も、アクセントや旋律や表現方法も、真の母国語とその抑揚から生まれなければならない」と論じた。この考えは彼が作曲したコラールにも十分に反映されているであろう。

　彼のコラールは、グレゴリオ聖歌に基づくものが多い。歌詞はラテン語からドイツ語に訳され、もとのグレゴリオ聖歌の旋律に含まれるメリスマ的な動きは簡潔にされた。これらには原曲の旋律の形がほぼ残っている場合と、ほとんどすべての旋律が別なものに書き換えられてしまった場合があるが、いずれも、ドイツ語のもつ抑揚とアクセントが一致するように配慮されている。

ルター訳聖書の表紙
（ヴィッテンベルク、1534年刊）

プロテスタントの音楽

　ローマ・カトリック教会が、サン・ピエトロ大聖堂を改築するために、その資金調達の手段として現世の罪が軽減されるという証明書である贖宥状（免罪符）を販売したことに対して、ルターは抗議文として「九十五カ条の論題」を掲げた。これによって、ドイツを中心として宗教改革の運動が広がった。この改革を通してローマ・カトリック教会から離脱した宗派が、今日**プロテスタント**と呼ばれる。ドイツではルターによって**ルター派**が形成されたが、スイスでは**カルヴァン派**、イギリスでは**イギリス国教会**が誕生した。

　すでに述べたように、ルターが神による救いは聖書に基づく信仰のみであると主張したように、プロテスタントの各宗派も同様、聖書に基づく教義を確立して、礼拝等の儀式の改革を実施した。それに伴って、礼拝における音楽の扱い方についても、各宗派で異なるものとなった。

---

[1] マルティン・ルター（1483-1546）ドイツにおける宗教改革者。

○ルター派の音楽

　従来のカトリック教会では典礼音楽に一般信徒が参加することはなかったが、ルターによる宗教音楽の改革では、礼拝で語られる神の言葉への返答として、一般信徒も歌唱による祈願や讃美を行い、積極的に礼拝に参加することが重要視された。そのために歌いやすく覚えやすい、ドイツ語の歌詞で歌う讃美歌である**コラール**が新たに作曲された。

　初期のコラールでは、一般信徒が斉唱で器楽伴奏を伴わずに歌った。旋律は教会旋法によるものが多く、形式は**マイスタージンガー**（●p.26）の歌曲に倣ったA-A-Bからなるバール形式によった。その後ルターは讃美歌の整備を行い、ヴァルターの協力を得て、1524年に『ヴィッテンベルク讃美歌集』を初めて出版した。これには3声から5声のドイツ語の歌38曲とラテン語の歌5曲が含まれていた。この曲集に続いて多くの讃美歌集が出版されるようになった。

　ルターの死後も、新たなコラールの作詞や作曲は、他の優れた詩人と作曲家によって続けられた。17世紀から18世紀前半になると、コラールは合唱曲やオルガン曲に編曲され、ルター派の教会音楽の中心的な役割を担うようになった。**J.S. バッハ**（●p.76）の宗教作品においても、コラールは重要な位置を占めている。とりわけ、日祭日の礼拝音楽である教会カンタータや、オルガン用のコラール前奏曲では、コラールが大切な構成要素になっている。

○カルヴァン派の音楽

　スイスのジュネーヴで**カルヴァン**[1]が始めた宗教改革は、ルターより徹底しており、厳格な禁欲主義に基づいていた。カルヴァン派は商工業者の間に広く普及し、16世紀後半にはスイス、フランス、ネーデルラント、さらに中世の時代からカトリック教会と対立していたスコットランドにも及んだ。

カルヴァン

　カルヴァン派の音楽は、カトリック教会の典礼や音楽を用いず、聖書の「詩編」をフランス語に訳し、それに単旋律の民衆的な旋律を付けて歌うだけのものであった。カルヴァン派を受け入れた各国でも同様に、自国の言葉に翻訳した詩に旋律が付けられた。旋律は世俗曲から借用されることが多かった。

○イギリス国教会の音楽

　イギリスの宗教改革は、ヘンリ8世の離婚問題に端を発した。改革後はカルヴァン派を受け入れたが、儀式や教会の組織において、従来のカトリックの制度を残しているところもある。典礼ではラテン語を廃止して英語を用い、音楽もカルヴァン派の方法を踏襲した。やがてイギリス国教会では、創作した英語の詩に基づく**アンセム**という合唱曲がつくられるようになった。アンセムは一般信徒が歌うのではなく、訓練された合唱隊が歌った。エリザベス1世の治世には、**バード**[2]、**タリス**[3]らが優れたアンセムを作曲した。

バード　　　タリス

コラール《高き天より、われは来たり》　ルター 作曲

コラール前奏曲《高き天より、われは来たり》　J.S. バッハ 作曲

1　ジャン・カルヴァン（1509-1564）フランス出身の宗教改革者。
2　ウィリアム・バード（1540頃-1623）イギリスのルネサンスを代表する作曲家。フランドル楽派の模倣ポリフォニーをイギリスの音楽に導入した。代表作にアンセム《神に向かって喜びを歌え》がある。
3　トマス・タリス（1505頃-1585）イギリスの作曲家。代表作にモテット《汝のほかに望みなし》（40声部）などがある。

楽譜の印刷技術の開発

印刷技術が広く利用されるまで、音楽は**写本**（手稿譜）として記録されるか、聖職者や音楽家たちの間で**口承**によって伝えられていた。前者の場合は、一つ一つ人の手で写されるため誤記される場合があり、数多くの写本を作るのも不可能であった。また後者の場合には、その正確性に限界があり、時代の流行や好みによって変化することもあった。

15世紀後半から16世紀にかけて木版印刷の技術が広まり、文学、歴史、科学など音楽以外の分野では、印刷によって書物が大量に流布した。しかしこの時代になっても音楽では写本が主流のままだった。

やがて楽譜を読める人や音楽人口の増加によって、ようやく音楽においても木版印刷が行われるようになった。ただし初期の木版印刷では、歌詞のみが印刷されて音符は手書きで加えるという、折衷的なものだった。やがて楽譜の部分を譜線と音符に分けて印刷するという「2度刷り」の方法が一般的になった。

15世紀中頃にグーテンベルクによって発明された金属活字による活版印刷の技術は、楽譜の印刷にも用いられるようになる。そして楽譜印刷において本格的な活版印刷を導入したのが、ヴェネツィアで印刷の技術を学んでいた**ペトルッチ**[1]であった。彼は1498年に多声音楽と器楽曲を出版する独占権をヴェネツィア総督から得て、1501年に『多声音楽100の歌（通称「オデカトン」）』を出版した。この歌曲集の大半は世俗曲、シャンソンで占められ、一部《アヴェ・マリア》のような宗教曲も含まれていた。この歌曲集は人気を得て、続く3年の間に2回重版された。ペトルッチはその後、教会音楽の出版に力を入れ、ジョスカン・デプレのミサ曲集を02年に出版したのをはじめ、07年までに当時の作曲家のミサ曲を次々と出版した。

ペトルッチの印刷の仕方は、まず最初に譜線を、次に音符を、最後に歌詞、頭文字、調号、ページ数というように、3回に分けて刷る方法であった。この3回に及ぶ工程によって、譜表、音符、歌詞の位置を完全に合わせることができた。また、さまざまな音符の印刷が可能になり、当時の作曲家が要求する多様なリズムも含め、完成度の高い楽譜として印刷することができた。

『多声音楽100の歌』（ヴェネツィア、1501年刊）　表紙にAの飾り文字が描かれている。

16世紀の印刷工房の様子
アントウェルペンの印刷業者、プランタンの印刷工房。

1　オッタヴィアーノ・ペトルッチ（1466-1539）イタリアの楽譜印刷家。1498年にヴェネツィア共和国から多声音楽などの20年間の印刷独占権を得た。

ヴェネツィア楽派

16世紀から17世紀初頭にかけて、イタリアのヴェネツィアにあるサン・マルコ大聖堂を中心に活躍した音楽家たちは**ヴェネツィア楽派**と呼ばれ、この時期の教会音楽の黄金時代を築いた。この黄金時代は、1527年にフランドル楽派の巨匠**ヴィラールト**[1]がサン・マルコ大聖堂の楽長に就任したことに始まった。彼は通模倣様式をヴェネツィアにもたらし、それと単純明快なイタリアの様式とを融合させて、新しい様式を確立した。彼の後継者として知られているのは、**アンドレア・ガブリエーリ**と**ジョヴァンニ・ガブリエーリ**である。特にG.ガブリエーリの時代に、ヴェネツィア楽派は最盛期を迎えた。

ヴィラールト

G.ガブリエーリの音楽の特徴は、合唱（合奏）隊を2つもしくはそれ以上に分ける**複合唱**（コーリ・スペッツァーティ）という様式を好んで用いたことである。このような形態はステレオ効果をもたらすだけでなく、対比的な響きや強弱の変化を伴う表現を可能にした。

1545年から63年にかけて行われたトリエント公会議において、教会内で用いる音楽について教会側の要求が提起されるや、後述するローマ楽派では極めて保守的な音楽が創作されるようになった。しかしヴェネツィア楽派ではこの要求に反するかのように、教会にトロンボーンを中心とする器楽合奏を導入し合唱と組み合わせて用いることで、華麗で壮大な雰囲気をもつ作品をつくった。ヴェネツィア楽派における器楽の重視は、**カンツォーナ**あるいは**ソナタ**といわれる新しいジャンルの誕生を促すことになった。G.ガブリエーリは複合唱様式の合奏ソナタを多く作曲した。《8声のピアノとフォルテのソナタ[2]》（●p.53）はよく知られている。ヴェネツィア楽派が、従来の声楽中心の音楽のみならず、器楽を積極的に取り入れたことが、次のバロック時代の器楽の発展へとつながった。

15〜16世紀 ルネサンス

サン・マルコ大聖堂の内部 十字架型の平面構造の両翼にそれぞれオルガンと聖歌隊席を備えている。この特殊な音響空間を利用して、複合唱様式が発達した。

- **アンドレア・ガブリエーリ（1532か33?-1585）** ヴェネツィア楽派に属するイタリアの作曲家、サン・マルコ大聖堂のオルガニスト。ジョヴァンニ・ガブリエーリの叔父。フランドル楽派全盛期の時代にあって、ヴェネツィア人の作曲家の地位を国際的な水準まで高めた。

- **ジョヴァンニ・ガブリエーリ（1554から57頃-1612）** ヴェネツィア楽派に属するイタリアの作曲家。アンドレア・ガブリエーリの甥。盛期ルネサンスのヴェネツィア楽派の頂点に位置する作曲家。《サクラ・シンフォニア集》では、多声的な響きよりも和声的な響きを好む傾向が表れている。

---

1 アドリアン・ヴィラールト（1490頃-1562）フランドル楽派の作曲家。ヴェネツィア楽派の創始者として複合唱様式の基礎を確立した。
2 2つの独奏群からなる曲で、この曲で用いられたピアノとフォルテの指示は強弱記号の最初の例と考えられている。独奏群が交互に演奏するときはピアノ、2つの独奏群がいっしょに演奏するときはフォルテと楽譜に表記された。

ローマ楽派

16世紀中頃から始まる対抗宗教改革の運動の中で、カトリック教会における多声音楽のミサ曲やモテットなどを刷新したのが、ローマならびにヴァチカンで活躍した**ローマ楽派**の音楽家たちであった。歌詞の聴き取りやすさ、グレゴリオ聖歌との結び付き、宗教的な品格をもった表現、フランドル楽派の多声音楽の技法などを踏襲しながらも、彼らはより明確な区分などを追求した。とりわけ歌詞の聴き取りやすさは、トリエント公会議で1562年に決議され、音楽家たちに求められた。

多声音楽においては、言葉の多いところでは和声的な進行となり、他方、言葉の少ないところでは、多声的な進行となった。こうすることで歌詞にふさわしい強弱やリズムが生まれ、簡素でありながらも美しい響きが得られた。器楽の伴奏を伴わないで歌われ、教会音楽に器楽を取り入れていた同時代のヴェネツィア楽派とは対照的であった(▶p.47)。

とりわけこの改革運動の中で模範となったのが、16世紀後半からサン・ピエトロ大聖堂で活躍するようになった**パレストリーナ**である。順次進行を基本として自然に流れるような彼の多声音楽は、同時代の作曲家の模範となっただけでなく、ルネサンス音楽の集大成と見なされた。後の理論家によってこの様式は**パレストリーナ様式**と呼ばれ、多声音楽の作曲法である対位法の理論書の成立にも大きな影響を与えた。

システィーナ礼拝堂の内部
ローマ楽派は、システィーナ礼拝堂(ヴァチカン帝国)におけるア・カペッラ合唱を模範とした。

バロック時代になると、モノディーや複合唱といった当時の様式がしだいにローマ楽派の作曲家にも浸透するようになった。例えば**アッレーグリ**[1]の9声の《ミゼレーレ》や**アゴスティーニ**[2]の48声のミサ曲が知られている。

知っておきたい音楽用語

オラトリオ

オラトリオは、宗教的・道徳的題材を扱った劇を伴う大規模な声楽作品で、その起源は16世紀中頃、ローマで司祭になった**ネーリ**[3]が一般の信者を祈禱所に集めて行った宗教的な活動に始まる。この祈禱所がオラトリオと呼ばれ、ネーリはここで信者にキリストの教えを学ばせるために宗教的な民衆歌(「ラウダ」という)の演奏を行った。

17世紀になると、オペラの影響下に、独唱や合唱によるオラトリオが誕生した。**カヴァリエーリ**(▶p.59)のオペラ《魂と肉体の劇》は、宗教的な内容を扱っているのでオラトリオの最初の例とも考えられている。17世紀中頃の**カリッシミ**[4]の《イェフタ》では、オラトリオというジャンル名が初めて用いられた。

その後オラトリオは、オペラの上演が禁止された四旬節[5]の期間にオペラの代わりに上演されるようになった。また、教会だけではなく、劇場や宮廷でも上演されるようになった。

---

1 グレゴリオ・アッレーグリ(1582-1652) この《ミゼレーレ》は、4声と5声からなる二重合唱の曲。システィーナ礼拝堂の特別な礼拝に用いられ、長らく門外不出とされていた。1770年に、14歳のモーツァルトがこの曲を聴いただけで覚えて楽譜にしたという逸話がある。
2 パオロ・アゴスティーニ(1583頃-1629) 1626年にサン・ピエトロ大聖堂の楽長になった。複合唱の作曲家として知られている。
3 フィリッポ・ネーリ(1515-1595) イタリアの聖職者。彼が創設した「オラトリオ会」は、対抗宗教改革において重要な活動であった。
4 ジャコモ・カリッシミ(1605-1674) イタリアの作曲家。29年以降、ローマで活躍。シャルパンティエなど多くの弟子を育てた。オラトリオ《イェフタ》や《最後の審判》が有名。
5 イエスが十字架に架けられ亡くなった3日後に復活したことを祝う復活祭の前の約40日間のこと。

> 聴いておきたい名曲

モテット《アヴェ・マリア》
パレストリーナ 作曲

　モテット《アヴェ・マリア》の歌詞は、受胎告知のためにマリアのもとを訪れた天使ガブリエルの言葉に基づく。聖書のこの場面は、しばしば絵画にも描かれている。歌詞の前半部分は聖書に由来するが、後半部分は、15世紀中頃に付け加えられたと考えられている。

　中世以来、聖母マリアを崇敬する信仰を反映して、聖母への祈りであるこの歌詞にしばしば音楽が付けられた。とりわけルネサンスの主要な作曲家、**オケヘム**、**ジョスカン・デプレ**、**ヴィラールト**、**パレストリーナ**、**バード**らは、優れた《アヴェ・マリア》を作曲した。パレストリーナはさまざまなタイプの《アヴェ・マリア》を5曲作曲している。譜例は、複合唱による8声の《アヴェ・マリア》である。2つの合唱が交互に歌うのを基本としている。

『受胎告知』
(ボッティチェリのテンペラ画、1489-90年頃)
天使ガブリエルが処女マリアのもとに現れ、聖霊によってイエスを身籠もることを告げる場面が描かれている。

ジョヴァンニ・ピエルルイージ・ダ・パレストリーナ(1525から26-1594) ローマ楽派に属するイタリアの作曲家。ミサ曲、モテット、マドリガーレなどに優れた作品を残す。ルネサンスを通して先駆者が発展させてきた多声音楽の技術を集大成させ、理想的な宗教音楽を作曲した。そのスタイルはパレストリーナ様式として、後の作曲家に強い影響を与えた。**作品** 《教皇マルチェルスのミサ曲》、モテット《鹿が谷川の水を慕うごとく》、マドリガーレ《テブロ川のほとりに》

知っておきたい音楽用語

マドリガーレ

　イタリアの世俗歌曲の一分野である**マドリガーレ**が最初に登場するのは14世紀で、もともとはイタリアの詩及び音楽の形式を指す用語であった。このタイプのマドリガーレは、15世紀に廃れてしまった。しかし16世紀になると、マドリガーレという言葉は再びイタリア語による世俗歌曲を指す用語として使われるようになった。ここでは音楽史上重要な、16世紀以降のルネサンスからバロックにかけてのマドリガーレについて説明する。

　マドリガーレの発展において大きな影響を与えたのは**ヴィラールト**（ p.47「ヴェネツィア楽派」）である。彼はイタリアの詩人**ペトラルカ**[1]のソネットに作曲した。フランドル楽派の対位法とイタリアの和声とを融合したスタイルで、とりわけ半音階を用いた表現は、多くの作曲家に模倣された。さらにマドリガーレの芸術性を高めたのが**ローレ**[2]である。彼の功績は、4声もしくは5声からなる書法で作曲したこと、歌詞の音楽的解釈が具体的であること、半音階進行による表現を用いたことである。詩は、有節詩であるカンツォーネを用いたが、詩節ごとに同じ旋律を反復せず全体を連作歌曲のように作曲した。

　16世紀末期になると、マドリガーレは詩と音楽のより密接な関係を追求し、独自の様式を獲得した。この様式のマドリガーレを作曲したのがローレの影響を受けた**ジェズアルド**[3]と**モンテヴェルディ**（ p.60）である。

　ジェズアルドはマニエリスム期に活躍した作曲家で、彼の5声のマドリガーレ《私は死んで行く、苦悩のために》では、彼は詩に表出する失恋による自己の感情を半音階的進行やリズムの変化などの音楽的手法で捉え直し、時代を越えてロマン派の音楽をほうふつとさせる表現を実現した。

　モンテヴェルディはルネサンス後期からバロック初期にかけて活躍した作曲家で、非常に多くのマドリガーレを残している。伝統的な多声様式から通奏低音を用いたバロックの様式まで、さまざまな様式のマドリガーレを作曲した。

《私は死んで行く、苦悩のために》ジェズアルド 作曲

＊5声の作品において、第5声部はクィントゥスと称し、カントゥスの下に置かれた。

1　フランチェスコ・ペトラルカ（1304-1374）イタリアの詩人、ラテン語の学者、人文主義者。
2　チプリアーノ・デ・ローレ（1515か16-1565）イタリアで活躍したフランドル楽派の作曲家。
3　カルロ・ジェズアルド（1566-1613）　イタリアの作曲家。ナポリの名家の出身でもあったので、職業的な音楽家ではなかったが、大胆な半音階と不協和音を用いてマドリガーレに革新的な作品を残した。

知っておきたい音楽用語

マニエリスム

マニエリスムとは、「手法、様式」を意味するイタリア語の「マニエラ（maniera）」に由来し、16世紀末から17世紀のルネサンスからバロックへの転換期に起こった芸術様式を指した。**ヴァザーリ**[1]は著書『芸術家列伝』の中で、15世紀の芸術家が単に自然を模倣する理性だけを知ったのに対し、16世紀の芸術家はマニエラを知ることによって、自然を超えた優美さを表現するに至ったと述べた。ここで言うマニエラとは、人間の理念を表現する高度な芸術表現である。芸術表現において、古代ギリシア以来の「模倣」の理論を脱して、初めて「様式」が自覚されるようになった。

しかし17世紀のバロック芸術は自然主義や古典主義へ傾斜し、その結果、16世紀の芸術は堕落的な表現と見なされるようになる。特に美術理論家ベッローリ[2]は、マニエラを自然から離れた人間による虚偽の芸術であると非難した。それ以降19世紀に至るまで、マニエラとマニエリスムは「型にはまった同型反復」と理解され、その真価が理解されることはなかった。

19世紀後半から1920年代にかけての印象主義から表現主義、シュルレアリスムなどのいわば反アカデミックな芸術運動の展開に伴って、マニエリスムが再び評価されるようになり、ルネサンスとバロックの過渡期に起こったマニエリスムという独自の様式が認められるようになった。実際の美術の表現では、不安定で動きのある構図、長く引き伸ばされた人体、明暗の鋭い対比などを特徴とする。

音楽史では、16世紀後半から17世紀初頭のマドリガーレにおいて、従来の均整のとれた音楽表現を故意に崩して、歌詞の特定箇所を強調するために、主に和声的効果を強調するなどの手法が用いられた。時代を先取りするようなジェズアルドの半音階的な手法は、マニエリスムの典型である。

『長い首の聖母』（油彩、1535年頃）マニエリスムの代表的画家パルミジャニーノの作品。聖母の首や、聖母の抱くイエスの体が不自然に引き伸ばされ、身体のよじれが強調されている。（●口絵4）

15〜16世紀 ルネサンス

知っておきたい音楽用語

ア・カペッラ

一般的には無伴奏の合唱曲あるいは演奏方法をいう。ア・カペッラ（a capella）は「教会で演奏するように」という意味である。しかし当時の習慣としては、合唱の各声部をトロンボーンなどの金管楽器で重複して演奏したので、無伴奏ではなかった。こうした伝統からトロンボーンは教会で使用される楽器とみなされ、世俗作品で使用されるようになるのは19世紀になってからである。

---

1 ジョルジョ・ヴァザーリ（1511-1574）ルネサンスに活躍したイタリアの画家、建築家。
2 ジョヴァンニ・ピエトロ・ベッローリ（1613頃-1696）バロック時代に活躍したイタリアの美術理論家。17〜19世紀の美術アカデミーに強い影響力をもった。

楽譜の歴史

古代ギリシア時代には、文字や記号による楽譜がつくられていた。完全な形で現存する最古の楽譜の一つは、トルコで発掘された「セイキロスの墓碑銘」である（❶）。

9世紀になると、グレゴリオ聖歌の発達とともに、その旋律を書き留める楽譜が考えられるようになる。まず最初は旋律の動きを曲線で示したり、文字や記号を用いて示したりするようになった。この方法が**ネウマ記譜法**につながる（❷）。ネウマ譜は旋律の動きを備忘録として残すのには便利であったが、初めは音高が明確ではなかった。11世紀頃から、ヘ音を示す横線を1本引くようになり、音高を正しく表記する工夫がされるようになる。その後徐々に横線の数が増え、13世紀には4本線の形態が一般的になった。音符の形状もこの頃には角形音符になった。

楽譜上でリズムを正しく表す工夫も登場した。12世紀後半のノートルダム楽派のモード・リズム（▶p.28）は、3分割のリズムを中心とする6種類のリズムパターンをリガトゥーラと呼ばれるネウマを連結させる仕方で表した（❸）。13世紀後半になると音符の符頭の形状を変えることで、異なる長さの音を体系的に示す**黒符計量記譜法**（▶p.42）が用いられるようなった（❹）。この記譜法は、14世紀のフランスのアルス・ノヴァ（▶p.31）の作曲家によって、2分割のリズムも導入してより複雑なリズムが表記できるようになった。15世紀中頃から、音符は白符が一般的になり、**白符計量記譜法**が用いられるようになった。この記譜法ではブレヴィスとセミブレヴィス、セミブレヴィスとミニマの関係をそれぞれ完全分割（3分割）と不完全分割（2分割）で定義し、その分割の組み合わせを楽譜の冒頭に記号で示した。やがて完全分割は徐々に消え不完全分割のみになった。16世紀になると楽譜の印刷も行われるようになり、広く楽譜が流布するようになる（❺）。17世紀までには、完全分割は現在の3連符の表記に変わった。そして18世紀までには、拍子、小節線の他にフォルテやピアノといった強弱記号や曲想が楽譜に表記されるようになり、現在の記譜法が確立した（❻）。

古代ギリシアの文字譜（セイキロスの墓碑銘、1世紀）墓石に歌詞が刻まれ、歌詞の上には旋律の動きを指示する記号が付けられている。

譜線なしネウマ譜（11世紀のモサラベ聖歌の写本、スペイン、レオン大聖堂所蔵）歌詞の上に描かれた曲線が旋律の動きを示す。

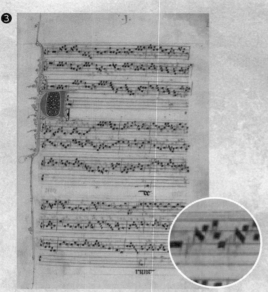

ノートルダム楽派の楽譜（13世紀の『オルガヌム大全』の写本、フィレンツェ、ロレンツォ・メディチ図書館所蔵）ペロティヌスの《地上の国々は見た》。（●口絵1、p.29）

黒符計量記譜法（15世紀初頭の写本、シャンティイ、コンデ美術館所蔵）ハートの形に描かれたコルディエ作曲のロンドー。実際には黒い音符だけでなく赤く着色された音符も使われている。（●口絵1）

活版印刷楽譜（白符計量記譜法）（ペトルッチ出版の『多声音楽100の歌（オデカトン）』、1501年刊）ジョスカン・デプレの4声シャンソン《さようなら、愛する人たちよ》。

強弱の指示が楽譜に記された最初期の例（『サクラ・シンフォニア集』、ヴェネツィア、1597年刊）ジョヴァンニ・ガブリエーリの《8声のピアノとフォルテのソナタ》パート譜。ただし、ここでのピアノPianとフォルテForteは、ソロとトゥッティによる音量の変化を意味していた。

15〜16世紀　ルネサンス

ルネサンスの楽器

ルネサンスの音楽は声楽が中心であるが、器楽も好まれた。すでに中世の頃から舞曲やファンファーレのような形で、独立した器楽曲は存在しており、ルネサンスの器楽は、当時の声楽に匹敵するものではなかったが、合奏などさまざまな形態で楽しまれるようになっていた。

ルネサンス音楽において好まれたのは、**リュート、ヴィオラ・ダ・ガンバ**[1]、**リコーダー**といった楽器であった。これらは、高音域用の小さい楽器から低音域用の大きい楽器まで、異なるサイズの楽器がセットになっており（これをコンソートという）、均一な音色による合奏が楽しめた。また特にリュートは、独奏楽器、伴奏楽器、合奏楽器としてさまざまな演奏形態で用いられた。当時の絵画にはリュートの演奏風景が描かれることも多く、ルネサンス時代によく親しまれていたことが分かる。リュートのための曲は、16世紀までは主に**ファンタジア**[2]や**リチェルカーレ**[3]といった多声音楽、**パヴァーヌ**[4]などの舞曲などが、**ミラーノ**[5]らによって作曲された。17世紀前後には、イギリスの**ダウランド**によって、リュート伴奏付きの歌曲が多くつくられ、人気を博した。

『リュートを弾く若者』
（カラヴァッジオの油彩画、1595-96年）

聴いておきたい名曲

コンソート《涙のパヴァーヌ》　モーリー 編曲

モーリー[6]は、エリザベス1世の時代のイギリスで、人気と影響力のあった作曲家、理論家、オルガニスト。『コンソート・レッスン集第1巻』は、「さまざまな洗練された作曲家による」という副題が付いているように、当時のイギリスで人気のあった曲をコンソート[7]用に編曲したものである。1599年に出版し、1611年に改訂された。編成は、トレブル・ヴィオール、フルート、バス・ヴィオール、リュート、シターン、パンドーラの6つの楽器からなる。なお、レッスン（lesson）はこの時代に器楽曲一般に用いられた名称で「練習曲」という意味ではない。

この曲集に含まれる《涙のパヴァーヌ》の旋律は、ダウランドの同名のリュート曲が原曲である。ダウランド自身もこの曲をリュート伴奏付き歌曲《流れよ、我が涙》や、5つのヴィオールとリュートのためのコンソート集『ラクリメ』に編曲している。

1　名前は「脚のヴィオラ」を意味する。見た目はチェロに似ているが、フレットが付いており、脚で挟んで演奏される。室内楽や教会音楽などで使用されていたが、18世紀後半に一度廃れる。しかし近年、ピリオド演奏（ p.73）の興隆に伴い、再び演奏されるようになった。
2　既存の様式や形式にとらわれることなく、作曲家が自由に即興的に創作した器楽曲。17世紀頃までは、対位法による多声音楽であることが多かった。19世紀の「幻想曲」と訳されるファンタジアとは異なる。
3　「探し出す」というイタリア語に由来する器楽ジャンルの名称。リュートや鍵盤楽器による前奏曲のような即興的な作品を指していたが、後にフーガと同じく模倣を含む作品を指すようになった。
4　パヴァーヌはフランス語で、イタリア語ではパヴァーナという。16世紀から17世紀初期につくられた2拍子のゆっくりした宮廷舞曲。
5　フランチェスコ・ダ・ミラーノ（1497-1543）イタリアのリュート奏者、作曲家。
6　トマス・モーリー（1557または58-1602）イギリスの作曲家、理論家、オルガニスト。多くのジャンルに作品を残した。また、マドリガーレをイギリスに紹介し、歌詞を英語にした「マドリガル」の流行のきっかけをつくった。
7　ヴィオールだけのような同種楽器のみの合奏をホール・コンソートといい、異種楽器で混成されている合奏をブロークン・コンソートという。

*トレブルは高音域用の楽器を指す。

■ **ジョン・ダウランド（1563-1626）** ルネサンスからバロックの時代にかけて活躍したイングランドの作曲家、リュート奏者。フランスやデンマークの宮廷で活躍したが、イングランドの宮廷に正式に職を得るのには苦労し、1612年にようやくイングランド国王のリュート奏者になった。数多くのリュート伴奏付きの世俗歌曲やリュート独奏曲を作曲した。

まとめと今後の勉強のために

　ルネサンス時代に起こった古代ギリシア・ローマの文芸復興が同時代の音楽に与えた影響は限定的であった。古代ギリシア時代の音楽理論（p.14）はジェズアルドなどのマドリガーレの創作における半音階主義を促し、人間中心の世界観はカトリック教会を揺さぶり、宗教改革へと人々を導いたが、多声部の宗教音楽を嫌い、簡素なコラール（讃美歌）に信仰の表現を求めたりもした。ほんとうの意味でのギリシア文化の復興が音楽の分野で実現されたのは、バロック時代のオペラであった。

　本書では詳しく論じていないが、日本に初めてもたらされたヨーロッパ音楽は16世紀の音楽だった。フランシスコ・ザビエル(1506頃-1552)などの宣教師たちは、西日本の信徒たちにグレゴリオ聖歌を教え、またヴィオラ・ダ・ガンバやリュートなどの楽器で世俗音楽を楽しんだ。宣教師ルイス・フロイス(1532-1597)が執筆した『日本史』（邦訳本あり）には、織田信長の前で西洋音楽を演奏したという記録もある。もし江戸時代になって鎖国が行われずに、その後もヨーロッパ諸国との交流が続いていれば、日本にもルネサンス時代以降の音楽が紹介され続けたであろうし、今日の日本も想像できないほど違ったものになっていたであろう。

　日本の演奏会ではルネサンス時代の音楽が演奏される機会は多くないが、リコーダーや吹奏楽の分野では、この時代の舞曲やその編曲がレパートリーに含まれている。作曲者名には生没年が記載されていることが多いので、注意してみるとよいであろう。また、現代の教会ではルター作のコラールなども歌われている。

17世紀（バロック）

■時代と社会

　この時期の各国の王は国内の貴族や領主を治め、国内の統一的支配に成功した。税金を徴収し常備軍を整え、**絶対王政**を確立する。17世紀のヨーロッパは凶作や不況、人口減少などの危機的状況を呈したが、絶対王政が商業を奨励し国の経済を活性化することで、この危機を克服した。その一方で、経済力を付けた市民たちがやがて、自分たちの政治的権利を主張するようになる。

　フランスでは**ルイ13世**が宰相**リシュリュー**とともに、反抗的な貴族や**ユグノー**を弾圧して絶対王政を確立した。1648年に**フロンドの乱**を招いたが、ルイ14世の宰相マザランによってこれを鎮圧することに成功した。マザランの死後、**ルイ14世**の王権は強大となり、彼は「太陽王」と呼ばれた。パリの郊外に建造された**ヴェルサイユ宮殿**では、華やかな宮廷文化が開花し、ヨーロッパ各地の宮廷の模範となった。1685年にはユグノーにカトリックと同等の権利を認めた**ナントの王令**を廃止したことから、商工業者の多かったユグノーが国外に亡命し、産業は大きな打撃を受けた。

　イギリスでは**ヘンリ8世**が自らの離婚問題から**イギリス国教会**を設立し、カトリック教会からたもとを分かつことになった。議会ではしだいに**カルヴァン派**と呼ばれる急進派が勢力を増し、王権と対立した。この対立は武力衝突を招き、ピューリタンの指導者**クロムウェル**が王を処刑して、**共和政を樹立した（ピューリタン革命）**。彼の死後、**王政復古**となり、その後も**王党派**と**議会派**の緊張は続いたが、やがて議会は一致してオランダ総督**オラニエ公ウィレム3世**を国王に迎えた（**名誉革命**）。この2度の革命を通じてイギリスでは絶対王政が終焉し、議会政治が定着することになる。

　こうしてフランスでは絶対王政が確立され、イギリスでは絶対王政から議会制に移行する中で、いずれの国家も確固たる基盤を確立していった。これに対して、イタリアではカトリックの総本山であるローマ、商業都市フィレンツェ、貿易都市ヴェネツィアなど、それぞれの都市が独自の政治や経済を営んでおり、国家として統一されるには至っていなかった。

　またドイツでは、1555年の**アウクスブルクの和議**以後も新旧両派の対立は収まらず、**ハプスブルク家**のカトリック化政策に対する反乱を機に**三十年戦争**が勃発した。やがてスペインが旧教徒側に、デンマークが新教徒側に加担したことなどにより、国際戦争の様相を呈した。1648年の**ウェストファリア条約**によって戦乱が終息するとヨーロッパの主権国家体系が確立され、現代まで維持されている。しかしこの三十年戦争で大きな被害を受けたために、これまでも多くの領邦国家が乱立していたドイツの国家的統一は遅れ、**神聖ローマ帝国**の皇帝がいたウィーンなどの大きな都市だけが、文化の繁栄を享受することになった。

『**聖テレジアの法悦**』（ベルニーニの彫刻、1647-52年）
天使の矢に心臓を突き刺され、激しい痛みとともに、神の神髄に触れた恍惚の表情を浮かべる聖テレジア。聖なる主題に劇的かつ刺激的な表現を盛り込んだバロック彫刻の最高傑作の一つ。

■音楽史の流れ

この時代の音楽を大きく推進したのは、イタリアの音楽家たちであった。すでにヴェネツィアでは協奏曲の誕生が準備されていたが、とりわけフィレンツェでは「**新音楽**」としての新しい様式の歌曲や**オペラ**が誕生する。オペラはやがてイタリアの各都市に普及し、さらに絶対王政が確立されたフランスに移入され、**宮廷文化**の一翼を担い、独自に発展した。

劇音楽の伝統が根付いていたイギリスでも新たにイタリア音楽が積極的に移入され、それを市民階級の人々が享受する音楽文化が開花した。まさしくシェークスピアが活躍する時代のことである。

一方、宗教改革後のドイツでは、プロテスタントの**教会音楽**が、イタリア音楽の影響を受けつつ独自に発達してはいたが、三十年戦争の惨禍によって、その開花は18世紀まで待たなくてはならなかった。

こうしてこの時代には、イタリアで誕生したオペラが大きな影響を及ぼしたのであるが、同時に、ヴァイオリンなどの**楽器の改良**に助けられて、**協奏曲**や**ソナタ**などの器楽が発達し、ヴィヴァルディやJ.S.バッハなどの18世紀バロックの器楽を準備した。

音楽史では、17世紀から18世紀前半までを「バロック」と呼ぶ場合がある。この言葉は「歪んだ真珠」を意味し、同時代の躍動感あふれる絵画や彫刻を形容した。しかし美術分野のこうした様式的特徴が、同時代の音楽に必ずしも見られるわけではない。そのため近年では、これまで「バロック音楽」と呼ばれていたものを、「17世紀の音楽」あるいは「18世紀の音楽」と改称することも増えている。

イタリアの「新音楽」

16世紀後半のイタリアでは、**マドリガーレ**などの多声部の合唱曲が流行した。そこでは歌詞のもっている感情や情緒を積極的に表現するために、これまでの**ポリフォニー**（多声音楽）では禁止されていた跳躍音程や半音階進行が多用された。その結果、すべての声部が独立して対等に進行するのではなく、最上声部が優位となり、残りの下諸声部を器楽で伴奏するような、独唱歌曲も生まれた。器楽伴奏は通例、最低声部を低音旋律楽器（ガンバやチェロなど）が、残りの上諸声部は和音楽器（チェンバロ、リュートなど）によって演奏された。このような伴奏形態は**通奏低音**（●p.58）と呼ばれている。特に通奏低音で伴奏する独唱歌曲は「**モノディー**」あるいは「**モノディー歌曲**」と呼ばれる。**カッチーニ**は1602年、モノディー歌曲などを含む曲集をフィレンツェで出版する。この曲集は《新音楽》と題され、まさしく新しい時代の幕開けを告げる作品となった。

モノディーでは、最上声部がメロディーを担当し、低声部は和音の基礎として全体を支え、内声は響きを充実させるという役割分担が行われる。こうして、和音伴奏上で上声部の旋律が感情のおもむくままに自由に躍動するという、コントラストの鮮やかな「新音楽」が生み出された。この新しい声楽様式が、この時代の音楽をリードするオペラの誕生を準備したのも、決して偶然ではなかった。

■ **ジュリオ・カッチーニ（1551-1618）** イタリアの作曲家。メディチ家の宮廷で歌手としても活躍。カメラータの活動に参加し、モノディー様式を考案した。**作品** オペラ《エウリディーチェ》、声楽曲集《新音楽》

『デュエット』（テル・ボルフの油彩画、部分、1669年）
歌手とテオルボ奏者が描かれている。（●口絵2）

聴いておきたい名曲

モノディー〈麗しのアマリッリ〉　カッチーニ 作曲

　1602年にフィレンツェで出版されたカッチーニの《新音楽》に収録されている。歌詞は「私の麗しいアマリッリ、私の心の甘い希望である人よ」で始まり、アマリッリへの思いを切々と歌う愛の歌である。

知っておきたい音楽用語

通奏低音（バッソ・コンティヌオ）

　下は、〈麗しのアマリッリ〉の出版当時の楽譜である。

　2段あるうち、上の段が旋律、下の段が伴奏を担当する。下の段は、和音の基礎となるバスの旋律を示している。バロック時代には、このバス旋律を基に即興で和音を演奏し、伴奏を付けるという手法が広く用いられた。楽譜に書かれている「6」や「11」といった数字は、和音の種類（バス音から数えた音程）を示している。このような伴奏の手法は**通奏低音**と呼ばれ、下の譜例のように、通奏低音の数字や記号に従って（即興的に）伴奏を付けた。演奏楽器としてはチェンバロ、オルガン、ハープ、リュート（あるいはテオルボ）などが想定できるだろう。

ロバート・ダウランド編『音楽の饗宴』から

オペラの誕生と普及

16世紀末のフィレンツェに、**カメラータ**[1]と呼ばれる文人サークルが結成された。このサークルには、**ガリレオ・ガリレイ**[2]の父で音楽家の**ヴィンチェンツォ・ガリレイ**[3]をはじめ、作曲家の**カッチーニ**や作曲家兼歌手でフィレンツェの宮廷楽長も務めた**ペーリ**[4]など、多数の文化人が参加していた。彼らが、古代ギリシアの悲劇復興として音楽劇の創作に取り組んだのが**オペラ**の始まりとされる。

古代ギリシア悲劇を音楽劇とするにあたって、ルネサンス音楽の中心であった多声音楽は不向きであった。多声音楽では、音楽が多声部から構成されるうえ、各声部が対等な関係を保ちながら横の流れとして絡み合うからである。響きの調和や均質さが優先される反面、歌詞がずれて重なり合うことにより聴き取りづらくなり、劇的で激しい感情表現を行うことも難しかった。

カメラータのメンバーは、自分たちが理想としたギリシア悲劇では歌詞の意味と言葉のリズムが尊重されていたという説を受けて、より自由に感情を表現できる**モノディー**を、オペラの音楽様式として採用した。こうして作曲された作品には、史上最初のオペラとされるペーリの《ダフネ》（1598）、楽譜の残っている最も古いオペラであるペーリとカッチーニの《エウリディーチェ》（1600）、**カヴァリエーリ**[5]の《魂と肉体の劇》（1600）などがある。カヴァリエーリの出身地であるローマはカトリックの中心地であったため、宗教的な題材を扱う**オラトリオ**（ p.48）がこの地で誕生し、発展した。オラトリオは舞台装置や衣装を伴わず、演奏会形式で上演される以外は、基本的にオペラと同じ音楽劇である。

オペラ《ダフネ》の衣装を着たペーリ 1598年にペーリが作曲した《ダフネ》は最古のオペラといわれるが、楽譜は残されていない。

オペラはやがてイタリア各地で作曲され上演されるようになる。その中でも、北イタリアのマントヴァ公爵に仕えていた**モンテヴェルディ**のオペラ《オルフェオ》（1607）は、初期のイタリア・オペラの傑作である。この作品が高く評価されたのは、オペラ誕生期の単純な音楽劇と比べ、その音楽内容が充実していたからである。登場人物の死を告げる際の劇的な転調や、主人公の苦痛を表現する下行半音階などの多彩な音楽表現が、物語の内容や登場人物の心理をみごとに盛り上げている。

モンテヴェルディはその後ヴェネツィアのサン・マルコ大聖堂の楽長を務めるようになる。ちょうどこの時期、ヴェネツィアの音楽活動の中心は、16世紀以降流行していた声楽や器楽のアンサンブルからオペラへと移行していった。貿易の繁栄の恩恵を被った裕福な市民の支えもあって、バロック・オペラの典型がこの地で生み出された。舞台には神や神話上の人物、妖精、魔女が現れ、遠近法を駆使した機械仕掛けの豪華な舞台装置が用いられた。

17世紀後半から18世紀初めにかけて、オペラの活動の中心地はナポリに移った。その活動を支えたのが**アレッサンドロ・スカルラッティ**である。彼は100曲ほどのオペラを作曲したといわれ、その半数

17世紀 バロック

ヴェネツィアのサン・ジョヴァンニ・グリゾストモ劇場 グリマーニ家によって設立され、1678年に開場。

1　イタリア語で「同士（camerata）」の意味。「部屋」を意味するcameraに由来する。
2　ガリレオ・ガリレイ（1564-1642）イタリアの物理学者、天文学者。慣性の法則の発見や、望遠鏡の改良などの功績で知られる。
3　ヴィンチェンツォ・ガリレイ（1520年代後期-1591）イタリアの作曲家、リュート奏者、音楽理論家。
4　ヤコポ・ペーリ（1561-1633）イタリアの作曲家、歌手。カメラータのメンバーとして、オペラの成立に大きく貢献した。
5　エミリオ・デ・カヴァリエーリ（1550頃-1602）イタリアの作曲家、オルガニスト。彼の《魂と肉体の劇》は聖書の物語を題材にしており、ローマの教会施設で初演された。この作品は実質的には宗教オペラだが、オラトリオの最初の例といわれることもある。

が現存している。ナポリのオペラでは、急－緩－急の三部で構成されるイタリア風序曲が確立された。**シンフォニア**と呼ばれるこの序曲は、古典派の交響曲の原型となったと考えられている。

また、ナポリのオペラでは**ダ・カーポ・アリア**と呼ばれる歌唱形式も確立され、**レチタティーヴォ**と**アリア**の分離が推し進められた。アリアはオペラを華やかに彩る一方で、物語の進行を一時的に中断してしまうため、劇の進行をスムーズに進める部分として、話し言葉に近い感じで歌うレチタティーヴォが登場したのである。このレチタティーヴォをアリアとうまく組み合わせることにより、劇の進行と登場人物の心情の描写を両立させることができるようになった。

オペラはやがて、イタリア以外のヨーロッパ諸国にも広がっていく。フランスでは作曲家の**リュリ**が中心となり、**宮廷バレ**（バレ・ド・クール）[6]にイタリア・オペラの要素を取り入れ、フランス独自のオペラをつくり上げた。イギリスでは、以前からあった**マスク**[7]を土台としてオペラが創作された。

18世紀に入ると、イタリア・オペラは**オペラ・セリア**と**オペラ・ブッファ**の2種類に分類されるようになる。前者は、古代の神話などを題材に荘重な悲劇を描く。後者は、世俗的な内容を扱った喜劇風なもので、代表作には**モーツァルト**の《フィガロの結婚》や《コシ・ファン・トゥッテ》などがある。

イタリア以外の国々では、イタリアのオペラが上演されることが多かった。しかし18世紀には、オペラの上演が一部の上流階級の専有物になったことから反発が起こり、より庶民的な性格の強い、各国の母国語を歌詞とするオペラがつくられるようになった。フランスでは**オペラ・コミック**、イギリスでは**バラッド・オペラ**、ドイツでは**ジングシュピール**と呼ばれた。ジングシュピールの代表作として知られるのが、モーツァルトの《魔笛》（▶p.88）である。

クラウディオ・モンテヴェルディ（1567-1643）
イタリアの作曲家。マントヴァ宮廷楽長、次いでヴェネツィアのサン・マルコ大聖堂楽長。マドリガーレや、初期のオペラ創作の分野で重要な作品を残した。作品 オペラ《ポッペアの戴冠》

アレッサンドロ・スカルラッティ（1660-1725）
イタリアの作曲家。ドメニコ・スカルラッティの父。ナポリ総督宮廷楽長時代に数々のオペラで成功を収め、ナポリ楽派の祖といわれる。他にカンタータも多数残している。作品 オペラ《グリゼルダ》

聴いておきたい名曲

オペラ《オルフェオ》 モンテヴェルディ 作曲

オペラの台本はギリシア神話によるもので、太陽と音楽の神アポロンの息子オルフェオと、その妻エウリディーチェの物語。

アリア〈わが生命なる女よ、君死にて〉（第2幕）
この曲は、妻の死を嘆き、その悲しみを歌うオルフェオのアリア。

『オルフェオとエウリディーチェ』
（ルーベンスの油彩画、1636-38年）

6　アンリ3世からルイ14世の時代にかけて、フランス宮廷で盛んに踊られたバレエ。
7　16〜17世紀のイギリスで好まれた仮面劇。

フランス：ヴェルサイユの宮廷音楽

　17世紀のフランスは「**ルイ14世の世紀**」だと、思想家の**ヴォルテール**[1]は述べた。フランスの**絶対王政**は**ルイ13世**及び14世の治世で確立され、とりわけルイ14世の時代には、自らも踊りの名手であった彼の豊かな財力による支援に後押しされ、音楽は大いに発展した。この時代の音楽は後に、フランス音楽の「古典」とされるようになる。

ヴェルサイユ宮殿、鏡の回廊　357枚の鏡を使った装飾、美しい天井画やぜいたくな調度品によって飾られている。

　このルイ14世が建造し、後に移り住むようになったのが**ヴェルサイユ宮殿**である。1661年、パリ南西部郊外にあるヴェルサイユで宮殿の建造が開始され、82年には政府機関がこの地に移り、ルイ14世が住み始めることでフランスの王宮となった。宮殿内もしくはその近郊に住んだ関係者は、およそ2万人にのぼったといわれる。放射線状に広がる街路の中心に位置したこの宮殿は、名実ともにフランス文化の中心となり、この宮殿の建築様式、さらには生活様式までもが、各地の宮廷によって模倣された。例えば、ウィーンのシェーンブルン宮殿、ポツダムのサンスーシ宮殿、日本の赤坂離宮（現、迎賓館）は、ヴェルサイユ宮殿などを模範として建造されている。

　ルイ14世の治世では、パリで認められた音楽家がヴェルサイユ宮殿を拠点として活躍した。宮廷楽団には、王室礼拝堂楽団、宮廷室内楽団、そして野外用の厩舎音楽隊の3つがあった。国王の一日の生活は規則正しく区分されており、それぞれが儀式のように行われ、場面ごとに各楽団が音楽を演奏した。

　王室礼拝堂楽団は、およそ15名のオーケストラと90名の合唱団からなり、礼拝堂におけるミサの音楽の演奏などを担当した。この礼拝堂のためには、イタリアで学んだ作曲家**シャルパンティエ**[2]が華麗で荘厳な宗教音楽を書いた。

　宮廷室内楽団には、「王の24人のヴァイオリニスト（大楽団）」や「ペティット・ヴィオロン（小楽団）」があった。これらの楽団は食事、祝宴、舞踏などの音楽を担当した。また日曜日の午後、礼拝堂でのミサを終えた後に「鏡の回廊」で開かれた室内楽の演奏会も、これらの楽団の音楽家たちが行った。王はとりわけ若い頃にはバレエやオペラなどの豪華な舞台作品を楽しんだが、晩年は室内楽を愛好するようになった。1693年にヴェルサイユ宮殿の王室礼拝堂のオルガニストに就任し、優れた**クラヴサン**[3]奏者でもあった**クープラン**は、この室内楽の分野で活躍した。

　一方、ルイ14世の全盛期におけるヴェルサイユの宮廷音楽を支えたのが、フランス舞台音楽の一時代を築いた**リュリ**である。イタリアのフィレンツェで生まれ、14歳のときパリにやってきたリュリは、優れたヴァイオリニストで舞踏家でもあった。彼は1653年、20歳のとき国王とともにバレエを踊ると、めきめきと頭角を現し、国王お抱えの音楽家へと出世していった。

太陽神アポロンにふんしたルイ14世
ルイ14世が「太陽王」と呼ばれるのは、バレエで太陽の役を踊ることを好んだためともいわれる。（▶口絵2）

17世紀　バロック

1　ヴォルテール（1694-1778）フランスの啓蒙思想家。本名フランソワ＝マリ・アルーエ。自由主義的思想を展開した。
2　マルカントワーヌ・シャルパンティエ（1643-1704）フランスの作曲家。彼の作品の中では、二長調の《テ・デウム》の前奏曲がよく知られている。
3　チェンバロのフランス語名。

ルイ14世の宮廷入りを果たしたリュリは、まず「ペティット・ヴィオロン」の楽団員になり、1661年にフランスに帰化した後、宮廷のすべての音楽家を監督する総監督に任ぜられた。その翌年には、王家音楽教師にも就任する。

ここからリュリは、劇作家**モリエール**[4]と共同での舞台音楽の創作活動に熱心に取り組み始める。建設中のヴェルサイユ宮殿の庭園で祝宴が行われることもあり、1664年にはモリエール台本、リュリ作曲の**コメディ・バレ**[5]《魔法の島の楽しみ》が上演された。モリエールとリュリが手がけたコメディ・バレは全11曲あり、そのうちのいくつかはヴェルサイユ宮殿で初演された。

しかし宮廷でのコメディ・バレは、国王自身の出演が断念され、リュリとモリエールがたもとを分かつことで衰退する。その後、国王とリュリの関心はオペラへと移る。リュリは王立音楽アカデミーのオペラ上演権を買い取るなど、フランスの舞台音楽に対する絶対的な支配を確立すると、これまでに培った技法や経験をもとに、1673年から86年の間に、ほぼ毎年**トラジェディ・リリック**（叙情悲劇）[6]を作曲し、フランス・オペラの第一人者としての地位を築き上げた。トラジェディ・リリックの大半は、古代ギリシア神話から取った主題に基づく5幕構成の大規模な舞台作品で、歌詞はフランス語による。レシタティフ[7]、エール[8]が主に登場人物によるドラマの展開を担い、ディヴェルティスマン（ダンスなど視覚的要素で占められる部分）として**メヌエット**[9]や**ブーレ**[10]のような舞曲も取り入れられた。機械仕掛けによって見た目を楽しませる要素も盛り込まれ、神話的な登場人物を出現させて、現実とはかけ離れた世界へと観客を引き込んだ。

リュリは1687年、国王の病気の回復を祝う演奏会で指揮をしていた際に、指揮棒で誤って自らの足を突き、それが原因で亡くなった[11]。彼の碑文には、「ルイ大王とヨーロッパ中の支持を勝ち取った」と刻まれている。

ヴェルサイユ宮殿

リュリのオペラ《アルセスト》（版画）　ヴェルサイユ宮殿の大理石の中庭で上演された様子。

4　モリエール（1622-1673）フランスの俳優、劇作家。本名はジャン＝バティスト・ポクラン。
5　リュリとモリエールが考案した、音楽と文学と舞踏を一体化させた音楽喜劇。
6　神話、伝説、歴史的英雄物語などを題材とし、悲劇を声高らかに読み上げるような歌唱法でつくられたフランス語のオペラ。
7　レチタティーヴォのフランス語読み。
8　17世紀にフランスで流行していた、リュートまたは通奏低音を伴う音楽で、歌詞が付くこともあった。
9　17～18世紀のヨーロッパで流行した3拍子の優雅な舞踏、舞曲。
10　フランスの民俗舞踏、舞曲。17～18世紀に宮廷で取り入れられ、速い2拍子の音楽となった。
11　当時は先端のとがった大きな杖のような指揮棒で地面を突いて指揮をしていた。

聴いておきたい名曲

オペラ《アティス》 リュリ 作曲

　プロローグと5幕からなるトラジェディ・リリック。古代ローマの詩人オウィディウスの神話に基づく物語で、舞台は古代フリギア。セレヌス王の許嫁である妖精サンガリードと美少年アティスとの叶わぬ愛と、その悲劇的結末を描く。

〈メヌエット〉

　プロローグの終盤に、男女ペアで軽やかに踊られる3拍子の舞曲。メヌエットは、格調高いダンスとして宮廷でも特に好まれた。

聴いておきたい名曲

クラヴサン曲《シテール島の鐘》 クープラン 作曲

　フランス宮廷のクラヴサン奏者であったクープランは、220曲余りものクラヴサン小品を作曲し、27の組曲を4巻の曲集に編纂して出版した。ほとんどの曲が個性的な標題をもつ描写的な作品で、組曲内の楽曲配列は非常に自由であった。装飾音を多用した優雅な曲調は、美しく繊細な室内装飾や絵画で飾られた当時のフランス宮廷のロココ趣味を思わせる。「クラヴサン」はイタリア語ではチェンバロ (cembalo)、英語ではハープシコード (harpsichord) という。

　ギリシア神話では、シテール島は愛と美の女神アフロディーテが西風に運ばれてたどり着いた島で、「愛の島」のイメージをもつ。島に快く響くカリヨンの音が、軽やかな装飾音で表現されている。

ジャン=バティスト・リュリ（1632-1687）
イタリア生まれのフランスの作曲家、ヴァイオリニスト、舞踏家。ルイ14世の絶大な庇護を受け、パリの宮廷で活躍した。宮廷バレやコメディ・バレで成功し、フランス独自のスタイルをもつバロック・オペラを確立した。**作品** コメディ・バレ《町人貴族》、オペラ《アルセスト》《アティス》

フランソワ・クープラン（1668-1733） フランスの作曲家、クラヴサン奏者、オルガニスト。音楽一族クープラン家の中で最も有名な人物。王室音楽家として活躍し、優雅なクラヴサン小品を多数作曲した。**作品**《クラヴサン曲集》(全4巻)、室内楽曲《王宮のコンセール》《諸国の人びと》

イギリス・ルネサンスのシェークスピア演劇と音楽

イギリス・ルネサンスと呼ばれる16世紀後半から17世紀初めのイギリスでは、劇音楽といえば、**マスク**や演劇で使用される劇中歌や付随音楽が主流だった。劇作家として有名な**シェークスピア**[1]は、劇での音楽の使用法に非常にたけていた。彼は、劇の雰囲気を盛り上げたり、ストーリーの転換を際立たせたりする際、どこにどのような音楽を用いるのか、他の劇作家と比べてかなり緻密な指示を台本に書いていたことで知られる。

この時代の演劇で実際に使用された音楽はほとんど残っていないが、大半は当時のポピュラー音楽に基づく単純で短いものであったと推測されている。宴会、夜会、行進、決闘などの場面で、それぞれのイメージを象徴するような雰囲気の器楽が演奏されていた。台本のト書きには、「オーボエ、トランペットなどの静かな音楽」といった指示が書かれていた。一方、声楽は、俳優が単独で歌うこともあれば、リュートなどの楽器の伴奏付きで歌われることもあり、ポピュラー音楽を素材とした歌曲だけでなく、ときには複雑な韻を踏んだ詩に曲を付けた芸術的な歌曲が歌われることもあった。

イギリスでは1642年に勃発したピューリタン革命の間に劇場が封鎖されていたが、60年の王政復古で再開される。この王政復古の時代に活躍したのが**パーセル**である。彼は音楽を多く含んだ劇である**セミオペラ**で人気を博し、シェークスピアの劇に基づく《テンペスト》や《真夏の夜の夢》を作曲した。しかしもともとオペラよりも演劇への関心が高かったイギリスでは、英語によるオペラはあまり普及せず、パーセルの死後はほとんどつくられなかった。

シェークスピアの劇『ハムレット』の舞台
（グラヴロの版画、18世紀）

シェークスピア

ヘンリー・パーセル（1659-1695） イギリスの作曲家、オルガニスト。王室音楽家として活躍した後、36歳で他界するまでの最後の約5年間に、オペラなどの舞台音楽を40曲余り手がけた。また、イギリス国教会の礼拝用合唱曲であるアンセムの発展にも貢献した。
作品 オペラ《ダイドーとイーニアス》、セミオペラ《アーサー王》

---

1 ウィリアム・シェークスピア（1564-1616）イギリス・ルネサンス文学の最高峰といわれる劇作家、詩人。『マクベス』『ロミオとジュリエット』『真夏の夜の夢』の他、多くの傑作は後世の作曲家を魅了し、彼の作品を題材とした付随音楽、オペラ、管弦楽曲などが多数作曲された。

ドイツ：三十年戦争時代の音楽

ドイツ（**神聖ローマ帝国**）を中心に起こった**三十年戦争**（1618-48）により、ドイツは人口の3分の2を失った。経済的にもかなりの打撃を受け、音楽活動もさまざまな影響を受けた。例えば1620年代には、ドイツ国内の宮廷楽団、カントライ（聖歌隊）、シュタットプファイファー（市や町が雇う楽器奏者、町楽師）らの組合組織といった音楽団体が、次々と規模の縮小に追い込まれ、少人数で演奏できる編成の曲が多く求められた。また音楽出版も滞り、手書きによる楽譜に頼らざるをえなくなった結果、作品が広く流通する機会も少なくなったが、それぞれの地方ごとに独自の音楽が生み出されることにもつながった。この地域文化の独立の動きは、三十年戦争後のドイツで小国が分立し、政治的にまとまりがなくなった結果でもあった。

当時のドイツはまた、外国勢力が戦争に介入したことで、諸外国からの影響も非常に強く受けた。17世紀のドイツ音楽は、外国の音楽の優れた作曲技法や音楽様式を積極的に吸収し、それを自国の伝統と巧みに組み合わせることで豊かな多様性を獲得し、大きく発展することになる。

この時期、国際的にも通用する質の高い作品をさまざまな分野に残し、後に「ドイツ音楽の父」と呼ばれる作曲家が**シュッツ**である。彼は2度にわたってイタリアに留学し、**モノディー**や**通奏低音**といったイタリア生まれの最先端の作曲技法を学んで、それらをドイツ音楽に取り入れた。初のドイツ語によるオペラ《ダフネ》を作曲したり、ドイツの教会音楽に**協奏様式**[1]を導入したりするなど、意欲的な取り組みを数多く行った。

17世紀のドイツでは、**ルター派**教会がオペラを嫌ったため、独自のオペラ創作活動が定着するには至らなかった。しかし声楽では、より小規模な編成で演奏される、**カンタータ**と呼ばれる器楽伴奏付きの声楽が盛んに作曲された。カンタータには世俗的なものと宗教的なものがあるが、ドイツでは**プロテスタント**の教会音楽の分野で作曲された教会カンタータがとりわけ独自の発展をみせた。この教会カンタータでは、プロテスタントの讃美歌（**コラール**）を基に、独唱や重唱のアリア、レチタティーヴォ、合唱が交互に現れる形式が一般的となり、その創作活動は18世紀前半にかけて、**J.S.バッハ**（●p.76）で頂点に達した。バッハは生涯でおよそ220曲のカンタータを残しているが、そのうちの約9割は教会カンタータである。

ルター派の礼拝音楽ではまた、オルガンが重要な役割を担っていたため、この時代にはオルガン音楽が花開いた。このような隆盛を支えたのは、「ドイツのオルガニストの養成者」と言われたオランダ人の**スヴェーリンク**[2]の指導のもとに輩出された、優れたドイツ出身のオルガニストたちであった。そのうちの一人である**シャイト**[3]は、イギリスの**ヴァージナル**[4]奏者の技術も取り入れながら、

シャイト

ドイツ独自のオルガン音楽芸術の基礎を築いた。それを受け継いだのが**ブクステフーデ**[5]である。彼は教会で**夕べの音楽**という名のコンサートを開き、これはドイツで**公開コンサート**が行われる先駆けとなった。オランダのスヴェーリンクの教えが北ドイツに広がったのに対して、南ドイツではイタリアの

ハインリヒ・シュッツ（1585-1672） ドイツの作曲家。ドレスデン宮廷楽長。ルターの聖書に基づく宗教声楽曲を数多く残し、J.S.バッハへと続くドイツ・バロック音楽の基礎を築いた。
作品 《クリスマス・オラトリオ》、《ダヴィデ詩編歌集》

---

1 複数の合唱隊、独奏（独唱）とオーケストラ、声楽と器楽など、2つ以上の要素を対照させる様式。ヴェネツィア楽派（●p.47）に端を発する。
2 ヤン・ピーテルスゾーン・スヴェーリンク（1562-1621）オランダの作曲家、オルガニスト。ルネサンス音楽の末期からバロック音楽の最初期において、北ドイツ・オルガン楽派の育成に寄与した。
3 ザムエル・シャイト（1587-1654）ドイツ初期バロックの作曲家、オルガニスト。1585年生まれのハインリヒ・シュッツ、1586年生まれのヨハン・ヘルマン・シャインとともに、ドイツ・バロックの「3S」と呼ばれる。
4 チェンバロと同じアクションをもつ小型の鍵盤楽器。弦は奏者から見て横向きに張られているため、横長の四角形や五角形の箱形をしている。
5 ディートリヒ・ブクステフーデ（1637頃-1707）ドイツ（あるいはデンマーク）の作曲家、オルガニスト。北ドイツ・オルガン楽派を代表する音楽家の一人であり、教会カンタータの創作を通じてプロテスタント教会音楽の発展にも大きく寄与した。

北ドイツの3人の音楽家が描かれた絵
（フォールハウトの油彩画、1674年）
ヴィオラ・ダ・ガンバを弾くブクステフーデ、チェンバロに向かうラインケン、楽譜を膝にのせたタイレ、と考えられている。

フレスコバルディ[6]の様式が**フローベルガー**を通じて広まり、《カノン》で有名な**パッヘルベル**[7]が南ドイツ・オルガン楽派の最盛期を支えた。こうしてドイツ全体に根付いたオルガン音楽の伝統は、やがてバッハに受け継がれることになる。

フローベルガーはまた、オルガン音楽のみならず、イタリアとフランスの音楽を手本として発展したドイツの鍵盤音楽全般を飛躍的に向上させることに貢献した作曲家でもあった。彼は、優れたオルガニストであると同時に、鍵盤音楽の大作曲家でもあったフレスコバルディを師匠とし、ヨーロッパ各地を広く旅行して各国の舞曲を学び、複数の舞曲を組み合わせた**組曲**（▶p.79）の形式をつくり出した。

三十年戦争の終結後は宮廷の力が弱まり、中産階級が台頭した。都市の貴族や商人、市民や大学生が都市の音楽の土台を形成し、その水準が専門家の域に達することもあった。とりわけ**合奏協奏曲**は、市民や学生による演奏団体**コレギウム・ムジクム**の活動により、都市の市民層にも浸透した。

知っておきたい音楽用語

旋法、音階、調、調性

教会旋法（▶p.23）は、中世からルネサンス時代の音楽で重要な役割を果たしていた。しかし、17世紀以降の音楽で変化音が多用され、複数の旋法が同時に使用されるようになったことで、12種類の旋法によって音楽を分類する必然性が少なくなった。その結果、ドから始まるイオニア旋法（長旋法）と、ラから始まるエオリア旋法（短旋法）の2つに分類されるようになった。これが今日の長音階と短音階になる。

また17世紀に入ると、**通奏低音**（▶p.58）が普及したことで、音楽を三和音の連続として捉えるようになった。その結果、終止部分での定型的な進行が注目され、和音の連続の中に規則性や法則性が発見されるようになる。こうして長・短音階、三和音、和音進行の規則性という3つの要素がそろい、18世紀以降の**調性**による音楽の成立を準備した。例えば、属和音から主和音に進行することで、ハ長調やト長調という調性が決定されるようになる。調性音楽において、その曲の中心となる音を調と呼ぶ。楽曲の主音を示す調と、和音やその進行によって決定される調性は、別なものとして区別される必要がある。

■ **ヨハン・ヤーコプ・フローベルガー（1616-1667）** ドイツの作曲家、オルガニスト、鍵盤楽器奏者。フレスコバルディに学んだ他、広く旅して各地の語法を吸収し、多くの鍵盤楽曲を作曲。彼の組曲の形は、バロック組曲の規範となった。
作品 組曲第30番、《ブランシュローシュ氏の死に寄せるパリでつくられたトンボー》

---

[6] ジローラモ・フレスコバルディ（1583-1643） イタリアの作曲家、オルガニスト、鍵盤楽器奏者。17世紀前半のイタリアにおける鍵盤音楽の発展に大いに貢献した。また、弟子のフローベルガーを通じて、ドイツの鍵盤音楽に影響をもたらした。
[7] ヨハン・パッヘルベル（1653-1706） ドイツの作曲家、オルガニスト。J. S. バッハ以前のドイツ・バロック期における主要な音楽家の一人であり、南ドイツ・オルガン楽派の中心的な存在であった。

器楽の隆盛

17世紀の劇音楽の成立には、いろいろな感情や情景の描写を可能にする器楽の発達が欠かせなかった。器楽はさまざまな楽曲で多様な役割を期待され、やがて声楽に匹敵する重要性を獲得するようになった。

例えば、**クラヴィコード**[1]、**チェンバロ**、**オルガン**といった鍵盤楽器によって主に演奏される曲種として**組曲**、**トッカータ**[2]、**プレリュード**（前奏曲）、**フーガ**（●p.77）などが生み出された。こうした器楽の発展の中心地となったのはヴェネツィアであり、宗教合唱曲に器楽の伴奏を加え始めたのは、声楽と器楽を対照的に扱う**協奏様式**を採用したヴェネツィア楽派（●p.47）であったといわれる。

このようにして教会音楽に導入された協奏様式を、器楽に適用することで生まれたのが**協奏曲**（コンチェルト）である。ローマで活躍した**コレッリ**[3]は、協奏曲の成立と発展に大きく貢献した。ヴァイオリニストでもあった彼は、旋律を担当する2つの声部と伴奏を担当する通奏低音の3声部からなる**トリオ・ソナタ**（●p.89）と呼ばれるジャンルを確立させた。

コレッリ

さらに彼は、トリオ・ソナタをオーケストラで演奏する際に、各声部をソロで演奏させたり、オーケストラ全員で演奏させたりすることで、トリオ・ソナタを協奏曲へと発展させた。複数の独奏者（コンチェルティーノ）のみが演奏する部分と、オーケストラ全員（リピエーノ）が演奏する部分とが対比される曲は、**合奏協奏曲**（コンチェルト・グロッソ）と呼ばれる。

一方、独奏者を1人のみとする**独奏協奏曲**（ソロ・コンチェルト）の分野で重要な足跡を残したのが、**トレッリ**[4]である。彼の《合奏協奏曲集》op.8に含まれる6つのヴァイオリン協奏曲は実質、独奏協奏曲として書かれ、独奏ヴァイオリンによる華麗な技巧が披露される。また、それまでの緩－急－緩－急の4楽章構成とは異なる、急－緩－急の3楽章構成で書かれ、**リトルネッロ形式**[5]をもつ。コレッリやトレッリの書法はその後、**ヴィヴァルディ**（●p.72）や**アルビノーニ**[6]らに受け継がれ、バロック時代の協奏曲の典型とされるようになった。

『ラ・バールと音楽家たち』（ブーイの油彩画、1710年頃）
フランス宮廷の音楽家たちが描かれている。立って楽譜をめくっているのは、作曲家でフルート奏者のラ・バールである。（●口絵2）

---

1 14世紀頃に発明された、長方形の箱形をした鍵盤楽器。弦を下から押し上げて振動させることで、音を出した。弦をはじくチェンバロとパイプに空気を入れて音を出すオルガンとは、発音の原理が異なった。
2 16世紀にイタリアで生まれた、鍵盤楽器のための即興的で技巧的な楽曲。
3 アルカンジェロ・コレッリ（1653-1713）　イタリアの作曲家、ヴァイオリニスト。トリオ・ソナタと合奏協奏曲の分野で17世紀の器楽の発展に大きく貢献した。後にクープランやラフマニノフが、彼の名前を冠した作品を書いた。
4 ジュゼッペ・トレッリ（1658-1709）　イタリアの作曲家、ヴァイオリニスト。協奏曲の発展、とりわけ合奏協奏曲から独奏協奏曲への前進を促した功績で知られる。
5 総奏部分と独奏部分が規則的に交互に繰り返されながら発展する音楽形式。総奏部分は基本的に同じ旋律を繰り返す一方、独奏部分の旋律は登場するたびに変化していく。
6 トマーゾ・アルビノーニ（1671-1750か51）　イタリアの作曲家。魅力的な旋律を生み出した多作の作曲家であり、器楽だけでなくオペラの分野にも数多くの作品を残した。なお、今日よく知られている《アルビノーニのアダージョ》は、彼のトリオ・ソナタの断片を用いた後世の編曲作品である。

ヴァイオリンの歴史

ヴァイオリンは16世紀に誕生した楽器で、17～18世紀前半にかけて、イタリアで製作の黄金期が築かれた。最初の有名な製作者は**アンドレア・アマティ**（1511以前-1577）で、現存する世界最古のヴァイオリンも、彼の1565年頃の作品である。彼は出身地である北イタリアのクレモナにヴァイオリン工房を創設し、その息子たちもその仕事を受け継ぎ数々の名器を作った。中でも特に傑出していたのが、孫の**ニコロ・アマティ**（1596-1684）である。彼が活躍した時代は、**ジュゼッペ・グァルネリ**（1666-1740頃）、そしてかの有名な**アントニオ・ストラディヴァリ**（1644から49?-1737）といった名職人も輩出した、まさにヴァイオリン製作の頂点ともいえる時代だった。

ヴァイオリンは、16世紀末までは主に伴奏楽器として用いられていた。しかし17世紀以降、**コレッリ、トレッリ、ヴィヴァルディ、ジェミニアーニ**[1]、**タルティーニ**[2]らが**トリオ・ソナタ、合奏協奏曲、独奏協奏曲**などを作曲するようになり、器楽の中心的な旋律楽器として華々しい地位を確立することになる。実際、器楽曲の発展の時期は、まさにイタリアのヴァイオリン製作の黄金期と一致している。楽器製作の技術が進んだからこそ、作曲家や演奏家にとっては、新たな演奏技法や音の出し方の開発が進み、音楽そのものも発展したといえる。

その後、18世紀後半から19世紀にかけては、コンサート専用の大きな演奏会場でも十分に聴こえる音が出るように、楽器にさらなる改良が加えられた。より広い音域の音が出せるよう指板が長くなり、豊かな音量と華麗な音色が出せるよう駒と指板の位置が高くなった[3]。

ヴァイオリンは21世紀の現在でも、この黄金期にクレモナで製作されたものが最も優れているとされ、数十億円もの価値が認められている楽器もある。なお、これらの名器もほとんどすべてが、上記のような改良を施されている。

ヴァイオリン（violin）はヴィオラに由来し、「小さなヴィオラ（violino）」という意味である。

ヴァイオリン工房のアントニオ・ストラディヴァリ
（アレッサンドロ・リナルディの油彩画、部分、1886年）
（▶口絵2）

---

1 フランチェスコ・ジェミニアーニ（1687-1762）イタリアの作曲家、ヴァイオリニスト、音楽理論家。ヴァイオリン奏法について記した彼の著作は、バロック時代の演奏スタイルを知るための貴重な資料として、現在でも参照されている。
2 ジュゼッペ・タルティーニ（1692-1770）イタリアの作曲家、ヴァイオリニスト。《悪魔のトリル》のようなヴァイオリン独奏による作品を多数残し、ヴァイオリンの運指法や運弓法の発展に貢献した。
3 こうして改良された楽器を使って活躍したのが、パガニーニ（▶p.97）をはじめ、優れたヴァイオリン教本を書いたルイ・シュポーア（1784-1859）、ブラームスとの親交で知られるヨーゼフ・ヨアヒム（1831-1907）、《ツィゴイネルワイゼン》などの名曲を残したパブロ・デ・サラサーテ（1844-1908）といった名ヴァイオリニストたちである。

聴いておきたい名曲

合奏協奏曲 ト短調《クリスマス》　コレッリ 作曲

　バロック時代初期に盛んにつくられた合奏協奏曲の名作。2本のヴァイオリンとチェロというトリオ・ソナタの編成を独奏楽器群とし、そこに合奏楽器群を加えて、強弱のコントラストを図る形態は、合奏協奏曲の典型的な形である。

　特に人気の高い終楽章の〈パストラーレ〉はクリスマス用の音楽で、イタリアでキリスト降誕を祝って羊飼いたちが演奏する、シチリア舞曲（長短のリズムの反復が特徴的）を模している。

第6楽章　パストラーレ＊

＊牧歌的な作品のことで、田園生活をテーマにした文学、詩、絵画、音楽を指す。
そこでは羊飼いが羊の群れを追う姿や、豊かな自然や気候が描写された。

まとめと今後の勉強のために

　17世紀はイタリアが音楽先進国である。フィレンツェで誕生したオペラが、イタリアのみならず、パリ、ロンドン、ウィーンなどでいち早く普及した。それに伴ってイタリア人音楽家もヨーロッパ各地で活躍した。またドイツで起こった宗教改革に対抗して、カトリックの中心地ローマでは、人々の信仰心を高めるために、オラトリオと呼ばれるオペラ的な音楽が奨励された。こうしてオペラとオラトリオという、世俗的な音楽と宗教的な音楽が、この時代の大規模な劇的作品をつくり上げた。そこで展開された音楽は、ルネサンス時代の多声音楽や娯楽的な世俗音楽に慣れた当時の人々に、華麗で心が揺さぶられるような感動を与えた。この「新音楽」はやがてフランスや三十年戦争後のドイツに伝えられ、当地の国王や諸侯は、この躍動感に満ちた音楽を権威の象徴として利用したのである。こうした舞台音楽の隆盛がオーケストラの繁栄をももたらし、各地に大規模な、また標準化されたオーケストラを誕生させた。

　オーケストラにとって重要なヴァイオリンもこの時代に改良が加えられ、オーケストラだけでなく、さまざまな編成の室内楽を誕生させた。他方、ヴェネツィアに誕生した協奏様式（複合唱）はやがて器楽にも活用され、器楽用の協奏曲が多数誕生した。このように17世紀の音楽は中世・ルネサンスから脱して、より近代的な音楽を準備したのであった。

　17世紀のバロック、そして18世紀のバロックから古典派という、大きな流れの中で音楽を聴くことが大切である。文献やCDなどの資料は多数あるので、華やかな都市音楽と宮廷音楽の魅力を探ってほしい。

18世紀（バロック〜古典派）

■ 時代と社会

　前世紀には**ガリレイ**、**ニュートン**らの科学的発見によって近代的な科学が誕生したが、18世紀になると、**ベーコン**や**デカルト**が経験的で合理的な思考を主張し、近代哲学の基礎を築いた。また**カント**は批判哲学を展開し、理性を重んじて迷信から解放されることを「啓蒙」と呼んだ。この啓蒙主義を基礎にして、**ロック**、**モンテスキュー**、**ルソー**らが自然の平等原理のもとに人民主権を唱え、**絶対王政**の根幹を揺るがし始めた。

　ドイツでは17世紀初めに、**プロイセン公国**が誕生した。北ドイツに位置するこの国は、**ドイツ三十年戦争**の被害をあまり受けることなく急速に発展し、**スペイン継承戦争**の際の功績が認められ、1701年には王国に昇格した。その後、「兵隊王」の異名をもつ**フリードリヒ・ヴィルヘルム1世**が、常備軍の強化や官僚制、税制の整備を行って、国の財政を潤し、国力を増幅させた。その息子の**フリードリヒ2世**は、**オーストリア継承戦争**、**七年戦争**を経て資源の豊富な**シュレジエン**地方を確保し、プロイセンのヨーロッパ列強への仲間入りを実現させた。しかし、ザクセンやバイエルンなどの選帝侯国や小規模な領邦国家が多数存在するというドイツの政治的状況は変わらなかった。やがて**フランス革命**後の**ナポレオン戦争**によって、ヨーロッパの政治や社会は大きく変えられていく。

　絶対王政下のフランスでは、**旧制度（アンシャン・レジーム）**による身分制社会が形成されていた。聖職者と貴族は多くの政治的特権や土地を所有したが、国民の9割にあたる平民は不平等を強いられていた。しかし、特権階級や平民の中にも貧富の格差が広がるにつれ、身分制社会は崩壊に向かいつつあった。そして啓蒙思想やアメリカの独立に影響されて、フランスでも国会にあたる**三部会**の対立を機に、民衆たちが**バスティーユ牢獄**を襲撃して、フランス革命の火蓋が切られた。この革命の過程で頭角を現したナポレオンが、1799年11月に軍事クーデターで政府を倒し、統領政府を樹立したことで、革命は終息した。

　イギリスとフランスが植民地化していたアメリカでは、イギリス領の東部地域に13の植民地が建設され、その地では自治制度が発達し、自由な風土が育っていた。しかしイギリスは、七年戦争後に財政難から植民地に対する**重商主義**政策を強化し、植民地の代表たちはこれに抗議した。やがて武力衝突にまで至り、1776年に東部13州はイギリスからの独立を宣言し、人権の尊重や民主的な政府の樹立など、啓蒙主義の理想を掲げた。83年、イギリスはこれら13州が**アメリカ合衆国**として独立することを承認した。

　イタリアでは各地の都市が繁栄し、特にヴェネツィアは商業・貿易都市として大いに栄えた。

バスティーユ牢獄の襲撃　武装蜂起したパリの民衆は、弾薬と火薬を求めてバスティーユ牢獄を襲った。

■ 音楽史の流れ

　18世紀の社会の大きな動向は、17世紀に確立された絶対王政に代わって、都市市民が政治や経済だけでなく、文化をも担（にな）うようになったことである。同じように、キリスト教の精神に代わって、理性を重視する啓蒙主義が人々の考えを支配するようになる。こうした変化の最終的な帰結がフランス革命である。

　音楽史の流れもこの時代や社会の流れと相互に関連している。フランス革命によってヨーロッパ各地で貴族社会が崩壊し、音楽家たちは雇い主を失った。また啓蒙主義によって宗教の世俗化が進み、教会音楽を担っていた音楽家たちもその立場が揺らいでくる。フランス革命やその後のナポレオン戦争は18世紀末からの動きなので、18世紀の音楽史はこれまで貴族や教会などに庇（ひ）護（ご）された音楽が最後の輝きを見せる時期にあたる。しかし同時に、18世紀には**市民階級**が文化の担い手となり、19世紀以降に続く新しい音楽活動が準備された。

　フランス、イギリス、オーストリア、プロイセンでは中央集権が進んだことから、各国の首都、すなわち**パリ、ロンドン、ウィーン、ベルリン**が音楽活動の中心となる。これに対して、小規模な領邦国家や都市国家が分裂したイタリアやプロイセン以外のドイツでは、各都市の音楽活動が盛んであった。

　これまでの音楽史では、18世紀前期をバロック、中期を前古典派、後期をウィーン古典派と呼んでいたが、本書では、「18世紀（バロック〜古典派）」と表記した。

イタリア：ナポリとヴェネツィア

　17世紀のイタリアでは、教会音楽に限らず、音楽全般を幅広く教育し、職業音楽家を育成するための**音楽学校（音楽院）**が各都市に設立されるようになる。特にナポリやヴェネツィアでは、16世紀末から17世紀前半になると、慈善団体や教会が孤児収容施設を設立する活動を行った。このような施設はコンセルヴァトーリオと呼ばれ、そこでは子どもたちが小さい頃から音楽教育を受けていた。

　施設の教育機能が整えられるにつれ、やがて常勤の教師も雇われるようになり、その中には歌や楽器などを指導する音楽家も含まれていた。ナポリでは、教師と生徒が学校外で演奏活動を行うことも多く、公式の祝典、各地の教会、結婚式などの催しや路上に至るまで、さまざまな場所で演奏することによって収入を得た。ヴェネツィアでは、主に音楽学校に付属する礼拝堂で演奏活動が行われ、**オラトリオ**（▶p.48）のような作品を上演することもあった。収入は、礼拝堂に訪れる人々からの献金や寄付などによって支えられていた。

ヴェネツィアの養育院の少女たちによるコンサート
（ベッラの油彩画、1782年頃）（▶口絵3）

　こうした財政の潤いに後押しされ、音楽学校では各楽器の名人的な演奏家を教師として採用するようになる。18世紀に入った頃には、**ヴィヴァルディ**が

ヴァイオリン教師としてヴェネツィアのピエタ養育院に採用された。この養育院は、ヴェネツィアでは数少ない女子校の一つで、歌手の養育でよく知られていたうえ、オーケストラの演奏能力も高かった。ヴィヴァルディは当初ヴァイオリンを教えていたが、後には合奏長、合唱長といった地位に就いて、オーケストラを指揮した。

18世紀前半になると、ヴェネツィアとナポリの音楽学校はヨーロッパ中に影響を及ぼすようになった。当時活躍したオペラ歌手の多くが、これらの音楽学校で学んでおり、**カストラート**[1]は主にナポリの出身者であった。またヴェネツィアでは、音楽院の優秀な生徒が選抜オーケストラを結成し、外国の王族の訪問時に演奏を行うこともあった。これらの成果を受けて、ヨーロッパ各地でも徐々に音楽学校を設立する動きが見られるようになった。

聴いておきたい名曲

ヴァイオリン協奏曲集《和声と創意の試み》から〈四季〉　ヴィヴァルディ 作曲

〈春〉〈夏〉〈秋〉〈冬〉と題された4曲のヴァイオリン協奏曲からなる〈四季〉は、1725年に出版された曲集《和声と創意の試み》第1集の最初の4曲である。いずれの曲も独奏ヴァイオリン、弦楽合奏、通奏低音の編成による。作者不詳のソネット[2]で描かれた情景を音楽で表現しており、有名な〈春〉をはじめ、どの曲も広く親しまれている。

ヴィヴァルディの〈四季〉を演奏するファビオ・ビオンディとエウローパ・ガランテ　中央の独奏ヴァイオリン（ビオンディ）の左はテオルボ、右はチェンバロ。

〈春〉第1楽章　ホ長調

〈冬〉第2楽章　変ホ長調

アントニオ・ヴィヴァルディ（1678-1741） イタリアの作曲家、ヴァイオリニスト。ヴェネツィアのピエタ養育院のヴァイオリン教師となり、少女たちの音楽教育とコンサートのための器楽曲の作曲を行った。急－緩－急の3楽章構成の独奏協奏曲のジャンルを確立した功績で知られる。**作品** フルート協奏曲〈ごしきひわ〉、合奏協奏曲集《調和の霊感》

1　変声期前に手術を行うことで、ソプラノまたはアルトの音域を保つ男性歌手。
2　13世紀頃からイタリアでつくられるようになった14行からなる詩。

ピリオド（古楽）演奏

バロック時代には、素材や構造が現在と異なる楽器で演奏が行われていた。左の写真のように、作曲された当時の形状に復元された楽器を用い、奏法や演奏状況をできるだけ再現することを目指すスタイルは「**ピリオド（古楽）演奏**」[1]、楽器は「**ピリオド（古）楽器**」と呼ばれる。一方、過去の時代の音楽を、現在までに改良が重ねられた最新式の楽器や奏法で演奏するスタイルを、「**モダン演奏**」と呼ぶ。

19世紀以前は過去に作曲された音楽を演奏する習慣はあまりなく、同時代に作曲された作品を、その時代の最新式の楽器や奏法で演奏していた。しかし19世紀半ば以降、過去の巨匠の作品がプログラムに組み込まれることが増え、やがては同時代の作品の演奏機会を大幅に上回るようになった。それに伴い、作曲家が生きていた当時の響きを追求することが、「本当の意味での」作曲家理解には必要なのではないかと考えられるようになったのが、ピリオド演奏が生まれたきっかけである。

ピリオド演奏が誕生して普及するまでの時期には、モダン演奏とピリオド演奏の優劣が論じられることも多かった。しかしその後、過去の楽器や奏法を現代の人間が完全に再現することは不可能である以上、現代人の想像の産物という意味では、ピリオド演奏も一種の「現代風の演奏」なのだという考え方が広まった。これにより、ピリオド演奏がモダン演奏よりも「真の」作曲家理解に近づけるという考えにも疑問が投げかけられるようになった。ピリオド演奏の意義とは、過去の響きを再現したことよりも、最新式の楽器や奏法による演奏とは大きく異なる、極めて斬新な響きや作品解釈の世界を開拓したことにある。最近ではモダン演奏とピリオド演奏のそれぞれの良さが認められ、より自由で多彩な演奏スタイルが生み出されている。

ピリオド演奏の代表的な音楽家としては、グスタフ・レオンハルト（1928-2012）、ニコラウス・アーノンクール（1929-2016）などが知られる。日本人としては、鈴木雅明（1954- ）が世界的に活躍している。

フランス：パリ

18世紀のパリは、経済と文化の両面でヨーロッパを代表する都市の一つだった。18世紀後半には人口は100万人に達していたといわれる。また市街地の拡張で景観も変化し、士官学校、造幣局、裁判所などが建設された。

フランスでのオペラの活動は、1672年にオペラ公演のために王立音楽アカデミーが創設されたり、**宮廷バレ**や**コメディ・バレ**が衰退したりしたことなどを機に開始される。初期の創作活動を大いに支え

たのが、生涯で16曲のオペラを作曲した**リュリ**（▶ p.63）だった。彼はオペラに合唱やバレエを取り入れ、フランス語に合った独特の歌唱法を生み出し、**フランス・オペラ**独自の基礎を築いた。

その後は**ラモー**をはじめとする作曲家たちが追随するが、彼らの新作と並行してリュリの作品も上演され続けた。

そうした中、パリではブフォン論争と呼ばれる、フランス・オペラとイタリア・オペラとの優劣を論

---

1 ピリオド演奏は当初、18世紀以前の音楽を対象としていたので、「古い時代の音楽」を意味する「古楽（early music）」という言葉を用い、「古楽演奏」と呼ばれていた。しかしその後、ピリオド演奏を対象とする時代が19世紀や20世紀前半まで拡大されたことを受け、「（作曲家と）同時代の」という意味の「ピリオド（period）」という言葉が優先的に用いられるようになった。

じる論争が始まった。イタリアの一座のバンビーニが1752年に、リュリの**トラジェディ・リリック（叙情悲劇）**（p.62）と、その**インテルメッツォ（幕間劇）**[2]として、**ペルゴレージ**[3]の**オペラ・ブッファ（喜歌劇）**《奥様女中》を上演したことが、論争のきっかけだった。

　明るく庶民的なイタリアのオペラ・ブッファは、神話や英雄をモティーフとするフランスの荘重なトラジェディ・リリックとは、性格が大きく異なる。これまでイタリア様式を排除する形で発展していたフランスの音楽界に、イタリア・オペラは大きな衝撃を与え、やがてそのどちらかを好む2つの派閥が形成されたわけである。前者を支持するのは貴族や文人たち、後者を支持するのは啓蒙思想家たちであり、中でも**ルソー**[4]は1753年に発表した「フランス音楽に関する手紙」でイタリア音楽を強く支持し、フランス音楽、とりわけラモーを激しく批判した。

　1754年、バンビーニの強制的なパリ退去によって論争は静まり、ウィーンからパリに来た**グルック**[5]の改革によって、フランスの音楽悲劇は再び息を吹き返したが、その頃には喜劇的な**オペラ・コミック**も書かれるようになっており、フランスの宮廷オペラは徐々に衰退していった。

　一方、この時期のパリで器楽の音楽活動の中心となったのが、**コンセール・スピリテュエル**[6]というコンサート・シリーズであった。このシリーズは外国の音楽家がパリにデビューする場となり、他国の音楽がフランスに広まる機会にもなった。そのため、フランス人音楽家よりもイタリアやドイツなどの音楽家の活躍が目立ち、この演奏会ではマンハイム宮廷の**シュターミツ**、ドイツ人の**ショーベルト**らが活躍した。また**モーツァルト**（p.85）も78年、コンセール・スピリテュエルからの委嘱で《交響曲第31番》〈パリ〉を作曲し披露した（彼は1763年、7歳のときにも父レオポルトに連れられてパリを訪れている）。こうした**公開コンサート**以外にも、音楽を愛好する貴族の館で私的な演奏会が盛んに開かれていた。

　パリはこの時代、演奏活動だけでなく、音楽出版活動の中心地でもあった。パリの出版社はフランスの作品に限らず、イタリア、ドイツ（特に**マンハイム楽派**）の作品も出版した。また教育の面では、1795年にパリ国民音楽院が開校した（p.105）。フランスの管弦楽の発展に大きく寄与した**ゴセック**[7]は、同音楽院の作曲の教授を務めたことでも知られる。

王立音楽アカデミーによるリュリのオペラ《ロラン》の舞台

■ **ジャン＝フィリップ・ラモー（1683-1764）**　フランスの作曲家、音楽理論家。『和声論』を著す。パリでオペラ作曲家として成功し、ブフォン論争においてルソーと敵対した。 **作品** オペラ《優雅なインドの国々》、《新クラヴサン曲集》より〈めんどり〉

2　主に17～18世紀のイタリアでオペラ・セリアの幕間に演じられた、コミカルな内容の短い音楽喜劇。なお、「インテルメッツォ（intermezzo）」は間奏曲という意味で用いられることもある。
3　ジョヴァンニ・バッティスタ・ペルゴレージ（1710-1736）ナポリ楽派のオペラ作曲家。オペラ・ブッファの基礎を築いた。
4　ジャン＝ジャック・ルソー（1712-1778）ジュネーヴで生まれフランスで活躍した思想家、文筆家、音楽家。主著に『人間不平等起源論』『社会契約論』がある。作曲家としては、メロドラマ（背景音楽のある台詞劇）の最初の作品とされる《ピグマリオン》などを残した。
5　クリストフ・ヴィリバルト・グルック（1714-1787）ドイツに生まれ、ウィーンやパリで活躍した作曲家。過剰な音楽装飾や歌手の技巧重視を避け、台本の言葉と音楽表現の釣り合いのとれた音楽悲劇を創作すべく、改革を行った。パリにおけるフランス・オペラの復権に貢献したが、それがピッチンニを旗手とするイタリア・オペラとの優劣争いを再燃させ、いわゆる「グルック・ピッチンニ論争」を巻き起こした。
6　オペラ上演が禁じられた四旬節の期間に開催されたことから、コンセール・スピリテュエルと呼ばれた。当初は宗教曲も多く演奏されたが、やがて器楽曲の演奏が中心となった。
7　フランソワ＝ジョセフ・ゴセック（1734-1829）　南ネーデルラントに生まれ、フランスで活躍した作曲家。フランスにおける交響曲（サンフォニ）の初の大家として知られる。フランス革命時には、その精神に共鳴する祝典劇や吹奏楽曲、合唱曲などを積極的に作曲した。

ドイツ：ハンブルク、ライプツィヒ、ベルリン、マンハイム

　18世紀のドイツでは各都市での音楽活動が顕著であった。ここでは、帝国自由都市ハンブルク、ザクセンの大学・商業都市ライプツィヒ、そしてプロイセン王国の首都ベルリン、南ドイツの宮廷都市マンハイムで活躍した音楽家を中心に見てみよう。

　ハンブルクは帝国自由都市として、またハンザ同盟の中心的都市として、王侯貴族たちの支配を受けずに発展し、市民のためのオペラ劇場であるハンブルク歌劇場も擁していた。この町で活躍したのが**テレマン**[1]である。彼はライプツィヒ大学に入学後、学生や市民によるオーケストラ、コレギウム・ムジクムに参加し、その活動の活性化に貢献した。ライプツィヒの教会の音楽監督とオルガニストを務めた後40歳代以降はここハンブルクに活動の拠点を置いた。彼はオペラや教会で演奏される宗教音楽はもちろん、器楽曲も多数手がけたが、彼の有名な作品集に《ターフェルムジーク》(1733)がある。ドイツ語で「食卓の音楽」を意味し、宮廷の宴席で演奏される音楽を指す言葉が題名に付けられたこの曲集は、協奏曲からトリオ・ソナタまでバラエティに富んだ作品を収録し、「バロック音楽の百科全書」とも呼ばれた。曲集の出版に際しては、ドイツ国内だけでなく、イギリスやフランス、ロシアなどからも予約購買者が殺到したという。

テレマン

　ライプツィヒで活躍したのが**J.S. バッハ**である。彼は聖トーマス教会の**カントル**[2]そして市の音楽監督として、教会音楽のみならずさまざまな機会の音楽を担当した。1684年からオルガニストやカントルを務めた**クーナウ**[3]が1722年に他界した後、後任となったのがバッハである。

　彼はテューリンゲン地方の町アイゼナハで生まれた。両親の他界に伴って、オールドルフの長兄ヨハン・クリストフに引き取られた後、15歳で北ドイツのリューネブルクの聖歌隊に入った。1703年には再びテューリンゲン地方に戻り、アルンシュタットやミュールハウゼンの町のオルガニストを務めた。08年からはヴァイマル（ワイマール）の宮廷に雇われ、宮廷礼拝堂のオルガニストや宮廷楽団のチェンバロ奏者として活動した。17年にはケーテン公の宮廷楽長となり、23年に前述したクーナウの後任として、聖トーマス教会のカントル、及びライプツィヒの音楽監督に就任した。

ライプツィヒのトーマス教会（版画、1885年以前）バッハがカントルを務めていた頃の教会内部の様子。

　バッハはオルガニストとして活躍したが、それぞれの赴任地の職務に関連した創作を積極的に行った。特にアルンシュタットからヴァイマル時代には、演奏または教育用に多数オルガン曲を作曲した。ケーテン時代には宮廷楽団のために合奏曲を作曲し、さらに自身の子どもの教育用に《インヴェンションとシンフォニア》や《平均律クラヴィーア曲集（第1巻）》などを準備した。ライプツィヒ時代には、教会の礼拝用音楽である教会カンタータを300曲近く作曲した（ただし現存するのは200曲程度）。また《クラヴィーア練習曲集》（全4巻）などを出版した他、《マタイ受難曲》《ロ短調ミサ曲》《音楽の捧げ物》《フーガの技法》などの大作を残し、今日でもしばしば演奏されている。

　ベルリンはプロイセン王国の首都である。プロイセンでは宮廷を中心に音楽活動が展開したため、その音楽文化の発展は国の政策に左右されることが大きく、君主の関心が音楽活動から離れればすぐに衰退してしまった。また、宗教政策において国家が極めて寛容であった反面、教会などでの宗教音楽の活動はあまり活発になることはなかった。

　国王フリードリヒ2世は、幼い頃から音楽とりわけフルートを熱心に学び、やがてはプロのフルート

1　ゲオルク・フィリップ・テレマン（1681-1767）　ドイツの作曲家。生前、極めて大きな名声を得ていたことで知られる。
2　ドイツにおけるルター派の教会、及び教会に付属する教育機関などの音楽責任者。宗教音楽の作曲や指揮、聖歌隊の指導などを行った。
3　ヨハン・クーナウ（1660-1722）　ドイツの作曲家、鍵盤楽器奏者、音楽理論家。ソナタ集《聖書の物語の音楽的描写》などを残した。

奏者顔負けの演奏技術を身に付けるまでになった。1732年にはドレスデン近郊から当時の優れた音楽家を集め、自らの楽団を設立した。この楽団には、ドレスデン宮廷で活躍した音楽家、例えば、フリードリヒ2世の教師となった**クヴァンツ**⁴や、J.S. バッハの次男**C.P.E. バッハ**などが雇われた。1740年にはオペラ劇場が開設され、イタリアから多くの音楽家が採用された。前述のクヴァンツは『フルート演奏法試論』、C.P.E. バッハは『クラヴィーア奏法』（全2巻）を出版した。これらは当時の演奏習慣を知る貴重な教則本として今日でも読まれている。

プファルツ選帝侯国の首都マンハイムには、この頃ドイツのみならず、広くヨーロッパ中に、その規模と技術的高さで知られる宮廷楽団があった。この楽団は音楽好きのカール・テオドールが設置した宮廷楽団で当時としては最大規模の50名超を誇る大オーケストラであった。「将軍たちを集めた軍隊」と形容されるほど、団員一人一人の技術力が高いうえに、弦楽器奏者の弓の使い方もぴたりとそろえるなど統率もとれていた。この時代に管楽器も楽器として急速に改良が進められたという後押しもあって、オーケストラの演奏技術は格段に進歩を遂げた。クレシェンドで盛り上げ、デクレシェンドではしっかりと落とすという、メリハリのある表現は感動的で、

フリードリヒ大王のフルートコンサート（メルツェルの油彩画、1850-52年）　プロイセンの全盛期を築いたフリードリヒ2世は、「フリードリヒ大王」とも呼ばれる。（▶口絵2）

その多彩な音楽表現は、「ため息」「打ち上げ花火」などと名付けられた。

この楽団が活躍していた時代には、交響曲の定型となる4楽章構成が次第に形成された。こうした交響曲の定型化に貢献したことで知られるのが、**シュターミツ**⁵である。彼はこのオーケストラをヨーロッパ中に名声が広まるほどの名楽団に育て上げ、ヴァイオリニストとして楽団をまとめながら、交響曲や協奏曲などの作曲も行った。シュターミツや**カンナビヒ**⁶ら、マンハイム宮廷の優秀な音楽家たちは、**マンハイム楽派**と総称される。

ヨハン・ゼバスティアン・バッハ（1685-1750）　ドイツの作曲家、オルガニスト。50人以上もの音楽家を輩出したバッハ一族の中でも最大の人物。ケーテン宮廷楽長、ライプツィヒのトーマス・カントルなどを務め、その職務として多数の教会カンタータ、器楽曲、オルガン曲などを残す。**作品**《ブランデンブルク協奏曲》（全6曲）、《ヨハネ受難曲》、コラール《主よ、人の望みの喜びよ》

カール・フィリップ・エマヌエル・バッハ（1714-1788）　ドイツの作曲家。J.S. バッハの次男。「ベルリンのバッハ」「ハンブルクのバッハ」ともいわれる。プロイセンのフリードリヒ2世の宮廷音楽家を務めた後、テレマンの後任としてハンブルクの音楽監督となる。多感様式を代表する作曲家。**作品** 6つのソナタ《ヴュルテンベルク・ソナタ》

ドイツのハレにある市場教会のオルガン　J.S. バッハがこの教会（当時は聖母教会）のオルガニストの職に就く話は折り合わなかったが、その後も試奏のために招かれている。

4　ヨハン・ヨアヒム・クヴァンツ（1697-1773）　ドイツの作曲家、フルート奏者、フルート製作者。
5　ヨハン・シュターミツ（1717-1757）　ボヘミア出身の作曲家、ヴァイオリニスト。前古典派の作曲家のうち、最も主要な作曲家の一人であり、マンハイム宮廷における音楽の発展に大きく寄与した。
6　クリスティアン・カンナビヒ（1731-1798）　マンハイム生まれの作曲家、ヴァイオリニスト。シュターミツに師事し、マンハイム楽派最大の音楽家の一人といわれるまでに成長。マンハイム宮廷楽団の最盛期を支えた。また、モーツァルトと交流があったことでも知られる。

> 聴いておきたい名曲

幻想曲とフーガ ト短調（BWV542）　J.S. バッハ 作曲

　この作品は不協和音の大胆な響き、半音階的な転調、奔放に駆け巡る旋律などの激しい表現を特徴とし、バッハのオルガン作品の中でも特に独創的な傑作といわれる。また、バッハがハンブルクの聖ヤコブ教会のオルガニスト採用試験を受けた際に演奏したことでも知られる。

　幻想曲（ファンタジア）とは、作曲者がイマジネーションのおもむくまま自由に作曲した様式を指し、このバッハの作品も即興的な性格をもち、音楽が次々と変化する。以下に掲載した楽譜は曲の冒頭部分だが、重厚な響きの和音の上で、装飾的な旋律が躍動する。

　フーガは「逃走」を意味するラテン語の「フゲレ（fugere）」に由来する。ある主題が提示されるとそれを追いかけるように、その主題の模倣が次々に登場し、諸声部が絡み合いながら発展していく。この作品の冒頭部分では、1小節目で提示された主題を模倣する「応答」が4小節目の途中から現れる。この「応答」は、最初の1音を除いて、主題の完全5度上（または完全4度下）に正確に移されている。そして、次の主題は最初の主題を1オクターヴ下に移したもので、9小節目の最後の部分から登場する。

　このように、主題と応答からなる提示部が終わると、曲は主題を自由に展開するエピソードと呼ばれる部分に入る。その後は何度か提示部とエピソードが交互に登場する。2回目以降の提示部では転調が行われるが、最後は主調に戻る。楽曲の終結近くでは、主題と応答がたたみかけるように重なり合うストレットが形成され、曲が終止するのが一般的である。

18世紀　バロック〜古典派

聴いておきたい名曲

マタイ受難曲　J.S. バッハ 作曲

　新約聖書の「マタイによる福音書」に描かれたキリストの受難物語を題材とした大規模な作品で、バッハの数多い宗教作品の中でも最も有名なもの。受難とはイエスが十字架にかけられて受けた苦難のこと。この受難曲は全2部78曲からなり、全体の演奏には約3時間を要する。独唱と合唱とオーケストラによる2つの演奏グループと、ソプラノ・リピエーノと呼ばれる合唱（しばしば児童合唱が担当する）によって演奏される。ライプツィヒでのバッハ自身による上演の後、この作品は約100年間ほぼ忘れ去られていたが、1829年にフェリックス・メンデルスゾーンによって復活上演された。このことでバッハの音楽が再評価されるようになった。

『**キリストの磔刑**』（ヴァン・ダイクの油彩画、1630年頃）キリストの受難の物語は、美術の分野においても数多く取り上げられてきた。

コラール〈血潮したたる主の御頭〉
　血と傷にまみれたイエスの額を見て悲しむ群衆の合唱曲。歌詞の痛ましさに反して極めて美しいこの曲は、ドイツで有名な受難コラールであり、《マタイ受難曲》の中で繰り返し使用されている。

合唱〈我ら涙流しひざまずき〉
　《マタイ受難曲》の最後を飾る二重合唱の終曲。人々が涙を流してひざまずき、墓の中のイエスに安らかに眠りたまえと呼びかける。悲しみの中にも安らぎを感じさせるような奥深い終曲である。

聴いておきたい名曲

フランス組曲第5番 ト長調　　J.S. バッハ 作曲

　鍵盤楽器のための《フランス組曲》(全6曲)の中でも、この第5番は明るく親しみやすい曲調でよく知られている。第5番は、次の7つの舞曲で構成される。1．アルマンド、2．クーラント、3．サラバンド、4．ガヴォット、5．ブーレ、6．ルール、7．ジーグ

1．アルマンド＊　　　　　　　　　＊アルマンド：ドイツ起源の4拍子の舞曲。短いアウフタクトで始まる。

4．ガヴォット＊＊　　　　　　　＊＊ガヴォット：フランス起源の2拍子の舞曲。半小節分のアウフタクトをもつのが特徴。

知っておきたい音楽用語

バロック組曲

　組曲とは、「後続」や「連続」を意味するフランス語「suite」に由来する。バロック時代の組曲は、調は同一だが、テンポや拍子、雰囲気などが異なる複数の舞曲が連続する多楽章の器楽曲である。主にチェンバロやリュートで演奏されたが、管弦楽、ヴァイオリン、ヴィオラ・ダ・ガンバなどのための組曲もある。

　フランスでは、**宮廷バレ**の中で組曲が発展し、**リュリ**や**ラモー**によって最盛期が築かれた。イタリアでは、**コレッリ**が12の組曲を含む《室内ソナタ集》を2つ残している。またドイツでは、17世紀中頃に**フローベルガー**の組曲で**アルマンド**、**クーラント**、**サラバンド**の構成が定まった後に、**ジーグ**がクーラントの前後に配置される形で定型化された。これら以外にも、**メヌエット**、**ガヴォット**、**ブーレ**、**パスピエ**、**エー**ルなどのフランス舞曲が加わることもあった。

　J.S. バッハ（▶p.76）は《イギリス組曲》《フランス組曲》という、国名を冠した組曲を残していることで知られるが、前者の組曲では、アルマンドの前に**プレリュード**、**シンフォニア**、**トッカータ**など、自由な導入楽章が置かれている。また彼の《管弦楽組曲第3番》の第2曲〈エール〉は、別名〈G線上のアリア〉としてよく知られている。

　18世紀後半以降、このような舞曲からなる組曲は、以前ほど盛んにつくられることはなくなる。組曲とはむしろ、《カルメン》組曲や《白鳥の湖》組曲のように、オペラやバレエなど規模の大きい舞台作品から、オーケストラのコンサートで演奏できるよう器楽曲を抜粋して組み直したものを指すようになる。

イギリス：ロンドン

　18世紀以降のイギリス、とりわけ首都のロンドンは、音楽の消費地としての性格を強めていくことになる。17世紀後半には**パーセル**（●p.64）のような自国出身の優れた音楽家が輩出されたが、18世紀前半になると、イギリスで活躍する主な音楽家のほとんどは外国人になる。

　こうした音楽文化上の変化をもたらした最大の原因は、**産業革命**であった。産業革命により工業中心の社会となったイギリスでは、大工場を経営する資本家が社会の中心的な存在となり、資本主義体制が確立した。伝統よりも進歩が重要視されるようになり、文化や生活様式も激変した。自国独自の伝統を維持する音楽文化をじっくりと育成するよりも、すでに出来上がった外国の一流の音楽を、資本に物を言わせて買い取り普及させたほうが、利潤追求を第一とする資本家の価値観に合っていたといえる。18世紀末にロンドンは、楽譜出版やコンサート運営でパリを追い抜くほどに成長した。作曲家は貴族や教会のために「職人」のように作品を書くのではなく、「アーティスト」として大勢の市民の人気を集める作品を書き、収入を得るようになる。貴族よりも一般大衆が中心となる社会へと移行していくにつれ、市民がチケット代を支払ったり、楽譜を購入したりするという、音楽を消費する習慣が生まれたのである。

　18世紀のロンドンで活躍した代表的な作曲家として知られるのが**ヘンデル**である。彼はドイツで生まれ、イタリアでオペラ創作の修行を積んだ後、1712年からロンドンに移住し、27年にはイギリスに帰化している。彼はこの地で英語による**オラトリオ**（●p.48）を積極的に創作し、成功を収めた。中でも有名なのが、〈ハレルヤ・コーラス〉を含むオラトリオ《メサイア》である。

　また、現代にもつながる予約制のコンサート文化の確立に貢献したのが、J.S.バッハの末息子のJ.C.バッハであった。彼は友人の作曲家、チェロ奏者であった**アーベル**とともに、**バッハ・アーベル演奏会**を65年に創設する。これは年間におよそ15回開かれる予約制のコンサート・シリーズで、このコンサートによってドイツ語圏の音楽が多数ロンドンに紹介された。

　こうして生じたロンドンでのドイツ音楽の人気に目を付けたのが、**ザロモン**であった。彼は当初はドイツの宮廷楽団でヴァイオリニストとして活動していたが、ロンドンに渡ってからは主に音楽興行主として活動した。86年には、**ハイドン**（●p.84）と**モーツァルト**（●p.85）の**交響曲**を中心に取り上げるコンサートを企画する。さらに、ハイドンの新作交響曲を独占上演するコンサートの企画をハイドンに持ちかける。それを承諾したハイドンは、90〜91年と94〜95年の2回にわたってロンドンへ赴き、自身の指揮で合計12曲の交響曲を演奏し、大成功を収めた。交響曲第104番《ロンドン》を含むこれらの交響曲は、ハイドンの交響曲創作の頂点を築く傑作として名高く、18世紀の交響曲の集大成に位置付けられる。

　一方、この時代のイギリスには、最先端の流行を好むコンサートに批判的で、伝統を重んじることをよしとする貴族の勢力も残っていた。こうした一派は1776年に過去の傑作のみを演奏する**公開コンサート**である**コンサート・オブ・エンシェント・ミュージック**を発足させた。84年にロンドンのウエストミンスター寺院でヘンデル音楽祭が開催された際には、500人を超える演奏者が参加した《メサイア》の上演を、およそ4000人もの人々が聴いたという。こうした過去の音楽を中心に演奏するコンサート形式は現代に至るまで継続し、いわゆる「クラシック音楽」として定着した。

テムズ川とロンドン（ジェームズの油彩画、18世紀）
左手にセント・ポール大聖堂、右奥に当時のロンドン橋が描かれている。

聴いておきたい名曲

オラトリオ《メサイア》 ヘンデル 作曲

　この曲は、教会だけでなく劇場でも演奏するために書かれた宗教作品であり、聖書に描かれた救世主イエス・キリストの生涯を、独唱、重唱、合唱及び管弦楽で描いている。全3部の演奏時間はおよそ2時間30分。「メサイア」とは救世主の意味である。初演は1742年、アイルランドのダブリンで行われた。

〈ハレルヤ・コーラス〉

　「ハレルヤ（Hallelujah）」はヘブライ語で「神をほめたたえよ」という意味。《メサイア》全曲中で最も有名なこの大合唱は、第2部の最後に歌われる。《メサイア》のロンドン初演の際、この〈ハレルヤ・コーラス〉のところで国王ジョージ2世が感動のあまり思わず立ち上がったというエピソードが伝えられるため、今日のコンサートでもこの曲で聴衆が起立するときがある。

〈アーメン・コーラス〉

　第3部の最後に置かれた、《メサイア》全曲を締めくくる合唱。「アーメン（Amen）」という言葉だけを歌詞とした、合唱による壮大なフーガである。キリスト教で祈りの後に唱えるこの言葉は、「まことに」「そうなりますように」というような意味をもつ。

ゲオルク・フリードリヒ・ヘンデル（1685-1759） ドイツに生まれ、イタリアやイギリスで活躍した作曲家。イタリアでオペラ作曲を学んだ後、ハノーファー選帝侯の宮廷楽長になるが、まもなくロンドンに渡りオペラで大成功を収め、その後は没するまで50年近くロンドンの劇場を中心に活動した。オペラの人気が低迷した1740年代以降は、オラトリオで人気を博した。**作品** オペラ《リナルド》《セルセ》、オラトリオ《ユダス・マカベウス》、管弦楽組曲《水上の音楽》

ヨハン・クリスティアン・バッハ（1735-1782） ドイツの作曲家。J.S.バッハの末息子。「ロンドンのバッハ」ともいわれた。父の死後、兄エマヌエルのもとで教育を受ける。イタリアで宗教曲やオペラで成功した後、ロンドンに渡って舞台作品などを手がけ、王室の音楽教師も務めた。ギャラント様式（●p.83）を代表する作曲家で、アーベルと開催した定期演奏会や、子ども時代のモーツァルトに多大な影響を与えたことでも知られる。**作品** オペラ《インドのアレッサンドロ》、《6つのピアノ・ソナタ》

啓蒙主義と音楽

17世紀には多くの科学的発見によって近代的な科学が誕生し、経験的で合理的な思考が重視されるようになった。18世紀には理性では説明のできない神秘や迷信といった超自然的なものによる支配が否定され、啓蒙主義的な考えが広く人たちに共有されるようになった。啓蒙主義の知性は『百科全書』[1]に集大成されることになる。

神聖ローマ帝国の女帝マリア・テレジアと息子の皇帝ヨーゼフ2世は、啓蒙主義的改革を行ったことはよく知られているが、当時の音楽の世界はこれら改革の影響を受けた。第1に、国力充実のために経費節約を行い、オペラなどの大規模な上演を禁止した。第2に、教会音楽では華麗な音楽ではなく、質素で敬虔な音楽が求められた。第3に、皇帝の威信を示すための宮廷劇場（ブルク劇場とケルントナー・トーア劇場）は廃止され、貴族や市民の楽しみのた

めに解放された。第4に、ヨーゼフ2世はブルク劇場を国民劇場として、ドイツの古典劇や民衆のジングシュピールを推奨した。モーツァルトは1781年からウィーンでの定住生活を始めたが、《後宮からの誘拐》はこうした流れを受けて翌年上演されたものである。しかしヨーゼフ2世の改革はあまりも急進すぎたために、改革の多くが頓挫した。国民劇場も閉鎖され、このジングシュピールが最後の作品となってしまった（▶p.84「オーストリア：ウィーン」）。モーツァルトは91年に夭逝したが、彼の亡骸が共同墓地に葬られ、今日遺骨が墓地に収納されていないのも、人が亡くなればただの物質にすぎないと考える啓蒙主義的考えの表れであった。

こうした啓蒙主義の反動として19世紀になると、ロマン主義的な思潮が胎動してくるのである。

前古典派

前古典派とは、18世紀中頃のバロックから古典派への過渡期において、古典派の先駆けとなるような書法や形式、ジャンルなどが確立された作曲家やその音楽のことを指す。イタリアの**サンマルティーニ**や**ペルゴレージ**、フランスで活躍した**グルック**や**ゴセック**や**ショーベルト**、マンハイム宮廷の**シュターミツ**や**カンナビヒ**、J.S.バッハの息子**C.P.E.バッハ**や**J.C.バッハ**らがここに含まれる。この時期は、政治や社会の担い手が、ごく一部の特権的な王侯貴族だけではなく、**ブルジョワジー**を含むより幅広い層へと拡大した時期と重なっており、その変化は音楽自体にも如実に反映されている。

この時期には、あまりに専門的で難解な音楽は、貴族やブルジョワジーのアマチュア音楽愛好家からは敬遠されがちで、より単純明快で、直接感情に訴えかける音楽が歓迎されるようになった。特に鍵盤音楽の分野で、軽やかで装飾的な旋律と素朴な伴奏による**ギャラント様式**の音楽が花開いた。あるいは、C.P.E.バッハに代表される、大胆な転調と極端な強弱表現を用いて、人間の主観的かつ個人的な感情をダイナミックに表現する**多感様式**の音楽も生み出された。マンハイムのオーケストラが得意としたような、急激なクレシェンドやデクレシェンドも、この時期に好まれた音楽表現である。

1　『百科全書』とは、フランスの啓蒙主義の思想、ディドロとダランベールを中心とする「百科全書派」（執筆者は184名）が編纂した百科事典（全28巻）。約20年の歳月をかけて1772年に完成した。正式な名称は「百科全書、すなわち科学、技術、工芸の理論的辞書」で、同時代のあらゆる知識が集大成された。

またオペラの分野でも、宮廷で上演された重厚で真面目な内容のオペラよりも、軽く明るい内容の民衆的かつ喜劇的なオペラが、多くの支持を集めるようになった。さらに、多くの市民が聴衆となる**公開コンサート**で演奏するための新しい器楽のジャンル（**交響曲**や**弦楽四重奏曲**など）が登場したのも、この時期である。例えば、交響曲はイタリアで、**シンフォニア**と呼ばれるオペラの序曲が、演奏会用の作品としてオペラから独立したことで誕生した。特にドイツでは第3楽章にメヌエットなどの舞曲を挿入することが好まれたことから、シンフォニアは3部構成であったが交響曲は4部（楽章）構成となった。なおここでは、オペラ序曲に由来する曲は「シンフォニア」、オペラから独立して演奏される曲は「交響曲」と区別している。

なお、**ハイドンやモーツァルト**は、一般に**古典派**の作曲家に分類されるが、彼らの初期の音楽は前古典派の作曲家らと同様の特徴を示している。

知っておきたい音楽用語

ギャラント様式

18世紀前半にフランスで生まれた、優美で軽快な音楽様式。それ以前には、複数の声部が対等な関係で線的に絡み合う**ポリフォニー**と呼ばれる音楽様式が主流だった。しかし貴族の宮廷やサロンで音楽を楽しむ人々が増えると、荘厳で複雑に入り組んだ音楽よりも、分かりやすくて直接感情に訴えかける音楽が好まれるようになった。このような背景から誕生したのが、聴き取りやすい上声の主旋律を和音で伴奏する**ホモフォニー**である。

とりわけ18世紀のフランスでは、重々しさを避けた音楽表現が求められたため、華やかに装飾された優雅な旋律と、それを支える簡素な伴奏を特徴とする音楽が提供された。伴奏には高度な即興演奏の能力が必要とされる通奏低音ではなく、簡潔な和音や分散和音が用いられた。

鍵盤音楽では特に、**アルベルティ・バス**と呼ばれる「ドソミソドソミソ…」といった形の分散和音の伴奏が好まれた。これは、フランスの**F. クープラン**、イタリアの**D. スカルラッティ**、ドイツの**テレマン**、ロンドンで活躍した**J.C. バッハ**らの**ソナタ**や**変奏曲**などで用いられた。

『**ポンパドゥール夫人**』（油彩、1756年）
ロココ絵画の代表的画家ブーシェの作品。ロココは、ルイ15世のフランス宮廷から始まった優美で装飾豊かな美術様式で、同様の特徴をもつ音楽はギャラント様式と呼ばれる。（●口絵4）

オーストリア：ウィーン

ウィーンが**ハプスブルク家**の所領となったのは、13世紀に神聖ローマ皇帝となり「大空位時代」に終止符を打った**ルドルフ1世**の治世であった。その後の**マクシミリアン1世**の時代に、ハプスブルク家が「太陽の没することなき帝国」と称されるほど広大な領土をヨーロッパで獲得してからは、ヨーロッパ各地方の領主や貴族たちがこぞってウィーンに宮廷や邸宅を構えるようになる。1519年にマクシミリアン1世が没した後も、ハプスブルク家の統領が**神聖ローマ帝国**を代々受け継いだ。

とりわけ、1683年の第二次ウィーン包囲による**オスマン帝国**の脅威を打ち破ってからの繁栄はめざましく、ウィーン宮廷の音楽文化も独自の発展を見せる。オスマン・トルコの軍楽隊の音楽で使用されるトライアングルやシンバルといった楽器の特色を取り入れ、その響きを模倣した音楽が流行したのも18世紀以降のウィーンであった。

1740年以降の**マリア・テレジア**の時代には、合理主義に基づく国力の充実を目指す政策が徹底され、音楽の世界にもその影響が顕著に表れた。彼女はま

18世紀ウィーンのミヒャエル広場と旧ブルク劇場
（右側のドーム屋根の付いた建物）

ず、国力充実のために徹底した経費節減を行い、**オペラやオラトリオ**の大規模な上演を禁止した。その結果、宮廷楽団によるオペラ上演も廃止されてしまった。また教会でも華麗で装飾豊かな音楽ではなく、質素で敬虔な内容の音楽が求められ、簡潔な聖歌が推奨された。

マリア・テレジアの子**ヨーゼフ2世**は、マリア・テレジアが1741年に宮廷劇場として創設したブルク劇場を、76年に国民劇場に昇格させた。この劇場をウィーンにおけるドイツ語演劇の拠点とし、ドイツ古典劇、さらにはドイツ語の民衆的なオペラである**ジングシュピール**の創作や上演を奨励した。この状況を背景にして、81年からウィーンに定住し始めた**モーツァルト**はジングシュピール《後宮からの誘拐》を作曲する。もっともこの作品は82年にブルク劇場で上演されるが、その後ドイツ語演劇を推奨する運動は終息してしまう。

ヨーゼフ2世は、プロイセンの**フリードリヒ2世**と同じく**啓蒙専制君主**として名高く、信教の自由や農民の保護、商工業の育成など、「上からの近代化」を行った。しかし、その改革があまりにも性急で、中央集権的な性格であったことから、特権を守ろうとする貴族や地域社会から反発を受けた。さらに、

マリア・テレジアと夫のフランツ1世
（マイテンスの絵、1754年頃）

ヨーゼフ・ハイドン（1732-1809） オーストリアの作曲家。エステルハージ侯爵家の楽長を長年務め、音楽好きの侯爵の要望により、交響曲、弦楽四重奏曲、オペラ、宗教音楽などさまざまな楽曲をつくる。作品の評価がヨーロッパ中で高まり、楽長を辞めた後にロンドンを訪問して交響曲などの新作を発表し、成功を収めた。交響曲、弦楽四重奏曲の創作を通してソナタ形式を確立した。**作品** 交響曲第45番《告別》、交響曲第94番《驚愕》、交響曲第101番《時計》、弦楽四重奏曲第67番《ひばり》

マリア・テレジアに謁見するモーツァルト
(エンデルの油彩画、1869年)
6歳のモーツァルトがシェーンブルン宮殿に招かれ、ヨーゼフ2世によってマリア・テレジアに紹介されている様子が描かれている。
(▶口絵2)

ハプスブルク家の領土が、マジャール人のハンガリー王国や北イタリア、ベルギーなども含んでいたため、オーストリア中心のヨーゼフ2世の改革は他民族からの反発も招き、1782年後半には国民劇場も閉鎖に追い込まれた。これ以降は、この劇場はイタリア劇団の拠点となり、ウィーンでは**イタリア・オペラ**が支配的となる。こうした中、モーツァルトはイタリア語のオペラ作曲に取り組み、有名なオペラ《フィガロの結婚》を完成させた。このオペラは86年、ブルク劇場で作曲者自身の指揮によって初演された。

さてこのウィーンで、18世紀半ばから19世紀初頭の間に活躍した**ハイドン**、モーツァルト、**ベートーヴェン**の3人は一般的に、**ウィーン古典派**と呼ばれる。彼らはともに、ヨーロッパ各地に生まれた新しい音楽様式を総合的に吸収して自分のものにし、それを芸術としてもう一歩先の高い次元へと推し進めた作曲家であり、時代を超えてなお「古典」としてその価値を認められ続ける作品を世に送り出した。

ハイドンが初めてウィーンに移り住んだのは1740年、マリア・テレジアの即位の年で、シュテファン大聖堂の合唱団に入団を許可されたことがきっかけだった。その後はボヘミアのモルツィン伯の楽長、ハンガリーのエステルハージ侯爵家の楽長などを歴任した。その間にハイドンは、**弦楽四重奏曲**と**交響曲**という新しいジャンルを、芸術作品として揺るぎないものとする土台を築いた。彼がウィーン古典派の特徴的な様式、すなわち主題とそこに由来する動機で楽曲を構成する方法「**ソナタ形式**」を確立したのは、81年に書いた《ロシア四重奏曲》と呼ばれる曲集においてであった。

侯爵の死後は、イギリスで自作の交響曲の演奏会

弦楽四重奏を指揮するハイドン

ヴォルフガング・アマデウス・モーツァルト(1756-1791) オーストリアの作曲家。幼時より神童として知られ、西ヨーロッパ各地で父親と演奏旅行をした。故郷ザルツブルクの宮廷音楽家の地位を捨て、25歳でウィーンに出て、フリーのピアニスト、ピアノ教師、作曲家として華やかに活躍したが、35歳の若さで世を去った。宗教音楽、オペラ、歌曲、交響曲、協奏曲、室内楽曲、ピアノ曲など幅広いジャンルに数々の名曲を残した。**作品** モテット《アヴェ・ヴェルム・コルプス》、オペラ《ドン・ジョヴァンニ》、交響曲第25番、ピアノ協奏曲第20番、セレナード第13番《アイネ・クライネ・ナハトムジーク》

を上演する企画を持ちかけられて、2度にわたって渡英し、ロンドンの大衆から熱烈な歓迎を受けた。そのため、ハイドンが本格的にウィーンで活躍するのは95年、作曲者が63歳以降のことである。ウィーンの聴衆に向けてハイドンが送ったのは、《天地創造》と《四季》という2つの大作オラトリオであった。この頃ハイドンはヨーロッパ各地で「パパ・ハイドン」の名で親しまれるほど、広く名声を獲得していた。

モーツァルトは、その前半生にイタリアやマンハイム、パリ、ロンドンなど諸地域への旅行によって経験した各地の最先端の様式を採用し、極めて幅広いジャンルに数々の傑作を送り出した。最終的にウィーンには1781年から定住したが、その前に旅行で3度ウィーンを訪れていた。

最初のウィーン旅行はわずか6歳のときで、父母姉とともに、一家総出での訪問だった。この旅は、当時すでに神童として名高かったモーツァルトを有力な貴族に紹介しようと父レオポルトが計画したものであった。シェーンブルン宮殿に招かれた際、床で転んだ幼いモーツァルトが、助け起こしてくれたマリア・テレジアの娘**マリー・アントワネット**に対して、「大きくなったら僕のお嫁さんにしてあげる」と言ったというエピソードが残されている。

3度目のウィーン旅行は17歳のときで、ウィーン宮廷での仕事を求めての来訪だったが、この就職活動は失敗に終わる。しかし、ハイドンの弦楽四重奏曲を聴いたり、多くの音楽家や著名人を訪問したりするなどの成果を得た。そして81年、旅多き人生であったモーツァルトはようやくウィーンを定住地に決めた。彼はウィーンを「ピアノの国」と呼び、ピアノのレッスンで定収入を得、また自身のピアノ協奏曲の演奏でコンサートに出演した。こうしてモーツァルトはウィーンで作曲家としての評判を高める時期を迎え、オペラ《フィガロの結婚》や《魔笛》、未完の《レクイエム》といった数々の名作を生み出した。

本書では、ベートーヴェンは19世紀の音楽のところで説明している。それは、彼の主たる創作が始まるのは、少なくともウィーンで定住生活を始めた92年以降のことで、しかも彼の音楽は、ハイドンやモーツァルトの音楽を基礎にしながらも、それらを超える新しい時代のものだったからである。

『ベルヴェデーレからのウィーンの眺め』
中央奥に見える尖塔がシュテファン大聖堂
(ベッロットの油彩画、1759年)

聴いておきたい名曲

弦楽四重奏曲第77番 ハ長調《皇帝》 ハイドン 作曲

　この曲は、ハイドン自身が作曲した当時のオーストリア帝国国歌《神よ、皇帝フランツを守りたまえ》が第2楽章の主題として用いられていることから《皇帝》の名で呼ばれる（ちなみに現在、この主題はドイツ国歌となっている）。

第1楽章

　明るくはつらつとした曲。冒頭、第1ヴァイオリンが演奏する「G-E-F-D-C（K）」の音型は「Gott erhalte Franz den Kaiser（神よ、皇帝フランツを守りたまえ）」の頭文字となっており、この音型が曲中に繰り返し登場する。

フランツ2世
最後の神聖ローマ帝国皇帝であり、最初のオーストリア皇帝フランツ1世として即位した。ハイドンが《神よ、皇帝フランツを守りたまえ》を献呈した。

第2楽章

　《神よ、皇帝フランツを守りたまえ》を主題とした変奏曲。穏やかさの中にも威厳をたたえた主題が豊かに奏された後、主に伴奏を変えた4つの変奏が続く。

聴いておきたい名曲

交響曲第41番 ハ長調《ジュピター》 モーツァルト 作曲

　モーツァルトの最後の交響曲であり、相次いで書かれた第39番、第40番とともに彼の「三大交響曲」といわれる。ギリシア神話の最高神ゼウスを意味する《ジュピター》という呼び名は、ロンドンの興行主ザロモンの付けた通称だが、この作品の輝かしく堂々とした風格をよく言い表している。

第1楽章

　力強く明快な楽章。冒頭の第1主題は、主音を3回打ち鳴らす重々しい動機に対して、優しい旋律が応じるという、異なる性格の動機を組み合わせてつくられている。

第4楽章

　フーガ（▶p.77）の技法を取り入れた壮大な終楽章。フーガ主題となる冒頭の「C-D-F-E」の音型は、この楽章での傑出した使用により「ジュピター音型」の名で呼ばれている。

聴いておきたい名曲

オペラ《魔笛》 モーツァルト 作曲

　ドイツ語の歌と台詞による2幕のジングシュピール。夜の女王と太陽神の神官ザラストロが対立する世界で、異国の王子タミーノが女王の娘パミーナを救出するため、鳥刺しパパゲーノとともに繰り広げる冒険物語。また「フリーメーソン・オペラ」と呼ばれるように、自由・平等・慈愛の精神が随所で歌われており、人間の成長を象徴する試練物語という側面をもっている。

アリア〈おれは鳥刺し〉　第1幕　パパゲーノ
　半人半鳥の鳥刺しパパゲーノが、笛を吹きながら登場し、民謡風の楽しげなメロディーにのせて自己紹介をする歌。

アリア〈復讐の心は地獄のように我が胸に燃え〉　第2幕　夜の女王
　〈夜の女王のアリア〉とも呼ばれる。女王が娘のパミーナに、ザラストロを殺せと歌う。オペラでもまれに見る高音で繰り広げられる、急速で技巧的なパッセージ（コロラトゥーラ）が聴きどころとなっている。

古典派ソナタに至る歴史

　器楽における主要なジャンルの一つである**ソナタ**は、「楽器を演奏する（sonare）」というイタリア語に由来し、その歴史は13世紀まで遡る。その長い歴史において、ソナタは時代によって様式的にも形式的にもさまざまな意味をもってきた。一方で、ソナタがその歴史的連続性において一貫して示してきたこともあり、次の5つのことを特徴として挙げることができる。①声楽パートを伴わない独立した器楽曲であること。②標題をもつことはまれで**絶対音楽**（▶p.114）であること。③**行進曲や序曲**といった特定の社会的機能をもたない曲であること。④オーケストラのように多人数で演奏するものではなく、独奏曲か数人程度で演奏する室内楽であること。⑤単一楽章よりも2〜4楽章からなる多楽章の曲であること。

　ソナタがジャンルとして本格的に展開し始めるのは、16世紀末のイタリアからである。ルネサンス末期のヴェネツィアで活躍した**ジョヴァンニ・ガブリエーリ**は、複合唱様式の合奏ソナタを多数作曲している。今日でも吹奏楽などで演奏される機会が多い《8声のピアノと

フォルテのソナタ》（▶p.47）は、対位法的な手法でつくられており、曲のフレーズごとに調が確定し、それを1つの区切りとする多くの部分から構成されている曲である。

17世紀中頃、バロック時代に典型的なソナタが整理される。楽曲構成の視点から**教会ソナタ**と**室内ソナタ**、楽器編成の視点から**独奏ソナタ**（独奏楽器と通奏低音）と**トリオ・ソナタ**（2声部＋通奏低音の3声部からなるソナタ[1]）が標準的になった。当初、教会ソナタは多部分的な構造であったが、やがて多楽章化され、多くは緩－急－緩－急の楽章構成であった。室内ソナタは宮廷ソナタともいい、速度や拍子の異なる舞曲[2]から構成された。この時期は、ヴァイオリンを対象としたソナタが多くつくられた。

バロック後期の**D. スカルラッティ**や、18世紀中頃から活躍を始める**前古典派**の**J.C. バッハ**らによって、鍵盤ソナタが主要なジャンルになった。特に後者の作品は、**アルベルティ・バス**や**ギャラント様式**（▶p.83）を伴うのが特徴である。これらの鍵盤ソナタは、後のソナタ形式につながる雛型としての構造をもつことも重要である。とりわけスカルラッティの鍵盤ソナタにしばしば見られるように、主調と属調、属調と主調という調配置の2つの部分からなるソナタが定着していった。

ソナタは、18世紀後半からの**ウィーン古典派**において大きく発展し、円熟した様式へと姿を変えた。**ハイドン**、**モーツァルト**、**ベートーヴェン**らに代表される鍵盤ソナタでは、当時のピアノなどの楽器の発展とともに、音楽表現も

ベートーヴェンのピアノ・ソナタ《ヴァルトシュタイン》初版のタイトルページ（ウィーン、1805年）

追求され深化されていった。形式的には、属調への転調部分が拡大して独立した中間部分をもち、全体が3つの部分からなるソナタがつくられるようになった。このタイプのソナタは、ベートーヴェンの時代になると、**グランド・ソナタ**と呼ばれるようになった。それに対して、従来の2つの部分からなるソナタや、転調部分が発展していないソナタは**ソナチネ**と呼ばれるようになった。

19世紀以降のロマン派になると、コンサートでの**ヴィルトゥオーソ**の活躍を背景に、ピアノ曲のジャンルに変化が生じる。**キャラクター・ピース**[3]をはじめとする小品が好まれるようになったり、高い演奏技術を求められる練習曲などが登場してくる。ピアノ・ソナタは、従来に比べるとその数は減るが、**ロマン主義**の影響を受け、**シューマン**の幻想風なソナタ、**リスト**の単一楽章で主題が変容するソナタ、**ショパン**のピアニズムを追求したソナタなど、作曲家の音楽的個性と融合したソナタがつくられるようになった。

ドメニコ・スカルラッティ（1685-1757） イタリアの作曲家、チェンバロ奏者。アレッサンドロ・スカルラッティの息子。スペイン王妃マリア・バルバラの音楽教師を務め、王妃の練習用に500を超える鍵盤楽器のためのソナタを作曲した。
作品 オペラ《ハムレット》、オラトリオ《クリスマス・カンタータ》

1　バロック時代のトリオ・ソナタの演奏は、通奏低音の奏者が2人必要なので、合計4人になる。通奏低音は一般的に、チェロやヴィオラ・ダ・ガンバが低声部の旋律を演奏し、チェンバロやテオルボが低声部の数字付き低音を具現化にしたがって、即興的に和声を補いながら演奏した。
2　舞曲には、アルマンド、クーラント、サラバンド、ジーグなどが含まれていた。
3　ある特定の気分や情景などを想起させる小品。主な作品にベートーヴェンの《6つのバガテル》やメンデルスゾーンの《無言歌集》などがある。

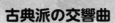

古典派の交響曲

交響曲は、**シンフォニア**と呼ばれる急－緩－急の3楽章からなるオペラの序曲を起源とし、オペラから独立して演奏されたことで、18世紀前半に生まれたと考えられている。この頃、イタリアのミラノやナポリのオペラハウスでは、充実した響きを目指してオーケストラが増員された。そしてこれらのオーケストラはオペラの伴奏にとどまらず、交響曲も演奏することで人気を高めていったのである。こうした初期の交響曲の発展に大きく貢献したのが、ミラノで活躍した**サンマルティーニ**[1]であり、70曲を超える交響曲を残している。その後、18世紀半ばにおいて非常に重要な役割を果たし、古典派の管弦楽曲の書法を確立したのが**マンハイム楽派**（ p.76）である。

さらに交響曲の地位を揺るぎないものにしたのが、「交響曲の父」という通称でも知られる**ハイドン**である。彼は1759年に最初の交響曲を作曲し、40年近くにわたって100曲を超える作品を残した。初期の交響曲ではシンフォニアから受け継いだ3楽章構成であったが、エステルハージ侯爵家に奉職以後の60年代から70年代にかけては、急－緩－メヌエット－急の4楽章からなる構成を典型とした。そ れと同時に、第1楽章では、ソナタ形式による急速な主部の前に緩徐な序奏を置くことが多くなった。編成に関しては、1793年から95年にかけて興行主ザロモンが企画したコンサート・シリーズのために作曲された《ザロモン・セット（別名ロンドン・セット）》の最後の6つの交響曲において、フルート、オーボエ、クラリネット、ファゴット、ホルン、トランペット各2本、ティンパニに加えて、弦を5部に拡大したことで、交響曲の古典的な楽器編成である**2管編成**を完成させた。また、コントラバスをチェロパートから独立させた最初の一人でもある。

モーツァルトは、わずか8歳で最初の交響曲を作曲し、短い生涯ながらも40数曲の作品を残した。特に傑作と名高いのが、88年の夏に、わずか6週間という短い期間に書かれた第39～41番の最後の3つの交響曲である。

ハイドンとモーツァルトの交響曲は、やがて19世紀に入って、**ベートーヴェン**に継承されるが、彼は楽器編成の多様化、楽章の拡大などを通して、19世紀から現代に至る交響曲の歴史をも決定付ける創作活動を展開することになる。（ p.94「ベートーヴェンの交響曲」）

---

[1] ジョヴァンニ・バッティスタ・サンマルティーニ（1700か01-1775） イタリアの作曲家。ミラノでさまざまな教会の楽長を歴任した。前古典派の時代において先駆的な試みを積極的に行い、交響曲の最初の大家として、後のハイドンらに影響を与えた。

モーツァルトの時代の衣装を着用して行われた交響曲の演奏
(ウィーン楽友協会にて、1995 年)

まとめと今後の勉強のために

　国家や教会などの権威と結び付いた音楽は、18世紀で絶頂に達し、衰退へと向かっていく。その典型がフランスのバロック音楽である。ルイ14世のときに全盛期を迎えるが、ルイ16世の時代にフランス革命が起こり、宮廷文化も終末を迎えてしまう。J.S.バッハが教会音楽家として活動したドイツや、ハイドンやモーツァルトが活躍したオーストリアのウィーンなどでは半世紀ほど遅れていて、宮廷や教会に保護された音楽がこの時代にまだ盛んであった。

　しかし音楽の担い手が市民に移りつつあったことは確かで、交響曲やピアノ曲、室内楽曲など、現代でも演奏される作品がこの時代以降に生まれたことも、このことをよく示している。もはや国王や教会が音楽の担い手になることはなくなったのである。

　ハイドンやモーツァルトは一般にウィーン古典派に含まれるが、ウィーン古典派とされる楽曲が誕生するのは1780年以降である。実のところ、古典派を準備する音楽の動きは、1720年頃のイタリアで始まっていた。この新しい音楽から見ると、バッハの音楽なども古風に聞こえたらしく、30年代の音楽批評ではバッハの音楽が批判されるようになっていた。この章の題名が「18世紀(バロック～古典派)」となっているのも、このような理由からである。1720/30年から80年までの音楽は「前古典派」と呼ばれている。したがってハイドンの半生、モーツァルトの人生の3分の2は、この前古典派に含まれるわけである。

　この時代の音楽に関する情報は国内でも入手しやすいので、興味のおもむくままにアクセスし、多くの音楽を聴いてもらいたい。その場合に、バロックの音楽か、それとも前古典派や古典派の音楽なのかを、音楽だけを聴いて判断してみるといいだろう。音楽のスタイルの変化に対して、鋭敏な鑑賞力が養われるであろう。

19世紀（古典派～ロマン派）

■時代と社会

　フランス革命の混乱を収拾した**ナポレオン**は、国民の支持を得て1804年に皇帝となった。これに対して隣国はフランスの強大化を恐れ、拡大阻止を試みたがいずれも敗北し、ナポレオンはヨーロッパ大陸のほとんどを支配下に置いた。しかし12年の**ロシア遠征**の失敗を機に、解放戦争が広がり、14年ナポレオンは失脚した。ヨーロッパ諸国は14年から15年にかけてウィーン会議を開催し、そこで確定された**ウィーン体制**は、極めて保守的なものになった。

　産業革命によって経済的に豊かになった**都市市民（ブルジョワジー）**の**自由主義**的思想や、都市で労働運動を展開する労働者の**社会主義**思想が台頭し、このウィーン体制も3回の革命を経験して、1848年には崩壊してしまう。とりわけ48年にフランスで起こった**二月革命**がヨーロッパ各地に波及し、ドイツやオーストリアの**三月革命**を引き起こした。こうした動きは周辺国の民族運動を刺激したばかりか、ドイツやイタリアなど国民国家が形成されていなかった地域での統一の機運をも高めた。

　このような民族統一の動きは大国の領土拡張の手段となり、緊張が高まった。ロシアは南下政策によってトルコと衝突し、イギリスとフランスがトルコに加担して、**クリミア戦争**となった。またロシアの支配下にあったポーランドでも、民族統一の運動が起こると、ロシアは専制を強め、バルカン半島でのスラヴ統一主義運動に干渉して、再びトルコと戦火を交えた。一方ロシア国内でも専制に対抗する改革運動が起こり始めていた。

　やがて1861年にイタリアが統一され**イタリア王国**となり、ドイツは71年に**ドイツ帝国**となった。このドイツ統一から締め出されたオーストリアは、**オーストリア＝ハンガリー帝国**を形成した。一方、フランスでは52年から**ナポレオン3世**による**第二帝政**が続いていたが、統一前のプロイセンとの戦争に敗退して崩壊してしまうと、75年に**第三共和政**が確立された。

　19世紀に保守的な政治体制が戻ると、合理性を尊重する**啓蒙主義**に代わって**ロマン主義**が起こり、19世紀末には**耽美的な世紀末芸術**が花開いた。

第1回万国博覧会
産業革命により工業の発展したイギリスでは、1851年に第1回ロンドン万国博覧会が開催された。

■音楽史の流れ

ナポレオン戦争によってドイツでは多くの宮廷が閉鎖され、そこに雇われていた音楽家も路頭に迷うことになる。しかしオーストリア帝国の首都**ウィーン**では、ナポレオンに包囲されるなど危機的な状況にあったものの、ハイドンやベートーヴェンが貴族文化の最後の輝きを謳歌した。その一方で、ウィーンのみならず、ベルリンやライプツィヒなどのドイツ語圏の諸都市では、詩と音楽が一体となった**ロマン主義**的な音楽が人々に享受された。ナポレオン体制後のフランスでも同様に**市民階級**の人々が音楽の担い手となり、**パリ**ではベートーヴェンなどのドイツ音楽ももてはやされ、ショパンやリストなどの外国人音楽家が活躍した。

1848年の革命以後になると、ドイツやオーストリアの統一運動が顕著となり、J.S.バッハの音楽が称賛され、ヴァーグナーはドイツ神話を題材にしたオペラを創作するなど、ドイツ**民族主義**が称揚された。フランスでは特にプロイセンとの戦争に敗北した後に、サン＝サーンスらを中心にフランス独自の音楽を求める声が高まった。さらにイタリアでも国家統一が急務となり、ヴェルディなどの国民的音楽家が活躍した。

こうした民族主義の高まりはさらに国家的な統一を得られない地域に広がり、チェコ、ハンガリー、ポーランド、フィンランドなどで国民主義が起こり、民族音楽の要素を取り入れた**国民音楽**が創作された。

19世紀 古典派〜ロマン派

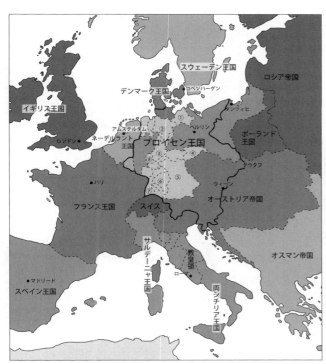

ウィーン体制下のヨーロッパ
ウィーン体制下の時代、ドイツとイタリアは、まだいくつかの王国に分かれている。ポーランド王国は存在しているが、ロシア、プロイセン、オーストリア帝国に分割統治されている。またオーストリアは、第一次世界大戦後のハンガリー、チェコスロヴァキア、イタリア北部、ユーゴスラヴィア北部などのバルカン諸国を含む多民族国家であった。

第一次世界大戦後のヨーロッパ

ドイツ諸邦　　　ドイツ連邦の境界
①メクレンブルク大公国　⑤バイエルン王国
②ハノーヴァー王国　　　⑥ヴュルテンベルク王国
③ヘッセン王国　　　　　⑦バーデン大公国
④ザクセン王国　　　　　⑧ナッサウ公国

ウィーンとベートーヴェン

　ハイドンや**モーツァルト**の創作活動の流れを受け、**ベートーヴェン**は、彼らから受け継いだウィーン古典派の作曲様式を踏襲し、やがては独自の次元を切り開いていった。**弦楽四重奏曲**と**交響曲**は、彼によって芸術音楽の「至高」のジャンルへと昇華されたと言っても過言ではない。彼がハイドンに出会い、弟子入りを許可されてウィーンに定住し始めたのは1792年であり、その後没するまでの間、継続してこの地で生活した。

　ベートーヴェンがウィーンにやってきた頃は、最後の神聖ローマ皇帝となる**フランツ2世**が帝位についた時期にあたり、**ハプスブルク家**の威光にも陰りが見え始めていた。また1789年に勃発した**フランス革命**の影響で、ウィーンにおいてもこれまでの王侯貴族主体の旧体制が決して安泰ではなくなりつつあった。そうした社会情勢も後押しとなって、君主や貴族に雇われたハイドンやモーツァルトとは異なり、ベートーヴェンは芸術家は社会での最高の地位を占めることができると考え、貴族社会に依存する生活からの脱却を図った。もっとも、貴族からは義務を伴わない年金という形での支援を受けてはいたが、それは支援する側の貴族がウィーンという都市の芸術文化を育成・発展させたいと願っていたからでもあった。

ルートヴィヒ・ヴァン・ベートーヴェン（1770-1827） ドイツの作曲家。主にウィーンを拠点とし、雇われ音楽家ではなく、多くの貴族たちの支援を受けて自由な「芸術家」として活動した。20代後半から深刻な難聴を患ったにもかかわらず、強い精神力と旺盛な創作意欲によって革新的な音楽を追求し続けた。交響曲に代表される不朽の傑作によって、後世の作曲家に絶大な影響を与えている。**作品** 交響曲第5番《運命》、交響曲第7番、ピアノ協奏曲第5番《皇帝》、ピアノ三重奏曲第7番《大公》、弦楽四重奏曲第14番、ピアノ・ソナタ第8番《悲愴》、ピアノ・ソナタ第23番《熱情》、ヴァイオリン・ソナタ第9番《クロイツェル》

ベートーヴェンの交響曲

　ベートーヴェンが交響曲第1番を初演したのは、1800年4月で、最後の第9番は24年5月であった。しかし彼は12年までに第8番を完成させ14年に初演しているので、交響曲分野での実質的な創作期間は12年ほどである。第9番の構想はボン時代にまで遡ることもできるが、実質的な創作は22年から24年までの3年間である。

　第9番の終楽章には合唱や独唱が導入されたが、彼の《合唱幻想曲》も同種の作品であった。そのため第9番も「交響的カンタータ」として聴かれた可能性もある。

　楽器編成については、ベートーヴェンは**ハイドン**の《ザロモン・セット》をモデルとしており、第1番からすでに古典的な2管編成となり、クラリネットの使用はすでに前提であった。しかし彼は多様な音色を追及し、こうした音色の追求はロマン派音楽を準備することになった。例えば、第5番ではトロンボーン、ピッコロ、コントラファゴットが使用され、第6番では雷鳴を表現するのにピッコロが導入され、第9番ではトルコ風の音楽を表現するためにシンバルやトライアングルなどの打楽器が使用された。

　楽章の性格についても、メヌエットはスケルツォに変化し、動的な性格を顕著にしている。また第3番の第2楽章は〈葬送行進曲〉であり、**マーラー**や**ショスタコーヴィチ**を連想させる。さらに第9番で、緩徐楽章とスケルツォ楽章が交代され、終楽章では合唱と独唱が導入されている。

　ベートーヴェンはハイドンや**モーツァルト**の交響曲の創作を基礎にしながらも、革新的で独自の交響曲の世界を構築したといえるであろう。交響曲は祝祭から市民革命を指向し、作曲家の独創性の表現媒体にもなり、後世の作曲家の創作に大きな影響を与えた。交響曲は理念的であると同時に、ロマン的な芸術となったといえるであろう。

> 聴いておきたい名曲

交響曲第9番 ニ短調《合唱付き》 ベートーヴェン 作曲

　ベートーヴェンの最後の交響曲で、終楽章にはシラー（▶p.102）の頌歌『歓喜に寄す』に基づいた独唱と合唱が導入されている。4つの楽章を通して苦悩を乗り越え歓喜へと至る壮大な構想、楽器編成や楽曲の規模の大幅な拡張に加え、交響曲というジャンルに声楽を取り入れたことで、古典派の交響曲の概念を打ち破った記念碑的作品となっている。

　日本では《第九》と呼ばれ、年末恒例の演奏会で親しまれている（▶p.186）。

《第九》の初演の様子を描いたリトグラフ
（オフターディンガー、1879年）
耳が聞こえないベートーヴェンに代わってウムラウフが指揮を行い、ベートーヴェンはその傍らで各楽章のテンポを指示したという。

第4楽章

　冒頭の激しいフレーズや第1～3楽章の主題の回想に対して、低弦のレチタティーヴォ風の旋律が否定的な応答を繰り返した後、オーケストラによる「歓喜の主題」が現れる。次いで、バリトン独唱が先のレチタティーヴォを力強く歌い出し、やがて4人の重唱、混声合唱、オーケストラが「歓喜の主題」にのせて、人類が一つになる喜びを高らかに歌い上げる。

冒頭

「歓喜の主題」による合唱

《第九》演奏の様子
第4楽章では、オーケストラに4人の独唱者と大規模な混声合唱が加わる。
（オットー・クレンペラー指揮、フィルハーモニア管弦楽団＆合唱団、ソプラノ：A. N. レーヴベリ、アルト：C. ルートヴィヒ、テノール：W. クメント、バリトン：H. ホッター。1957年、ロンドン、ロイヤル・フェスティヴァル・ホール）

19世紀　古典派～ロマン派

フランス革命と音楽

　フランス革命は、国王や貴族に権力が集中する旧制度（アンシャン・レジーム）を打ち崩し、自由で平等な個人、すなわち市民によって成り立つ社会を実現するために、民衆が立ち上がった市民革命である。この革命は1789年7月、政治犯が収容され、パリ市民が圧政の象徴と見なしていたバスティーユ牢獄を襲撃したことから始まった。その後革命が進むにつれ、93年には国王ルイ16世や王妃マリー・アントワネットが処刑された。

　民衆が絶対的な権威をもつ者に勝利するためには、数の力で圧倒しなければならない。民衆は一つの目的に向かって結集し、団結力を高める必要があった。こうした際に役立つのが、集団の理念を分かりやすく表すシンボルである。例えばフランスの三色旗は、革命の精神である「自由・平等・博愛」を象徴する旗として、この革命の際に国旗として制定された。音楽もまた、こうしたシンボルとして政治的な役割を担うことになる。

　この時期には多くの革命歌がつくられた。革命歌は旋律が単純・素朴で、誰もが簡単に演奏に参加することができる。歌詞を通じてメッセージを明確に伝えることのできる革命歌は、革命精神の宣伝と普及に効果的な手段として利用されたのである。現在のフランス国歌である《ラ・マルセイエーズ》も、工兵大尉のルージェ・ド・リールによって作曲され、マルセイユ義勇軍のパリ入城の際に歌われたものであった。

　革命中は、民衆が集結する祭典や、戦死者のための追悼式が盛んに行われた。こうした式典において、音楽は雰囲気を盛り上げる重要な役割を担った。ミサでは讃歌などの宗教音楽が演奏され、パレードでは人々が革命歌を合唱した。また革命を賛美する内容のオペラも上演された。なかでもゴセックの《テ・デウム》の演奏は1200人の合唱、800人の吹奏楽が参加する、壮大にして華麗なイベントとなった。フランス革命の祭典としてキリストの神を讃美するのは、人々が神のもとでの自由と平等を求めたからであった。この時期にはオーケストラと合唱や独唱を含めた祭典のための音楽が上演され、フランス革命の精神に共感したベートーヴェンの《交響曲第9番》に影響を与えたと思われる。

　ベートーヴェンは、貴族や教会などのためというよりも、自分自身の考えや思いを表現するために創作活動を行った。芸術家としての作曲家の立場を強く主張し、貴族とも対等な立場に立とうとした。その背景にはフランス革命による身分制度の揺らぎと、市民勢力の高まりがあった（一般市民向けの公開コンサートが定着し始めたのもこの時代である）。ベートーヴェンはまた、ナポレオンをフランス革命の理想を実現する人物としてたたえ、彼のために交響曲第3番《英雄》を作曲したが、ナポレオンの皇帝即位の知らせに激高し、楽譜に記したナポレオンへの献辞を破り捨てたというエピソードも知られている。

《ラ・マルセイエーズ》を歌うルージェ・ド・リール
（ピルスの油彩画、1849年）

『アルプスを越えるナポレオン』
（ダヴィッドの油彩画、1801年）

ウィーンのビーダーマイヤー時代と検閲

　ナポレオンが1804年に皇帝となり、神聖ローマ帝国からドイツ諸邦が離脱したことで、06年には神聖ローマ帝国が解体された。しかし14年にナポレオンが失脚すると、フランス革命とナポレオン戦争が巻き起こした動乱後のヨーロッパの秩序を立て直すために、ヨーロッパ諸国によるウィーン会議が開催された。

　ウィーン会議を主導したのはオーストリア帝国の宰相メッテルニヒで、会議後に成立したウィーン体制では、フランス革命とナポレオン戦争が推し進めた自由主義やナショナリズム運動が、徹底的に抑圧された。ウィーンにおいては検閲制度や秘密警察が強化され、フランスの《ラ・マルセイエーズ》のような革命的な国歌が禁止されるだけでなく、オペラの台本も政治的なニュアンスを含むものは改訂を強制された。

　ビーダーマイヤー[1]時代になると、オーストリアでもようやく産業革命が始まり、貴族に代わってブルジョワ階級の人々が社会を動かす実権を握りつつあった。芸術活動に市民が参加する機会も増え、家庭においても市民自らが音楽を楽しむようになった。こうした19世紀初頭の市民社会に音楽を提供したのが、ウィーン生まれの作曲家シューベルト（ p.99）であった。彼は友人たちから経済的な支援を受けて活動し、彼らとの内輪の集まりで演奏を楽しむことを好んだ。このようなシューベルトを囲んだ私的な演奏会は、シューベルティアーデと呼ばれた。こうした演奏会では、ピアノ連弾曲や歌曲、ダンスと酒宴用の舞踏音楽など、参加したアマチュアの市民音楽家たちが楽しめるような音楽が演奏された。

　19世紀にはまた、芸術の受け手が貴族から市民へと移行し、大規模な会場で大勢の市民が聴衆となる公開コンサートが定着した。ウィーンの音楽界の動向を支配したのも、音楽を娯楽や気晴らしのために聴く大衆であり、彼らをいかに魅了し利用できるかが、この時代の音楽家が成功するための鍵となった。そうした状況下でウィーン市民たちの心をつかんだのは、イタリアの音楽家たちであった。その中心的な人物が、ロッシーニとパガニーニ[2]である。《セビーリャの理髪師》をはじめとするロッシーニのオペラは、当時の新聞が「狂乱ともとれる熱狂ぶり」と伝えるほど聴衆を沸かせた。また「悪魔的」とさえいわれたパガニーニの超絶的なヴァイオリン演奏も、ウィーンの市民を瞬く間に魅了し、街で売られる食料品や衣料品にパガニーニの名前が付けられたり、彼を主人公にした劇が演じられたりした。

パガニーニ

　市民たちはメッテルニヒが主導してきた抑圧政治から逃避するように、居心地のよい仲間たちとの私的な集い、あるいは分かりやすいつかの間の快楽に没頭した。こうした小市民的な文化を発展させたビーダーマイヤー時代は、抑圧政治へのさらなる反動として、1848年に生じた三月革命によって結局幕を閉じた。市民は再び現実政治への不満を爆発させ、学生や労働者たちが検閲の廃止や憲法制定などを求めた結果、メッテルニヒはロンドン亡命に追い込まれることとなった。

『シューベルティアーデ』（シュミットの油彩画、1896年）
（ 口絵3）

1　19世紀前半のドイツとオーストリアに起こった、簡素で身近なものに目を向けようとする小市民的な文化やその時代を意味する言葉。
2　ニコロ・パガニーニ（1782-1840）イタリアのヴァイオリニスト。超絶技巧をもつ演奏家（ヴィルトゥオーソ）の草分け的存在として知られる。

ドイツ音楽の隆盛

フランス革命とナポレオンの大陸制覇により、**神聖ローマ帝国**が1806年に崩壊すると、19世紀のドイツでは71年のドイツ統一に向け**ナショナリズム**が高揚し、芸術的創造を促した。音楽の世界でも民族的な傾向が強まり、19世紀のドイツ音楽はヨーロッパの芸術界をリードするほどの隆盛を見せることになる。19世紀の音楽の主要なジャンルのすべてにおいて、ドイツ語圏の作曲家が中心的な位置を占めたことからも、このことは明らかである。

まず、**ベートーヴェン**が芸術音楽の最高峰としての礎を築いた交響曲の分野では、19世紀前半において、**シューベルト**の交響曲第7番《未完成》、**シューマン**の交響曲第3番《ライン》、**メンデルスゾーン**の交響曲第4番《イタリア》など、現在でも交響曲の主要レパートリーとなっている名作が生まれた。

19世紀後半には、こうしたドイツの交響曲の伝統を継承しつつも、さらに独創性や発展性を加えたものを書かなくてはならないというプレッシャーを多くの作曲家が感じた。そして約20年という極めて長い年月をかけて、この圧力を乗り越えたのが**ブラームス**であった。彼の交響曲第1番（▶p.110）は、指揮者の**ビューロー**[1]によって「ベートーヴェンの交響曲第10番」と評された。

器楽のその他の分野でも、ここまで挙げた作曲家たちが数々の名作を残している。演奏会用序曲の分野では、メンデルスゾーンの劇付随音楽《真夏の夜の夢》、ブラームスの《大学祝典序曲》などが有名である。また協奏曲では、メンデルスゾーンはヴァイオリン協奏曲（▶p.101）、シューマンはピアノ協奏曲、ブラームスはその両方のジャンルに傑作がある。室内楽でも、**ウィーン古典派**（▶p.85）の成果を発展させ、より多彩な編成で、強弱や感情表現をさらに豊かに表現する数々の作品が生まれた。シューベルトの弦楽四重奏曲第14番《死と乙女》や五重奏曲《ます》をはじめ、メンデルスゾーンのピアノ三重奏曲や弦楽八重奏曲、シューマンのピアノ五重奏曲やブラームスのクラリネット五重奏曲など、枚挙にいとまがない。また、シューベルトの《4つの即興曲》、シューマンの《クライスレリアーナ》、ブラームスの《ハンガリー舞曲集》など、ピアノ作品にも数え切れないほどの名作が生み出された。

一方、声楽の分野でも、ドイツ語圏の作曲家の活躍は目立つ。まずオペラ界では、**ヴェーバー**[2]がドイツ・ロマン派オペラの最初の成功者となった。彼のオペラ《魔弾の射手》は、「黒い森」として知られるシュヴァルツヴァルトを舞台とし、音楽にもドイツ民謡を取り入れるなど、あらゆる面でドイツ的だったことから民族愛を高め、国民の熱狂的な支持を集めた。その精神を引き継いだのが**ヴァーグナー**で、彼がオペラ界にもたらした絶大な成果により、19世紀においてドイツは、オペラ発祥の

ライプツィヒのゲヴァントハウスでのコンサート
宮廷楽団に起源をもたない世界最古の市民オーケストラ「ゲヴァントハウス管弦楽団」の本拠地。メンデルスゾーンはここのオーケストラの指揮者を務めていた。

---

1 ハンス・フォン・ビューロー（1830-1894）ドイツの指揮者、ピアニスト。指揮を専門とする現代的な指揮者の先駆けとして知られる。
2 カール・マリア・フォン・ヴェーバー（1786-1826）ドイツの作曲家、指揮者、ピアニスト。ドイツ語の台本によるドイツの国民主義のオペラを開拓した。

地であるイタリアに比肩するほどの地位を手に入れることになる。さらに歌曲の分野でも、とりわけシューベルトとシューマンがめざましい成果を上げ、**リート**（ p.102）の一時代を築いた。シューベルトの歌曲《野ばら》や《魔王》、シューマンの歌曲集《女の愛と生涯》がとりわけ有名である。またブラームスは、ウィーンのジングアカデミー[3]の指揮者を務めていたことから、《ドイツ・レクイエム》や《運命の歌》といった合唱曲を多数作曲している。

19世紀のドイツは、**J.S. バッハ**、ベートーヴェンといった「巨匠」を輩出したことも声高に主張し、自国の音楽の地位向上を唱導した。彼らの伝記が書かれるようになったのもこの時期であり、彼らの作品を演奏するコンサートも盛んに催された。メンデルスゾーンがおよそ100年ぶりにバッハの《マタイ受難曲》を復活上演したことはよく知られているが、この演奏会には国王をはじめ、哲学者**ヘーゲル**[4]や詩人**ハイネ**[5]など、ドイツの名だたる文化人が訪れたという。こうしたことも、ドイツ国民が自らの民族精神を高揚させる機会となった。

聴いておきたい名曲

歌曲集《冬の旅》　シューベルト 作曲

ドイツの詩人ミュラーの詩集に基づく歌曲集。24の歌曲からなる。恋人に裏切られた青年が町を出て、失恋の痛手と絶望感を抱えて死さえ願いつつ、さすらいの旅を続けるという内容。シューベルトの死の前年に作曲され、彼の晩年の心情を映すかのように、全編を通して暗い雰囲気に包まれている。

〈菩提樹〉の情景を描いた挿絵
（リーバーマン、1905年）

第5曲〈菩提樹〉
《冬の旅》の暗く悲痛な音楽の中にあって唯一、夢見るような美しい旋律を聴かせる曲として、人気が高い。

フランツ・シューベルト（1797-1828） オーストリアの作曲家。生地ウィーンで活動。約600曲もの作品がある歌曲の分野での功績が大きく、詩の内容をピアノ伴奏によって豊かに描写し、歌とピアノが一体となった新しい表現を確立した。交響曲、室内楽、ピアノ曲などさまざまなジャンルにも多くの作品を残した。**作品** 歌曲集《美しき水車小屋の娘》、交響曲第8番《ザ・グレイト》、ピアノ曲集《楽興の時》

---

[3] 1858年にウィーンで設立された混声合唱団。
[4] ゲオルク・ヴィルヘルム・フリードリヒ・ヘーゲル（1770-1831）ドイツの哲学者。弁証法哲学を提唱したことで知られる。
[5] ハインリヒ・ハイネ　 p.102

> 聴いておきたい名曲

ピアノ曲集《謝肉祭》 シューマン 作曲

　仮装した人々でにぎわう謝肉祭のイメージに重ね合わせ、個性的な21曲の小品を連ねたピアノ曲集。仮面劇の役柄の「ピエロ」や「アルルカン(道化)」、シューマンの分身「オイゼビウス」と「フロレスタン」、ショパンやパガニーニのような音楽家など、種々の人物や情景が描かれている。下に述べるように、曲の中では4つのアルファベット（ASCH）が示す音を利用した音遊びが行われており、これもシューマンらしい趣向である。

『コメディア・デラルテの役者たち』（ランクレの油彩画、1725-28頃）ピエロ、アルルカンなどが描かれている。

〈前口上〉
　序奏にあたる第1曲。輝かしい響きで、音楽の開始を告げる。

※アクセントの位置はクララ版に基づく

〈エストレラ〉
　「エストレラ」とは、当時シューマンが恋した女性エルネスティーネのこと。シューマンは、彼女の出身地「アッシュ Asch」の4つのアルファベットが指し示す音の組み合わせを《謝肉祭》の各曲にちりばめた。例えば、この曲の旋律の最初の3音（ラ♭-ド-シ）は、ドイツ語ではAs-C-Hと表記される。

ロベルト・シューマン（1810-1856） ドイツの作曲家、音楽評論家。ピアニストを目指すが指を痛めてその道を断念し、その後は作曲や音楽評論の分野で活躍した（若きショパンやブラームスは、シューマンの音楽評論によって才能を高く評価され、広く脚光を浴びるようになった）。彼の創作は文学への関心や、ピアニストであるクララとの結婚などから大きく影響を受けており、形式よりも想念や感情を重視した極めて個性的かつロマン主義的な作品が多い。その特質はピアノ曲と歌曲によく表れているが、他にも交響曲、室内楽など多くのジャンルに作品を残した。**作品** 交響曲第1番《春》、室内楽曲《3つのロマンス》、ピアノ曲《花の曲》《アラベスク》、声楽曲《流浪の民》

聴いておきたい名曲

ヴァイオリン協奏曲 ホ短調　メンデルスゾーン 作曲

　美しく魅惑的な旋律と華麗な技巧に満ちた、ロマン派のヴァイオリン協奏曲を代表する名曲。メンデルスゾーンの親しい友人であったヴァイオリニスト、フェルディナンド・ダヴィッド（1810-1873）のために書かれた。作曲の過程ではダヴィッドが、奏者としての立場から技巧的な助言を行ったことが知られている。3つの楽章が切れ目なく演奏され、古典派の協奏曲にみられる管弦楽のみの提示部はなく、曲の冒頭から独奏ヴァイオリンが第1主題を演奏するなど、当時としては新しい試みが行われた。

第1楽章
　独奏ヴァイオリンが奏する美しい第1主題が、たいへんよく知られている。

フェリックス・メンデルスゾーン（1809-1847） ドイツの作曲家、ピアニスト、指揮者。恵まれた音楽環境の中で早熟な才能を育み、若くして活躍を始める。ベルリンでのJ.S.バッハの《マタイ受難曲》復活上演、ライプツィヒ音楽院の創設など、音楽史上に重要な足跡を残した。作品は、伝統的な形式にロマン派的要素を融合させた、洗練された表現を特徴とする。**作品** 交響曲第5番《宗教改革》、序曲《フィンガルの洞窟》、歌曲《歌の翼に》

音楽のロマン主義

　19世紀には、**啓蒙主義**に対する反動として**ロマン主義**が誕生した。ロマン主義では理性よりも感情が重視され、個人の人間性が尊重された。芸術においては、愛や悲しみといった個人的で人間的な感情、あるいは過去や異国、月や星などの夜の情景、空想上の物語や神話といった神秘的な世界が好んで扱われた。音楽ではそうしたテーマを創作の源とするべく、文学や絵画など、音楽以外の要素が積極的に取り入れられるようになった。この動きに最も触発されたジャンルは**歌曲**であり、ロマン派の時代は、音楽と詩の統合を目指し、作曲家が歌曲創作にかなり熱心に取り組んだ時代であったといえる。

　こうした歌曲創作への傾倒は、ピアノ（⏵p.108「ピアノの歴史」）が改良されて表現力が向上し、伴奏という立場にとどまることなく、豊かな芸術表現を追求できる楽器となったことや、ロマン派の詩人が文学

的な題材を提供したことによってますます強まった。ロマン派文学はヨーロッパ各国で開花し、フランスでは**スタンダール**[1]や**ユゴー**[2]、イギリスでは**ワーズワース**[3]や**バイロン**[4]が活躍。北欧ではデンマークの**アンデルセン**[5]やノルウェーの**イプセン**[6]、ロシアでは**ツルゲーネフ**[7]、**トルストイ**[8]、**ドストエフスキー**[9]などが輩出された。ドイツでは1770年代に、**シュトゥルム・ウント・ドラング（疾風怒濤）**[10]と呼ばれる文学運動を**ゲーテ**[11]や**シラー**[12]らが開始し、さらに19世紀に入ると**ハイネ**[13]や**グリム兄弟**[14]など、数々の優れた作家や詩人が登場した。

ロマン派情緒あふれる詩がもたらすインスピレーションを、作曲家たちは声とピアノで余すところなく表現することを目指した。中でもロマン派歌曲の代表的な作曲家は、**シューベルト**である。彼は31年の短い生涯の間に600曲以上の歌曲を残した。10代半ばから歌曲の創作に着手し、ゲーテの『ファウスト』に基づく《糸を紡ぐグレートヒェン》や、同じくゲーテの詩による《魔王》といった傑作を作曲したのは、わずか17～18歳の頃であった。その後、シューベルトの後を受け継いだのが**シューマン**であり、彼の「歌曲の年」と呼ばれる1840年には、ハイネの詩に基づく連作歌曲集《詩人の恋》など、多くの名作が生まれた。彼ら2人の創作活動を通じ、まさに詩と旋律とピアノが一体化した新しいドイツ語の歌曲（**リート**）の様式が確立されていったといえる。

一方、歌詞をもたない器楽の分野においても、文学、哲学、美術、風景など、音楽以外の要素と密接に関連した**標題音楽**（▶p.114）が盛んに創作された。**ベルリオーズ**の《幻想交響曲》を皮切りに、標題付きの交響曲（メンデルスゾーンの交響曲第3番《スコットランド》など）やピアノ曲（シューマンのピアノ小品集《子供の情景》など）が多数世に出された。また、オーケストラによって詩や絵画、小説などの内容を表現する**交響詩**（▶p.104）という新しいジャンルも、1850年頃**リスト**によって創始された。

シューマンと妻クララ クララと結婚した1840年、シューマンは歌曲の傑作を次々と生み出した。

1　スタンダール（1783-1842）フランスの小説家。本名マリ・アンリ・ベール。フランス近代小説の創始者であり、『赤と黒』などの作品を残した。
2　ヴィクトル・ユゴー（1802-1885）フランスの詩人、作家。代表作に、有名ミュージカルの原作として知られる『レ・ミゼラブル』がある。
3　ウィリアム・ワーズワース（1770-1850）イギリスの詩人。友人との共著『叙情歌謡集』が有名。
4　ジョージ・ゴードン・バイロン（1788-1824）イギリスの詩人。『チャイルド＝ハロルドの遍歴』で名声を確立。
5　ハンス・クリスチャン・アンデルセン（1805-1875）デンマークの童話作家、詩人。『マッチ売りの少女』や『みにくいアヒルの子』で知られる。
6　ヘンリック・イプセン（1828-1906）ノルウェーの劇作家。「近代劇の父」と呼ばれる。代表作は『人形の家』など。
7　イワン・ツルゲーネフ（1818-1883）ロシアの作家。写実主義の作風で知られ、代表作に『父と子』がある。
8　レフ・トルストイ（1828-1910）ロシアの作家。ナポレオンのロシア遠征に抵抗するロシア国民を描いた『戦争と平和』で知られる。
9　フョードル・ドストエフスキー（1821-1881）ロシアの作家。代表作は『罪と罰』や『カラマーゾフの兄弟』など。
10　18世紀後半のドイツで起こった文学運動。名称は、クリンガーの同名の戯曲に由来。理性より感情の優位を主張した。音楽においても同様の傾向が、1760～70年代のハイドンやC.P.E.バッハの交響曲にみられる。
11　ヨハン・ヴォルフガング・フォン・ゲーテ（1749-1832）ドイツの詩人、作家。『若きウェルテルの悩み』など、数々の名作を残した。
12　フリードリヒ・フォン・シラー（1759-1805）ドイツの詩人、劇作家。ゲーテとともにドイツ古典主義文学を確立した。
13　ハインリヒ・ハイネ（1797-1856）ドイツの詩人。代表作に『歌の本』がある。思想家、経済学者のマルクスとの交流でも知られる。
14　ドイツの文献学者、言語学者の兄弟。ヤーコプ・グリム（1785-1863）とヴィルヘルム・グリム（1786-1859）。ゲルマン神話や民謡を収集し、『グリム童話集』を刊行した。

聴いておきたい名曲

幻想交響曲　ベルリオーズ 作曲

　ベルリオーズ自身の体験をモデルとした物語に基づいて作曲された標題音楽。全5楽章。物語のあらすじは、「ある芸術家が失恋により絶望し、アヘン自殺を図るが、死に至らず奇妙な夢を見る」というものであり、曲の中で愛する女性は**イデー・フィクス**（固定楽想）（▶ p.104）と呼ばれる特定の旋律で表される。ロマン派初期の時代に物語的な標題を大胆に取り入れた独創的な交響曲として、音楽史上重要な作品である。

ベルリオーズの巨大なオーケストラを描いた風刺画
巨大なオーケストラを用いた大音響を風刺している。
（▶ 口絵3）

第1楽章　「夢、情熱」
　ある女性と出会った芸術家の心に、突如激しい恋の感情が沸き起こる場面。「愛する女性」のイデー・フィクス（譜例）が登場する。

第2楽章　「舞踏会」
　にぎやかな舞踏会で、愛する女性の姿を見かける場面。女性が踊っている姿を描くように、ワルツのリズムで変奏された「愛する女性」のイデー・フィクス（譜例）を、フルートとオーボエが演奏する。

第5楽章　「魔女の夜の夢」
　山中で行われている魔女たちの宴で自分が葬られるという、芸術家の夢の中の情景を描く場面。「愛する女性」のイデー・フィクスは、第1楽章の優雅で気品のある曲想から一転し、おどけた不気味なイメージを抱かせる旋律（譜例）へと様変わりしている。

エクトル・ベルリオーズ（1803-1869） フランスの作曲家。パリ音楽院に学び、ローマ賞を受賞。批評家、指揮者としても活躍した。文学作品から着想を得た標題音楽を創作し、自ら「イデー・フィクス（固定楽想）」と名付けた特定の旋律を繰り返し用いて登場人物を描写する手法を生み出した。色彩豊かな管弦楽法が特徴で、著作『現代楽器法および管弦楽法大概論』は後の作曲家に影響を与えた。**作品**《レクイエム》、ヴィオラ独奏と管弦楽のための交響曲《イタリアのハロルド》

知っておきたい音楽用語

イデー・フィクス（固定楽想）

ベルリオーズの代表作である《幻想交響曲》は、美しい女性に失恋して苦しむ、ある芸術家の物語に基づいて作曲されている。芸術家の愛する女性のイメージは、**イデー・フィクス**（固定楽想あるいは固定観念）と呼ばれる特定の旋律と結び付けられた。この旋律は物語の内容に合わせて変化しながら、すべての楽章に登場する。

このように、ある特定の旋律の変化によって物語の展開を表現すると同時に、同じ旋律を曲の随所に用いることで楽曲全体に統一感を与える手法は、**リスト**や**フランク**など、後世の多くの作曲家に受け継がれた。また、**ヴァーグナー**はこの手法をオペラに応用し、**ライトモティーフ**（▶p.112）という作曲技法を考案した。

ハリエット・スミスソン
ベルリオーズが《幻想交響曲》の中で表現した愛する女性のモデルが、当時女優として活躍していたこの女性であるといわれる。

知っておきたい音楽用語

交響詩

音楽以外の分野に音楽創作の源泉を求めたロマン派の時代、**交響詩**と呼ばれる新しいジャンルの管弦楽曲が19世紀半ばに誕生した。

交響詩は、オーケストラによる**標題音楽**（▶p.114）の一種で、原則として単一楽章である。作品の着想のもとになった詩や物語の要約、イメージを記述した文章などが楽譜に印刷されている場合もある。このジャンルを創始したのは**リスト**であり、彼はシラーの詩やシェークスピア（▶p.64）の戯曲などをもとに、10曲以上の交響詩を作曲した。中でも有名なのが**ラマルティーヌ**[1]の詩に基づく《前奏曲（レ・プレリュード）》で、「人生とは死という音が鳴るまでの前奏曲である」という内容の文章が標題として記された。

交響詩を好んで作曲したのは、**国民楽派**（▶p.119）の作曲家たちである。自国の歴史や伝説を題材とし、音楽を通して民族感情や祖国の風景、自然を表現しようとする彼らの意図に、このジャンルの性格は合致していた。いち早く交響詩を書いたのはチェコの**スメタナ**で、歴史的題材に基づくいくつかの交響詩の他、晩年には有名な〈ヴルタヴァ（モルダウ）〉（▶p.120）を含む連作交響詩《我が祖国》を残した。ロシアでは**ムソルグスキー**の《聖ヨハネ祭前夜の禿山》やボロディンの《中央アジアの草原にて》、北欧では**シベリウス**の《フィンランディア》といった作品がある。

一方フランスでは、**国民音楽協会**（▶p.123）の中心人物である**サン＝サーンス**が《死の舞踏》、**デュカス**[2]が《魔法使いの弟子》を書いた。

さらに、このジャンルで忘れてはならないのが**リヒャルト・シュトラウス**の存在である。彼

---

[1] アルフォンス・ド・ラマルティーヌ（1790-1869）フランスの詩人、政治家。
[2] ポール・アブラアム・デュカス（1865-1935）フランスの作曲家。彼の交響詩《魔法使いの弟子》は、ディズニーのアニメ映画『ファンタジア』で使われたことでも知られる。

は7曲の交響詩を残し、リスト以来、再び交響詩創作の頂点を築いた。冒頭部分が映画『2001年宇宙の旅』に使用されたことでおなじみの《ツァラトゥストラはこう語った》をはじめ、《ティル・オイレンシュピーゲルの愉快ないたずら》《英雄の生涯》など、題材の世界観を大編成のオーケストラと巧みなオーケストレーションで描いた名曲を残した。

パリ国立高等音楽院と各国の音楽院

フランス革命の影響で、それまでフランスの音楽家養成を全面的に引き受けていた聖歌隊員養成所が廃止され、代わって国民軍のための音楽家の養成が求められるようになった。まず、吹奏楽を一般大衆に広める目的で1792年、パリに国民軍音楽学校が設けられた。この学校は、全国から選抜された120人もの学生に、無料で音楽教育を行った。93年には国民音楽院の創設が公示され、95年にパリ国民音楽院（現、**パリ国立高等音楽院**）が設立される。音楽院は政府によって管理され、国民軍や祝祭に音楽を提供することを義務付けられた。音楽家の基礎訓練と軍楽要員の養成が重視されていたため、音楽院の教員には、**ソルフェージュ**[1]と作曲という音楽の基礎分野の専門家や、管楽器の演奏家が多かった。また早期教育を目的としたことから、生徒の年齢も8〜13歳までとされた。

このパリの音楽院をモデルとし、その後ヨーロッパの主要都市でも次々に音楽院が創設された。主なものには、イタリアのボローニャ（1806）とミラノ（1807）、チェコのプラハ（1811）、オーストリアのグラーツ（1815）とウィーン（1817）、イギリスのロンドン（1822）などがある。

1843年には、ドイツのライプツィヒで音楽

パリ国立高等音楽院の外観を描いた木版画（1850年頃）

院が開校した。メンデルスゾーンやシューマンを教員に迎え、ソロ演奏やアンサンブルの授業に加え、音楽理論や作曲、指揮、音楽史、語学なども学ぶことができた。その後のドイツでは、ライプツィヒの学校をモデルに、ミュンヘン（1846）やベルリン（1850）など各地に音楽院が創設され、ロシアでもサンクトペテルブルク（1862）とモスクワ（1866）に音楽院が設けられた。アメリカでは1860年代に、小規模な私立の音楽院がシカゴやボストンなどの各都市に設立された。東京では1887年、**音楽取調掛**（p.179）を前身として、東京音楽学校（現、**東京藝術大学**）が開校した。

---

1 初めて見る楽譜をすぐに演奏したり歌ったりする新曲視奏（視唱）や、音を聴いて楽譜に書き取る聴音などの音楽家の基礎訓練。

サロンとヴィルトゥオーソ

19世紀には、オペラやオーケストラの楽曲及び編成の大規模化が推し進められた一方、小規模な**室内楽**の創作も盛んに行われた。理性よりも感情に訴えかける大仕掛けで派手な音楽に一般大衆の人気が集中する一方で、そうした「分かりやすい感動」への迎合を避けるために、内輪の私的な集まりにおいては、玄人受けのする技法を駆使して、自身の秘めた感情をひそやかに吐露する方向へと傾く作曲家も少なくなかった。

こうした傾向がとりわけ強かったのは、音楽に高い精神性やアカデミックさを求めるドイツの人々であった。とりわけ**ブラームス**は、その内向的な性格から、流麗な旋律や華美な管弦楽効果が求められるオペラや交響詩などの分野ではなく、小編成の室内楽的なジャンルに名作を多く残した。交響曲も、**2管編成**（●p.90）を順守し、標題音楽の領域には進出しなかった。

他方で、同じく小規模でありながら、より娯楽性の強い音楽が、パリの**サロン**を中心に花開いた。19世紀の富裕層にとって、サロンは社交の場であり、**幻想曲**[1]や**夜想曲**[2]といったロマンティックな題名をもつ、優雅な性格の作品が盛んに演奏された。

そうしたサロンで中心的な存在となったのが、19世紀の教養主義の象徴である**ピアノ**と、それを類いまれなる技術で弾きこなす**ヴィルトゥオーソ**[3]と呼ばれる演奏家たちである。彼らはオクターヴや重音の連打、高低の激しい跳躍にも十分に対応できるようになった同時代のピアノを用いて、複雑に入り組んだパッセージを目にも留まらぬ速さで弾きこなし、大衆から喝采を浴びた。このようなスター的な演奏家としては、**リスト**と**ショパン**が知られている。前者は、《パガニーニ大練習曲》などの作品や、管弦楽の名曲のピアノ用編曲などで、ピアノの演奏技術の可能性を広げた。後者は、装飾豊かで流麗な旋律と分散和音を組み合わせる様式を特徴とし、**バラード**[4]や**スケルツォ**[5]、**マズルカ**[6]、**ポロネーズ**[7]など、実に多種多様なピアノ曲を作曲し、「ピアノの詩人」と呼ばれた。

こうした卓越した演奏技術をもつヴィルトゥオーソの先駆けとして知られたのが、**ヴァイオリン**の名手**パガニーニ**（●p.97）である。リストは、パガニーニの人間離れしたテクニックによって生み出される圧倒的な演奏を聴いて感動し、「ピアノのパガニーニ」になることを決意したといわれている。

ピアノを弾くリストと熱狂するファンの女性たち
（ホーゼマンの風刺画、1842年）
興奮のあまり失神して抱えられている女性も描かれている。

---

1 「ファンタジア」の訳語。伝統的な形式にとらわれず、自由な想像力に基づいてつくられた器楽曲。
2 「ノクターン」の訳語。主としてピアノのための夢想的な小曲。
3 イタリア語で「名人」の意味。
4 ショパンのバラードは、物語を暗示するようにドラマティックに展開される大規模なピアノ曲。
5 ショパンのスケルツォは、深刻さや激しさの中に諧謔性を秘めた大規模なピアノ曲。
6 3拍子の活発なリズムで、2拍目または3拍目を強調するポーランドの民俗舞踊、舞曲。
7 3拍子による独特なリズムを持つポーランドの民俗舞踊、舞曲。

聴いておきたい名曲

エチュード〈別れの曲〉／スケルツォ第2番　ショパン 作曲

　ショパンのピアノ曲には、バラード、スケルツォ、プレリュード、エチュード、ノクターン、ワルツ、ポロネーズ、マズルカといった題名をもつ多数の作品があり、曲種ごとに共通した雰囲気や特徴を備えている。彼はこうした曲種の性格を生かしながら、形式に縛られることなくピアノの音で自在に語り、さまざまな気分やイメージを描き出すことを最も得意とした。

ラジヴィウ公のサロンで演奏するショパン（シェミラツキの油彩画、1887年）彼は主に、貴族、芸術家、文学者たちの集うサロンでピアノを演奏した。（▶口絵3）

エチュード〈別れの曲〉

　エチュードとは練習曲という意味だが、ショパンのエチュードはどの曲も演奏技術の習得を目的とするだけでなく、芸術作品としての高い完成度をも兼ね備えている。〈別れの曲〉の愛称で親しまれるこの曲の演奏には、技術はもちろん、叙情的な表現の美しさも求められる。

スケルツォ第2番

　ショパンのスケルツォはいずれも大曲であり、ドラマティックな物語性を感じさせる起伏に富んだ表現を特徴としている。最も人気の高い第2番は、パリのサロンでの活躍が華々しかった頃の作品。激しく感情をほとばしらせるピアノは、ときに荒々しく大胆に鳴り、ときにせつなく優美な響きを奏でる。

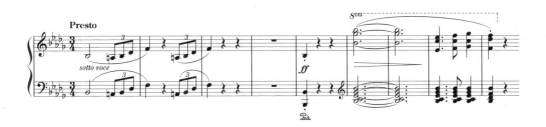

19世紀　古典派〜ロマン派

ピアノの歴史

クリストフォリが1720年に製作したピアノ（ニューヨーク）

ピアノという楽器は18世紀前半に音楽史上に登場した。ピアノの前身となったのは**チェンバロ**（英語では**ハープシコード**、フランス語では**クラヴサン**）で、その起源は定かでないが、現存する最古のものは15世紀後半の南ドイツ製である。チェンバロの大きな特徴の一つは、蓋や響板に風景画や花の彩色画が描かれるなど、非常に凝った美しい装飾が施されていることにある。チェンバロは最も盛んに演奏されたのがバロック時代であり、この時代の音楽の主な担い手であった貴族は、宮殿を彩る調度品としてもこの楽器を愛用していた。

チェンバロは、鍵盤を押すとそれに連動して爪が動き、弦をはじく仕組みになっている。そのために鍵盤を強く押しても強い音は出ず、音の強さはほぼ一定になる。これに対し、鍵盤を強く押せば強い音、弱く押せば弱い音を出せるよう、鍵盤を押すとハンマーが弦を打つ仕組みを新たに考案したのが、イタリアの**メディチ家**の楽器管理係をしていた**クリストフォリ**である。この仕組みを採用したチェンバロは、「クラヴィチェンバロ・コル・ピアノ・エ・フォルテ（ピアノとフォルテの出せるチェンバロ）」と呼ばれた。やがて「フォルテピアノ」と省略され、最終的には「ピアノ」という名称が定着した。

弦をはじく仕組みのチェンバロによる演奏では、強弱がほぼ付けられなかったことから、テヌートやスタッカートといったアーティキュレーションの変化や、微妙に速さやリズムを揺らす緩急法が、主な表現技法として用いられた。しかしこの新しい楽器の登場により、フレーズの流れに応じて強弱の抑揚を付けたり、クレシェンドやデクレシェンドのような表現を行うことも可能となった。響きを持続させるペダルのシステムの採用など、さらなる開発が進められたことにより、18世紀後半には、ピアノが音楽活動の中心的楽器として台頭することになる。

開発された当初は54鍵、4オクターヴ半だった音域も徐々に拡大され、**ベートーヴェン**の頃には5オクターヴ半、**ショパン**や**リスト**がピアニストとして華々しく活躍した時代には6オクターヴにまで広がった[1]。現在の88鍵、7オクターヴと4分の1の音域になったのは、**ドビュッシー**や**ラヴェル**、**バルトーク**、**ラフマニノフ**らが活躍した20世紀前半のことである。

現在では、ピアノはクラシック音楽はもちろん、ジャズやポピュラー音楽など、さまざまなジャンルで花形楽器として重用されている。その一方、チェンバロも20世紀以降、チェンバロならではのよさが改めて見直され、楽器の再生産も行われるようになった。バロック時代の作品をチェンバロで演奏したり、チェンバロのための新作が作曲されることも増えている。

フレデリック・ショパン（1810-1849） ポーランドに生まれ、フランスのパリで活動した作曲家、ピアニスト。公開コンサートを嫌い、社交界の私的なサロンで自作のピアノ曲を演奏して名声を得た。そのため作品はピアノ独奏曲が大半を占める。ピアノという楽器の可能性を追求し、繊細な響きや大胆な表現に祖国ポーランドの民族的要素を反映させ、魅力あふれる楽曲を多数つくった。**作品** ピアノ協奏曲第1番 ホ短調、《練習曲集》op.10 から第12番 ハ短調〈革命〉、ポロネーズ《英雄》第6番、ノクターン第2番

フランツ・リスト（1811-1886） ハンガリー生まれの作曲家、ピアニスト。ピアノのヴィルトゥオーソとしてヨーロッパ中の聴衆を熱狂させ、ヴァイマル宮廷楽長時代には指揮活動に専念、晩年はローマで聖職者になった。作品は、超絶技巧のピアノ曲の他、管弦楽曲、宗教曲、編曲など多岐にわたる。また「交響詩」というジャンルを確立したことでも知られる。**作品** ピアノ協奏曲第1番、交響詩《前奏曲》、ハンガリー狂詩曲第2番、ピアノ曲《愛の夢》第3番、オラトリオ《キリスト》

---

1 ショパンやリスト以前には、ムツィオ・クレメンティ（1752-1832）、ヨハン・ネポムク・フンメル（1778-1837）、カール・チェルニー（1791-1857）といったピアノの名手が活躍し、鍵盤音楽作品のジャンル開拓に貢献した。

ウィーンのリングシュトラーセ文化と擬古典主義

　三月革命の騒ぎが一段落すると、ウィーンでは都市改革が推し進められるようになる。皇帝**フランツ・ヨーゼフ1世**の主導で、1858年以降、ウィーン旧市街を囲む城壁を壊し、新たに幅56メートルの環状道路を建設する大がかりな都市改造計画が実行に移された。この道路は**リングシュトラーセ**と呼ばれ、65年に開通した。それに伴い、ウィーン大学、市庁舎、国会議事堂などの主要な公共建造物が、旧市街からリングシュトラーセの沿道へと場所を移転した。ウィーン音楽文化の殿堂となる宮廷歌劇場も、リングシュトラーセとウィーンの目抜き通りが交わる一等地に新しく建造された。宮廷という名称が付いているにもかかわらず、この歌劇場が宮廷付近ではなく、多くの市民が集まる市街の中心に建設されたことは、この都市改造が中産階級の市民主導で行われたことを象徴していた。

　こうして新たに移設、建設された公共建造物のデザインの多くが、過去の有名建築のデザインを模したものであったように、ウィーンのリングシュトラーセ文化では、懐古趣味や、古典芸術を規範とする**擬古典主義**の傾向が強かった。都市改造を中心的に進めたのは、大学を出たエリート官僚たちであった。彼らは**ロッシーニ**旋風が吹き荒れる中、「単なる娯楽とは一線を画す古典作曲家による優れた芸術を」という理想を掲げ、1814年に**ウィーン楽友協会**を設立した。このエリート陣営の求める音楽像に合致したのが**ベートーヴェン**であった。

　楽友協会の記念すべき第1回目の演奏会では、当時人気を博していたロッシーニの音楽はあえて避けられ、その後もレパートリーの中心となるのは常に、ベートーヴェンをはじめとするドイツ・オーストリアの作曲家の交響曲であった。しかし肝心の演奏者の演奏技術はいまひとつだったことから、プロの音楽家によるオーケストラが求められるようになった。こうした背景から設立されたのが、現在も世界最高水準のオーケストラとして知られるウィーン・フィルハーモニー管弦楽団である。ウィーン・フィル、宮廷歌劇場、楽友協会ホールという、「音楽の都」ウィーンの音楽文化を今日でも支える三本柱が生み出されたことは、リングシュトラーセ時代の輝かしい成果といえよう。

　この時代のウィーンにハンブルクからやってきて、一貫して擬古典主義的な様式で作曲したのが**ブラームス**である。彼は**バッハ**や**ハイドン**など、古典とされる作曲家の作品を熱心に研究した。ピアニストとして出演したウィーンにおける最初の演奏会でも、過去の傑作に敬意を表するプログラムを披露している。1872年には楽友協会の芸術監督に就任し、そこでも主に17～18世紀の作品を取り上げた。

　ブルックナーもまた、この時期のウィーンで活動した作曲家であった。生涯のほとんどをウィーンで過ごした彼は、ベートーヴェン、**シューベルト**及び**ヴァーグナー**の音楽に影響を受けて、長大な交響曲を作曲したことで知られている。また聖歌隊員やオルガニストとしての経験から、宗教音楽のジャンルに名作を残した。生前は作品が難解であるという批判を受け、自作に度重なる改訂を行っており、20世紀後半になって再評価された作曲家の一人である。

> 19世紀 古典派〜ロマン派

「黄金のホール」と呼ばれるウィーン楽友協会大ホールとウィーン・フィルハーモニー管弦楽団　日本では、ニューイヤー・コンサートの中継や、秋の来日公演などで親しまれている。

アントン・ブルックナー（1824-1896）オーストリアの作曲家、オルガニスト。リンツからウィーンに移り住む40代半ば頃まではオルガニストとして名声を博し、その後、交響曲を作曲し始める。オルガン演奏から発想された独自の書法による長大で深遠な交響曲は、当初多くの批判を受けたが、《交響曲第7番》の初演でようやく成功を収め、以後彼の交響曲が認められるようになった。**作品** 交響曲第4番《ロマンティック》、交響曲第8番、宗教曲《テ・デウム》

聴いておきたい名曲

交響曲第1番 ハ短調　ブラームス 作曲

　ベートーヴェンの最後の交響曲からおよそ50年後、ロマン派の新しい潮流を感じながらも、ブラームスは約20年もの歳月をかけて《交響曲第1番》を完成させた。指揮者のビューローによって「ベートーヴェンの交響曲第10番」と評されたこの作品は、ベートーヴェンの交響曲第5番《運命》と同じハ短調で書かれ、「暗から明へ」というベートーヴェンが確立した交響曲の楽章構成を意識してつくられている。形式や編成などの面で古典的な様式を保ちつつも、ロマン的な叙情性をたたえた名曲である。

ブラームスの《交響曲第1番》の手稿譜（第4楽章）

第1楽章
　拍を刻むティンパニにのって始まる重々しい序奏には、続くアレグロ部分の主要な動機（┌─┐）が含まれている。

第4楽章
　希望に満ちた第1主題（譜例）が、ベートーヴェンの《交響曲第9番》第4楽章の「歓喜の主題」（▶p.95）を思わせる。

ヨハネス・ブラームス（1833-1897） ドイツに生まれ、ウィーンで活動した作曲家、指揮者、ピアニスト。20歳の頃、シューマンの評論によってその才能を見いだされた。古典的伝統を強く受け継ぐ作風のため生前から保守的と批判され、同時代のリストやヴァーグナーら「新ドイツ楽派」（▶p.114）と対立する存在と見なされることもあった。当時の著名な音楽家、美学者であるハンスリックが、「絶対音楽」を代表する作曲家としてブラームスを擁護したことも知られている。**作品**《ドイツ・レクイエム》、交響曲第2〜4番、弦楽六重奏曲第1〜2番

ヴァーグナーの「楽劇」

ドイツ・オペラ史上、最も重要な人物は**ヴァーグナー**で、彼は同時期に**イタリア・オペラ**界の一時代を築いた**ヴェルディ**と同じ年に生まれた。19世紀のドイツ・オペラ界では、最初の傑作といわれる**ヴェーバー**の《魔弾の射手》(▶p.98) の後、しばらく傑出した作品は登場しなかった。ヴァーグナーはそこに新風を吹き込み、ドイツのロマン主義オペラを新たに発展させただけでなく、オペラそのものをより次元の高い芸術へと導いた作曲家である。

彼は『芸術と革命』『未来の芸術作品』『オペラとドラマ』など多くの著作において、**楽劇**と呼ばれる、自身の理想とする新しいオペラに対する考えを展開した。楽劇とは、ゲルマン民族の神話を題材に、音楽、演劇、舞踊、文学、美術など芸術の諸ジャンルの統合を目指すオペラである。台本となる文学、それに付けられる音楽、舞台装置や衣装などの美術、登場人物の演技など、すべての要素を偏りなく総じて重視することで実現される総合芸術こそが、彼の理想とする新しいオペラのあるべき姿だった。

ヴァーグナーはまた、オペラの中で物語の一貫性が失われないよう、従来のオペラの構造、つまり序曲やレチタティーヴォ、アリアごとに区切りが挟まれるような構造を取りやめた。一幕の間、音楽は終結感の強い終止を伴うことがなく、常に流れながら発展し続け、とぎれることがない。この書法で展開される旋律は、**無限旋律**と呼ばれる。

特定の役柄や状況に対して常に同じ動機を用いる**ライトモティーフ**(▶p.112) と呼ばれる手法も考案された。彼のオペラには、上演に4日を要する《ニーベルングの指輪》[1]のように極めて長大なものが多く、そうした大規模なオペラの聴取が可能となるような音楽上の仕組みが必要とされたためである。

《ニーベルングの指輪》第一夜〈ヴァルキューレ〉からジークムントとフンディングの戦い
(エクヴァルの絵に基づく版画)

ヴァーグナーは、和声の世界にも革新をもたらし、主和音に終止するという調性音楽の慣習からしばしば逸脱した。半音階による進行を多用してめまぐるしく転調を繰り返したり、どの音が主音なのかがはっきりとしなくなるような複雑な和声進行を続けたりすることで、調性を曖昧にしてしまったのである。この**調性からの逸脱**という新たなアイディアは20世紀に受け継がれ、やがては調性をもたない**無調**(▶

リヒャルト・ヴァーグナー(1813-1883) ドイツの作曲家、文筆家。オペラを発展させ、総合芸術としての「楽劇」を提唱した。芸術論などの文筆活動も盛んに行い、台本も自ら執筆するなど、文学史上にも功績を残す。貧困や亡命など流転の年月の中で創作を続けた後、50歳を過ぎてバイエルン国王ルートヴィヒ2世の絶大な庇護を得て、自身の理想とする劇場をバイロイトに建設した。**作品**《ジークフリート牧歌》、オペラ《さまよえるオランダ人》

---

1 序夜〈ラインの黄金〉、第一夜〈ヴァルキューレ〉、第二夜〈ジークフリート〉、第三夜〈神々の黄昏(たそがれ)〉の四部作。

p.137「無調音楽」）の音楽が生み出されるまでに発展する。特に、初めて楽劇という名称が付けられた《トリスタンとイゾルデ》で使用された**トリスタン和音**（▶p.130）は、後世の作曲家に大きな影響を与えた。

以上に挙げた作品の他にも、ヴァーグナーは《タンホイザー》《ローエングリン》《ニュルンベルクのマイスタージンガー》《パルジファル》といった数々の名作を残している。作曲に際して、彼は自ら台本を書き、演出や指揮も自らの手で行った。

《ニーベルングの指輪》の初演でヴォータン役を歌ったバリトン歌手フランツ・ベッツ　この初演は1876年に完成したバイロイト祝祭劇場で行われた。

知っておきたい音楽用語

ライトモティーフ（示導動機）

ヴァーグナーは、ベルリオーズのイデー・フィクス（▶p.104）の手法をオペラに応用し、登場人物、もしくは特徴的な事物や概念などに特定の動機を割り当て、それらをドラマの展開に沿って変化を与えながら要所に登場させた。この作曲技法は**ライトモティーフ（示導動機）**と呼ばれる。

特定のキャラクターやテーマが台本や舞台に登場する度に同一のモティーフが聴こえることで、聴き手は音を聴いただけでそのモティーフが表すイメージを想起できるようになる。一幕の間、音楽が一度も終止することなく流れ続けるだけでなく、上演にかなりの時間を要するヴァーグナーのオペラにおいて、この技法は聴き手がオペラの内容を理解するうえでの大きな手助けとなった。

バイロイト祝祭劇場

ヴァーグナーは、ザクセン王国の首都ドレスデンで宮廷指揮者を務めた後、1848年の**三月革命**の影響で10年にわたってスイスに亡命した。この期間中に、彼は音楽活動よりも執筆活動を熱心に行い、芸術のあるべき姿について思索を深めていった。芸術とは人間全体の表現でなくてはならないと考えた彼は、その理想を体現するための新しいオペラ、すなわち**楽劇**の作曲や上演を手がけたいという思いを胸に抱き始める。こうしてヴァーグナーは71年、58歳のときに、バイロイトに自身の作品のみを上演する劇場を建てる計画に着手した。バイロイトは、南ドイツにあるバイエルン王国（現在のバイエルン州）の北部に位置する、森と丘に囲ま

れた人口2万人弱ほどの都市であった。
　ヴァーグナーはこの町の、市街地から離れた小高い丘を劇場の建設地に選んだ。**バイロイト祝祭劇場**には舞台から客席に至るまで、ヴァーグナーの理想を実現するためのこだわりが散りばめられている。客席は古代ギリシアの円形劇場を模範として扇型に配置されている。また舞台と観客席の間に、オーケストラと指揮者が入るくぼみ（オーケストラ・ピット）が設けられた。このくぼみによって、オーケストラが大音量で演奏しても歌手の声はかき消されてしまうことはなく、指揮者とオーケストラが観客の視界に入らないという利点も得られた。上演中に客席の明かりを落とすという試みを始めたのもヴァーグナーである。こうして、劇場内では舞台上の光景だけが観客の目に映し出され、観客は劇の内容に集中することができた。

　1874年には、バイロイトにヴァーグナーの私邸も完成した。劇場建設に巨額の財政援助を行った**ルートヴィヒ2世**[1]は、この私邸の敷地と建設費用を用意する形でもヴァーグナーの活動を支援した。現在この邸宅は、リヒャルト・ヴァーグナー博物館として一般公開されている。

　1876年に完成した劇場で、ヴァーグナーは自身の作品《ニーベルングの指輪》を完全上演する夏の音楽祭を開催した。この上演に際してヴァーグナーは主に演出家としての役割に集中し、指揮は**リヒター**[2]に委ねた。歌手やオーケストラは、ヴァーグナーと妻**コージマ**[3]がドイツ及びオーストリアに赴いて自らスカウトした特別編成であった。《指輪》は全3回にわたって通し上演され、第1回にはドイツ皇帝**ヴィルヘルム1世**、第3回にはルートヴィヒ2世が観劇に訪れた。作曲家では、**リスト、ブルックナー、サン＝サーンス、チャイコフスキー、グリーグ**といった名だたる人々が顔をそろえた。

　音楽祭は成功に終わったものの、上演後には巨額の赤字が残され、次作品をこの劇場で上演できるようになるまでには6年の歳月を必要とした。1882年にようやく上演された《パルジファル》は、この劇場だけでのみ上演されることを目的に書かれた唯一の作品で、他の場所で上演することはヴァーグナーによって禁止された。彼が自分の劇場で指揮をしたのは、この作品の上演が最初で最後であった。この翌年に彼はこの世を去ってしまったからである。その後は、妻のコージマが音楽祭の運営を引き継ぎ、その後もヴァーグナーの末えいが運営を続けていった。

バイロイト祝祭劇場の内部（写真、1910年）　舞台は《パルジファル》のセット。舞台上の歌手の声とオーケストラの響きが溶け合うよう、オーケストラは舞台の下で演奏する設計になっている。床や壁は木製で、劇場全体が楽器のように響く。また、観客を舞台に集中させるため、客席には縦の通路を設けず、上演中は両端も閉鎖して、出入りができないようにしている。

1　ルートヴィヒ2世（1845-1886）バイエルン王。ヴァーグナーの支援者。中世ドイツの伝説に魅了され、ノイシュヴァンシュタイン城やバイロイト祝祭劇場を建設するなど、建築と芸術に莫大な費用を投じた。
2　ハンス・リヒター（1843-1916）オーストリア＝ハンガリーの指揮者。
3　コージマ・ヴァーグナー（1837-1930）リストとマリー・ダグーの娘で、指揮者のビューローと結婚するが、後にヴァーグナーの妻となる。

知っておきたい音楽用語

標題音楽と絶対音楽

19世紀の音楽では、特に文学をはじめとする他の芸術分野への関心が著しく高まり、**標題音楽**[1]の発展が進んだ。この影響から、**ベートーヴェン**以降の交響曲の創作活動は、2つの大きな流れに分かれることになった。すでにベートーヴェンの交響曲にも2つの流れが存在したことにも注目しておきたい。

交響曲を標題音楽として、すなわち詩や言葉の力を大いに借りて表現内容をより明確にする作品へと推し進めたのは、**ベルリオーズ**の《**幻想交響曲**》であった。この作品により、伝統的な古典派交響曲に、絵画的、感情的、幻想的要素といったロマン派ならではの新しい要素がもたらされた。この傾向は**リスト**に受け継がれ、**交響詩**が生み出されることになる。これまでの交響曲が短い動機のリズムや音の並び、あるいは形式を利用して楽曲の統一を図っていたのに対し、彼らは旋律を利用して楽曲全体の統一感を生み出した。ある決まった旋律によって、特定のイメージやキャラクターを象徴する手法を用いて、いわば変奏曲のような要領で交響曲や交響詩を作曲したといえる。

一方、純粋器楽の伝統を受け継ぐアカデミックな音楽文化を重んじる19世紀のドイツでは、動機や形式に基づく伝統的な作風を維持し、標題に頼りすぎることなく、純粋に音楽的手段に重きを置く傾向が見られた。19世紀前半のドイツ語圏で活躍した**シューベルト**、**メンデルスゾーン**、**シューマン**の交響曲は、たとえ標題付きであっても、**ウィーン古典派**が築いた交響曲の伝統的な作曲様式の枠組みから大きく外れることはなかったといえる。標題音楽とは対照的に、音楽以外の要素を排する**絶対音楽**[2]をさらに突き詰め、一度も標題付きの交響曲の創作に取り組まなかったのが**ブラームス**である。オーケストラの編成もこの時代としては小規模な**2管編成**を彼は貫き、**フーガ**や**ソナタ**といった古典的な形式を採用し、**主題動機労作**[3]の手法を用いた。

急進的なベルリオーズやリスト、そしてオペラという音楽以外の要素と強く結び付いたジャンルを得意としたヴァーグナーらは「**新ドイツ楽派**」と呼ばれる。19世紀の音楽界において、彼らに代表される標題音楽的傾向は強まり、ブラームスに代表される、器楽の純粋な表現性を守る傾向を凌ぐようになった。しかし、ブラームスの方針を強く擁護する一派も存続しており、この急進派対保守派の図式は、19世紀に活発になった**音楽批評**の世界を中心に、しばしば論争の渦を巻き起こした[4]。

ブラームス擁護派を風刺した絵
オーストリアの音楽批評家のハンスリックが、ブラームスを崇めている様子が描かれている。ハンスリックは、ヴァーグナーら新ドイツ楽派を激しく批判し、ブラームスの音楽を擁護した。

---

1 音楽の表す内容を知らせる具体的な曲名や説明文などの標題をもつ器楽曲。
2 標題をもたず、音楽的形式などの秩序によって純粋に構築された器楽曲。
3 主題や動機を曲中でさまざまな形に活用して音楽を構成していく手法。
4 ドイツ歌曲の作曲家として知られるフーゴー・ヴォルフ(1860-1903)は、ブラームスを痛烈に批判したことでも有名。

イタリア・オペラ

ロマン派の華麗な音楽を象徴するジャンルが、**オペラ**である。とりわけ、19世紀のイタリア音楽史はオペラ創作の歴史であったと言っても過言ではない。同時期にヴェーバーやヴァーグナーが一時代を築いた、精神性を重んじる**ドイツ・オペラ**とは対照的に、**イタリア・オペラ**はバロック以降の伝統を守りつつも革新を重ね、総じて響きの快さと、甘美な旋律で市民の心を魅了した。

まず19世紀初期のイタリア・オペラをリードしたのがロッシーニで、彼の名をヨーロッパ中に知らしめたのは《セビーリャの理髪師》の成功であった。市民生活を題材に滑稽な日常を展開する、芝居的な要素の強い喜劇的な**オペラ・ブッファ**は、当時ますます勢力を強めていた市民階級の人気を集めた。彼は後年、イタリアからパリに拠点を移したが、最後のオペラ《ウィリアム・テル》を発表するまで、イタリア・オペラ界の最前線で活躍し続けた。

ロッシーニと同じく、イタリアで名声を得た後にパリで活動し、イタリア・オペラの発展に貢献した作曲家には、《愛の妙薬》で知られる**ドニゼッティ**[1]や、《ノルマ》などを残した**ベッリーニ**[2]がいる。彼らは共通して、美しく叙情的な旋律をつくることに長け、イタリア・オペラに特有のドラマティックな表現を得意とした。

19世紀後半、特に1861年にヴィットーリオ・エマヌエーレ2世によってイタリアが統一国家となって以降、この機運にのってイタリア・オペラは黄金時代を迎える。この頃のイタリア・オペラの繁栄を一手に引き受けたのが、**ヴェルディ**である。彼の作品は、神話や叙事詩などを題材とする悲劇的な**オペラ・セリア**に分類されるものが多く、アリアや重唱などの切れ目を明確に分けるという習慣から抜け出し、話の展開がとぎれないよう音楽を連続させる新しい様式を打ち出した。88年の生涯において、改作を含めて32作ものオペラを世に送り出したヴェルディの代表作としては、第3幕の合唱〈行け、我が思いよ、金色の翼に乗って〉がイタリアの第二の国歌と呼ばれる初期の作品《ナブッコ》をはじめ、《ラ・トラヴィアータ（椿姫）》、《アイーダ》などが挙げられる。

オペラ《トスカ》第3幕銃殺刑のシーン
東京二期会オペラ劇場（2017年）©三枝近志

ジョアキーノ・ロッシーニ（1792-1868） イタリアの作曲家。ボローニャ音楽院を卒業して18歳でオペラ作曲家としてデビュー。速筆で、多いときには年に4作ものオペラを書き、イタリア各地で次々と上演。パリではフランス語のオペラも書いた。しかし37歳の若さでオペラ界を引退。後半生は宗教曲や声楽曲などを書いた他、趣味の美食を極め、料理の考案や高級レストランの経営などをして過ごした。 **作品** オペラ《シンデレラ》《泥棒かささぎ》

ジュゼッペ・ヴェルディ（1813-1901） イタリアの作曲家。イタリア統一運動が高まる中、愛国心を鼓舞するオペラ《ナブッコ》がミラノのスカラ座で大成功を収めた。彼の手がけた多くのオペラは、輝かしい旋律や力強い劇的表現によって人々を魅了し、今もなお世界中で上演されている。 **作品** オペラ《リゴレット》《イル・トロヴァトーレ》《運命の力》《オテロ》《ファルスタッフ》

---

1 ガエターノ・ドニゼッティ（1797-1848）イタリアの作曲家。《ランメルモールのルチア》などのオペラを作曲。
2 ヴィンチェンツォ・ベッリーニ（1801-1835）イタリアの作曲家。《夢遊病の女》などのオペラを作曲。

19世紀末には、**プッチーニ**がヴェルディの遺産を引き継いだ。1893年に初演して作曲家としての名声を確立した《マノン・レスコー》や、アリア〈私のお父さん〉で知られる《ジャンニ・スキッキ》などの他、当時流行し始めていた**異国趣味**（エキゾティシズム）（▶p.129）を取り入れた《蝶々夫人》や《トゥーランドット》といったオペラを発表した。この時代のイタリア・オペラは、現実とはかけ離れた題材を好んだロマン派からの反動として、同時代の現実生活を描く**ヴェリズモ**と呼ばれる傾向が顕著になる。プッチーニの《ラ・ボエーム》や《トスカ》、**マスカーニ**[3]の《カヴァレリア・ルスティカーナ》や**レオンカヴァッロ**[4]の《道化師》などは、ヴェリズモ・オペラの代表的な作品である。

聴いておきたい名曲

オペラ《ラ・トラヴィアータ（椿姫）》
ヴェルディ 作曲

デュマ・フィスの小説『椿姫』に基づく全3幕のオペラ。原題『ラ・トラヴィアータ（La traviata）』は「道を踏み外した女」の意であるが、日本では小説の邦題で呼ばれることもある。「貴族のパトロンをもち、パリの社交界で享楽的に生きるヴィオレッタは、いちずで純情な青年アルフレードによって真実の愛に目覚めるが…」という物語。曲は美しく生き生きとした旋律に満ちあふれ、ヴェルディのオペラの中でも特に人気の高い作品となっている。

〈乾杯の歌〉を歌うヴィオレッタ
東京二期会オペラ劇場（2023年）©三枝近志

〈乾杯の歌〉　第1幕第2景；アルフレード、ヴィオレッタ、その他、合唱
　2人が初めて出会った夜会の場面で、アルフレードが熱い思いを込めて歌うと、ヴィオレッタもそれに応じ、やがて皆も加わって盛り上がる。

〈ああ、そはかの人か〉　第1幕第5景；ヴィオレッタ
　今まで知らなかった本物の愛に気付いたヴィオレッタが、喜びに心を震わせながら歌うアリア。

ジャコモ・プッチーニ（1858-1924） イタリアの作曲家。ヴェルディの《アイーダ》に接してオペラ作曲家になることを決意し、名作オペラを多数作曲した。
作品 オペラ《トスカ》《蝶々夫人》《トゥーランドット》

---

[3] ピエトロ・マスカーニ（1863-1945）イタリアの作曲家。プッチーニとはミラノ音楽院で学友となり、親交が深かった。
[4] ルッジェーロ・レオンカヴァッロ（1857-1919）イタリアの作曲家、台本作家。

オペレッタ、ウィンナ・ワルツの隆盛

19世紀後半になると、**ヴェルディ**を中心とした**イタリア・オペラ**や、**ヴァーグナー**による**ドイツ・オペラ**に加え、**オペレッタ**が盛んにつくられるようになる。オペレッタは人間社会を巧みに風刺する喜劇的な内容の歌劇で、題材も親しみやすく、分かりやすい旋律、舞曲の使用、台詞の挿入などを特徴とした。

オペレッタの代表的な作曲家として知られるのが、《地獄のオルフェ》で有名な**オッフェンバック**[1]である。彼はまずパリで市民を興奮の渦に巻き込むと、まもなくウィーンに進出し、一躍人気者となった。ウィーンではまた、今日「**ウィンナ・オペレッタ**の父」とされる**スッペ**[2]が《軽騎兵》

オッフェンバック

などを披露した。**ヨハン・シュトラウス2世**[3]もオペレッタの世界に進出し、アン・デア・ウィーン劇場で次々とヒット作を上演し、ウィンナ・オペレッタの黄金時代を築く。とりわけ、1874年に上演されたオペレッタ《こうもり》は大成功を収めた。その後は、**レハール**[4]が《メリー・ウィドウ》などの作品を残した。

シュトラウス2世はまた、オペレッタだけでなく**ワルツ**[5]のジャンルにも絶大な貢献をした。19世紀のウィーンでは、**ウィンナ・ワルツ**[6]が大いに流行する。この流行をもたらしたのが、シュトラウス2世の父で、「ワルツの父」とも呼ばれる**ヨハン・シュトラウス1世**[7]である。この時代のカーニバルでは、700を超える舞踏会が催され、ウィーン総人口の半数を占める20万人の市民が踊ったともいわれる。

そして「ワルツ王」シュトラウス2世がウィンナ・ワルツの全盛期を築き、《美しく青きドナウ》《ウィーン気質》《皇帝円舞曲》など、数多くの名曲を世に送り出した。また3拍子で優雅な性質のワルツに加え、テンポの速い2拍子で活発な性格をもつ**ポルカ**[8]も流行した。シュトラウス2世の作品としては《トリッチ・トラッチ・ポルカ》や《雷鳴と稲妻》などが知られる。ワルツやポルカには当時の世相や時事を題名

ウィーンの宮廷舞踏会で自身の楽団を指揮するヨハン・シュトラウス2世

にしたものも多くあり、まさに時代と市民社会を映す鏡となっている。例えば《加速度》や《モーター》といったワルツは、産業革命の進展による工業化社会の到来を告げている。またポルカには《観光列車》という曲名もあり、こうした舞踏曲が市民の間に定着し、親しまれていたことを思わせる。

近代都市開発が進む19世紀後半のウィーンにおいて、**ブラームス**が都市文化の「高尚な音楽」を提供したのに対し、シュトラウス2世らによるオペレッタやワルツは「軽い音楽」の代表であったといえる。音楽の性格は正反対とも思える2人の作曲家だが、ブラームスはシュトラウス2世の音楽を愛好しており、2人がいっしょに収まっている写真も残されている。

ヨハン・シュトラウス2世とブラームス バート・イシュルのブラームスの家で撮影された写真（1894年）

---

1 ジャック・オッフェンバック（1819-1880）ドイツ生まれのフランスの作曲家。晩年にはオペラ《ホフマン物語》を作曲した。
2 フランツ・スッペ（1819-1895）オーストリアの作曲家、指揮者。劇付随音楽《詩人と農夫》などで知られる。
3 ヨハン・シュトラウス2世（子）（1825-1899）オーストリアの作曲家、指揮者、ヴァイオリニスト。ヨハン・シュトラウス1世の長男。ワルツ《春の声》や、《ピッツィカート・ポルカ》《シャンパン・ポルカ》などを作曲。彼の弟たちも作曲家として活躍した。
4 フランツ・レハール（1870-1948）ハンガリー生まれのオーストリアの作曲家。オペレッタ《ジュディッタ》やワルツ《金と銀》などを作曲。
5 19世紀のヨーロッパで愛好された3拍目の舞踏、舞曲。
6 19世紀のウィーンで流行した、テンポの速いワルツ。伴奏の2拍目が少し早められて演奏されることが多い。
7 ヨハン・シュトラウス1世（父）（1804-1849）オーストリアの作曲家、指揮者、ヴァイオリニスト。ウィンナ・ワルツ、《ラデツキー行進曲》などを作曲。ウィーン・フィルハーモニー管弦楽団のニューイヤー・コンサートでは、シュトラウス・ファミリーの作品が盛んに演奏される。
8 急速なテンポの2拍子の舞踏、舞曲。チェコで生まれヨーロッパで流行した。

民族主義運動の勃興

　18世紀末に生じた**フランス革命**は、その周辺諸国にも大きな影響をもたらし、19世紀になると政治的な変動や社会体制の変化が相次いで生じた。貴族支配による旧体制が崩壊した西欧諸国では、個人の自由を尊重する**自由主義・民主主義**の理念に基づき、「国」や「民族」の一員として、一人一人が確かな権利をもつ社会を形成しようとする機運が高まった。19世紀後半、イタリアでは1859〜60年の統一戦争を経て、**イタリア王国**が成立し、ドイツではプロイセンを中心として**ドイツ帝国**が誕生した。

　その一方、東欧地域では**ナショナリズム**が高まり、民族自立を求めて、スカンディナヴィア半島やバルカン半島の諸国、ボヘミアやポーランドなどの各地で、独立運動が盛んになった。ロシアは専制政治と農奴制という旧体制がいまだに強固ではあったが、61年には**農奴解放令**が出され、農奴に国民的自由が認められるようになった。

　こうした19世紀の**民族主義運動**は音楽にも影響を与え、民族主義的な表現は、19世紀音楽の最も顕著な特色のひとつとなった。芸術音楽に民族的な要素を盛り込むことで、芸術音楽は新たな題材、あるいは響きや旋律を獲得し、またそうした音楽を作曲、演奏、聴取することで、人々は民族意識を高揚させた。フランスにおいて**国民音楽協会**（▶p.123）が設立されたこと、**ショパン**が祖国ポーランドの民族舞踊マズルカやポロネーズの特徴を生かしたピアノ作品を作曲したことなどは、その一例として挙げられる。

　この民族主義的な傾向はまた、オペラや標題をもつジャンルでも顕著にみられた。ドイツでは**ヴェーバー**のオペラ《魔弾の射手》が、自然、魔術、真実の愛といったドイツ・ロマン派文学のテーマをふんだんに盛り込み、ドイツ民謡を取り入れることで、人々の愛国心をかき立てた。またイタリアでは、統一に向けての熱が高まる中、**ヴェルディ**がオペラ《ナブッコ》で、権力者と虐げられる人民の対比を描き、人々の愛国精神を高揚させた。

　西欧諸国では、東洋的な題材を取り入れることで、未知の世界に対する憧れやエキゾティックな色彩を表現し、芸術音楽の幅を広げる試みもなされるようになった。**ビゼー**[1]の《カルメン》や**プッチーニ**の《蝶々夫人》はその代表例である。

ビゼー

　これに対しロシアや東欧、北欧の国々では、ドイツ、フランス、イタリアの音楽を吸収しながら、自国の民族音楽の特徴を生かして芸術音楽を発展させる動きが活発となった。それらは**国民楽派**と総称される。

《魔弾の射手》第1幕第1場を描いた絵

《カルメン》の初演でタイトルロールを演じたセレスティーヌ・ガッリ＝マリエ（ドゥーセの油彩画）

1　ジョルジュ・ビゼー（1838-1875）フランスの作曲家。パリ音楽院で学び、ローマ賞を受賞。パリでオペラ作曲家として活動するが、36歳という若さで世を去った。主な作品にオペラ《カルメン》、付随音楽《アルルの女》などがある。

国民楽派

　国民楽派とは19世紀後半、とりわけイタリア、ドイツ、オーストリア、フランス以外の東欧・北欧地域で盛んとなった民族主義的な作曲傾向をもつ作曲家たちを指す。近代化と列強からの独立に対する社会の機運が高まるにつれ、その流れは音楽にも反映された。西欧諸国を中心に発展してきた従来の西洋芸術音楽を吸収することで文化的な発展を示しながらも、ただ単にそのまま吸収するのではなく、各民族に伝わる独自の旋律や音階、変則的なリズムや形式、独特な音の響きが存分に生かされた。こうすることで国民楽派の作曲家たちは、西欧諸国に引けを取らない芸術性を保ちつつ、自国の民族的な個性を埋もれさせることなくアピールする新たな芸術音楽を創作することができたのである。

　ロシアでは、オペラ《ルスランとリュドミラ》で知られる**グリンカ**[1]が、ロシアの国民主義音楽を創始する。その後に台頭したのが、**バラキレフ**[2]、**キュイ**[3]、**ムソルグスキー**、**ボロディン**[4]、**リムスキー＝コルサコフ**からなる**ロシア五人組**である。彼らは西洋音楽中心的な考え方に対抗し、ロシアの民族性に根ざした音楽の創造を目指した。従来の伝統的な慣習にとらわれることなく、民族性を大胆に表現する彼らの作品のうち、今日でも演奏会で取り上げられることが多いのは、ボロディンの《ダッタン人の踊り》や交響詩《中央アジアの草原にて》、ムソルグスキーのピアノ組曲《展覧会の絵》や管弦楽曲《聖ヨハネ祭前夜の禿山》、リムスキー＝コルサコフの『千夜一夜物語』を題材とした交響組曲《シェエラザード》などである。リムスキー＝コルサコフはまた、管弦楽法や和声法の著書を残すほど、西洋芸術音楽の作曲技法に精通しており、ムソルグスキーやボロディンの作品の補作や編曲も行った。

　一方、彼らとは一線を画していたのが、アントンとニコライの**ルビンシテイン兄弟**[5]や**チャイコフスキー**であった。彼らはロシア五人組ほどに民族性を前面に押し出すのではなく、西欧化をより意識して音楽創作を行った。ルビンシテイン兄弟はそれぞれがロシアの主要2都市に音楽学校を設立しており、その中のサンクトペテルブルク音楽院の卒業生がチャイコフスキーである。彼は民族的標題をもったオペラやバレエ音楽の他、交響曲や室内楽といった、西欧側の伝統的な芸術音楽ジャンルにも名作を残している。

　長きにわたってオーストリア及びハンガリーの支配下にあったチェコでも、独立の機運が生じるようになった。そうした社会情勢の中、作曲家として頭角を現したのが**スメタナ**である。彼の有名な連作交響詩《我が祖国》の〈ヴルタヴァ（モルダウ）〉は、チェ

モデスト・ムソルグスキー（1839-1881） ロシアの作曲家。バラキレフに師事し、オペラ、歌曲、ピアノ曲などを作曲。全音音階や5音音階を効果的に用いた独特の和声は、ドビュッシーなどに影響を与えたとされる。ピアノ組曲《展覧会の絵》は、ラヴェル編曲による管弦楽版もよく知られている。
作品 オペラ《ボリス・ゴドゥノフ》

ニコライ・リムスキー＝コルサコフ（1844-1908） ロシアの作曲家。管弦楽法の大家であり、ムソルグスキーの《聖ヨハネ祭前夜の禿山》を補筆完成させたことでも知られる。サンクトペテルブルク音楽院の教授を務め、グラズノフやストラヴィンスキー、プロコフィエフらを育てた。
作品《スペイン奇想曲》、オペラ《サルタン皇帝》第3幕の間奏曲〈熊蜂の飛行〉

1　ミハイル・グリンカ（1804-1857）ロシアの作曲家。「ロシア近代音楽の父」として知られる。
2　ミリー・バラキレフ（1836か37-1910）ロシアの作曲家。ロシア五人組の指導者として活躍。
3　ツェーザリ・キュイ（1835-1918）ロシアの作曲家、批評家。
4　アレクサンドル・ボロディン（1833-1887）ロシアの作曲家、化学者。五人組の中でも、とりわけ東洋的情緒にあふれた音楽作品を残した。
5　アントン・ルビンシテイン（1829-1894）ロシアのピアニスト、作曲家。サンクトペテルブルク音楽院を創設。
　ニコライ・ルビンシテイン（1835-1881）ロシアのピアニスト、指揮者。モスクワ音楽院を創設。

コの首都プラハの中心部を流れる河川を題材にしている。スメタナの後継者ともいえる**ドヴォルジャーク**は、民謡などを題材とする、素朴で親しみやすいノスタルジックな旋律を得意とした。《スラヴ舞曲集》や、アメリカに移った後に書いた《チェロ協奏曲》交響曲第9番《新世界より》など、チェコの民族性を生かしつつ、純粋な器楽曲として高い完成度も兼ね備えた数々の名作を残した。

北欧では、ノルウェーの**グリーグ**[6]、フィンランドの**シベリウス**[7]が、国民楽派の代表的な作曲家として名高い。彼らの音楽は、雪に覆われた北欧の森や湖の情景をほうふつとさせる響きを特徴とする。グリーグは《ピアノ協奏曲イ短調》や付随音楽《ペール・

グリーグ　シベリウス

ギュント》、シベリウスは《交響曲第2番》や《ヴァイオリン協奏曲二短調》、フィンランドの民族叙事詩『カレワラ』を題材とする組曲《レンミンカイネン》、交響詩《フィンランディア》といった代表作で知られる。とりわけ《フィンランディア》は、ロシアの圧政に立ち向かう民衆を鼓舞する意図で書かれており、フィンランドの第二の国歌として親しまれている。その他に、デンマークの**ニールセン**[8]も北欧の国民楽派を代表する作曲家として知られる。

聴いておきたい名曲

交響詩〈ヴルタヴァ（モルダウ）〉　スメタナ 作曲

スメタナの祖国であるチェコは、16世紀半ば以降ハプスブルク家の支配下にあり、オーストリア、ドイツの文化が共存したが、後者が常に抑圧される状況にあった。19世紀にヨーロッパに広がった民族独立運動の流れの中で、人々はチェコが国家として独立することを切望するようになった。こうした独立精神や愛国心を音楽上で表現すべく、スメタナが1874年に作曲したのが、連作交響詩《我が祖国》である。

作品はチェコの自然や伝説、歴史に基づく6曲の交響詩で構成され、その第2曲にあたる〈ヴルタヴァ〉では、ヴルタヴァ川の情景を通じて祖国の姿が描写される。まずは川の源流を表現するモティーフ（譜例1）が登場した後、ヴルタヴァを表す有名な旋律（譜例2）が奏でられる。

譜例1

譜例2

6　エドヴァルド・グリーグ（1843-1907）ノルウェーの作曲家。ドイツのライプツィヒ音楽院で学び、ピアニストとしても活動した。
7　ジャン・シベリウス（1865-1957）フィンランドの作曲家。ヘルシンキ音楽院でヴァイオリンと作曲を学び、1892年に初演した《クッレルヴォ》で大成功を収め、作曲家としてのデビューを飾った。
8　カール・ニールセン（1865-1931）デンマークの作曲家。コペンハーゲン音楽院で学び、6曲の交響曲などを残した。

続いて、川の流れに沿った周囲の情景が、森での狩猟（譜例3）、農民の結婚式（譜例4）、水の精の踊り、聖ヨハネの急流、ビシェフラト（プラハにある、かつてチェコ人の王たちの城が築かれていた丘）の順で描かれる。

譜例3

譜例4

聴いておきたい名曲

交響曲第9番 ホ短調《新世界より》
ドヴォルジャーク 作曲

この作品は、ドヴォルジャークが音楽院の院長としてニューヨークに滞在していた期間に作曲された。黒人霊歌やネイティヴ・アメリカンの民謡に刺激を受け、それらと故郷ボヘミアの音楽との共通点に郷愁を感じた彼は、"新世界"アメリカから懐かしいボヘミアへのメッセージという意味を込めてこの交響曲を世に送った。民族音楽風の親しみやすい旋律がふんだんに盛り込まれ、世界中で愛されている。

（▶p.151「アメリカの歴史」）

ドヴォルジャークの《新世界より》が初演されたニューヨークのカーネギー・ホール

第2楽章
イングリッシュホルンによるしみじみとした主題が広く知られている。この主題は、日本では「遠き山に日は落ちて」の歌詞で愛唱されている。

第4楽章
ホルンとトランペットによる勇壮な第1主題が展開される力強い楽章。

ベドルジフ・スメタナ（1824-1884） チェコの作曲家。「チェコ国民楽派」の創始者といわれる。長年ハプスブルク家の支配によって抑圧されてきたチェコで、少年時代から強い民族意識をもっていた。スウェーデンで指揮者として活動した後プラハに戻り、チェコの民族的題材によるオペラや、チェコの歴史や風景に基づく標題的な交響詩などを作曲した。
作品 弦楽四重奏曲第1番《わが生涯より》、オペラ《売られた花嫁》

アントニーン・ドヴォルジャーク（1841-1904） チェコの作曲家。スメタナとともに「チェコ国民楽派」を代表する人物。ブラームスに認められてベルリンで作品が出版され、国外にも名が広まった。その後もプラハにとどまり、古典的形式にボヘミアの要素を盛り込んだ作品をつくる。後年ニューヨークに招かれ、黒人霊歌やアメリカ先住民の音楽などを織り込んだ名曲を生んだ。
作品 交響曲第8番、チェロ協奏曲、弦楽四重奏曲第12番《アメリカ》

バレエ音楽の確立

バレエの起源は、ルネサンス時代の西ヨーロッパに遡る。バレエがとりわけ発展したのは宮廷においてであり、17世紀のフランスでは、熱心な舞踏家でもあった**ルイ14世**（●p.61）がバレエの創作に力を注いだ。彼の「太陽王」という異名も、《夜のバレエ》で太陽神アポロンの役を踊ったことに由来する。彼は1661年に王立舞踏アカデミーを設立して、プロの舞踏家を養成するなど、バレエをヨーロッパに広めるのに貢献した。

19世紀に入ると、バレエも**ロマン主義**運動の影響を受け、題材はギリシア神話から、ファンタスティックな物語へと移行した。それまでは男性が中心的な役割を演じていたが、この時期になると女性のバレリーナが主役に据えられるようになった。**ロマンティック・バレエ**の時代は、白いチュチュを身に着け、トウシューズを履いて踊るという、今日のバレリーナ衣装の原形を広めた作品《ラ・シルフィード》[1]で幕を開けた。その他、**アダン**[2]の《ジゼル》や、**ドリーブ**[3]の《コッペリア》は、フランスのロマンティック・バレエの代表作として、現在も主要なレパートリーとなっている。

やがて、バレエの中心地はフランスからロシアへと移る。まず**チャイコフスキー**が、「三大バレエ」と呼ばれる《白鳥の湖》《眠りの森の美女》《くるみ割り人形》を手がけた。これらの作品には、ウィーンを中心に流行した**ワルツ**をはじめ、**チャールダーシュ**[4]や**マズルカ**など、民族的な舞曲がちりばめられている。20世紀に入ってからは、**ディアギレフ**（●p.138）の率いる**バレエ・リュス（ロシアバレエ団）**が世界をリードした。このバレエ団は、**ストラヴィンスキー**の《春の祭典》（●p.138）など、時代の最先端を行く作曲家の作品をいくつも初演した。

《ラ・シルフィード》の初演でシルフィード役を踊ったマリー・タリオーニ

ピョートル・イリイチ・チャイコフスキー（1840-1893） ロシアの作曲家。サンクトペテルブルク音楽院で西欧の作曲法を学ぶ。ロシア五人組と同世代だが、彼の方向性は彼らとはやや異なり、ロシアの民族要素と西欧の語法をうまく折衷して洗練された叙情性あふれる楽曲をつくった。後半生は富裕な未亡人フォン・メック夫人の資金援助を受け、西欧とロシアを往復しながら創作を続けた。**作品** 交響曲第6番《悲愴》、ピアノ協奏曲第1番、ヴァイオリン協奏曲、序曲《1812年》、幻想序曲《ロメオとジュリエット》、弦楽セレナーデ、ピアノ曲集《四季》、オペラ《エフゲニー・オネーギン》

---

1 《ラ・シルフィード》は、パリオペラ座で1832年に初演されたバレエ作品。フィリッポ・タリオーニ（マリーの父）の振付、音楽はジャン・シュナイツホーファが担当した。
2 アドルフ・アダン（1803-1856）フランスの作曲家。パリ音楽院で学び、後に教授も務め、数多くのオペラやバレエ音楽を手がけた。
3 レオ・ドリーブ（1836-1891）フランスの作曲家。パリ音楽院でアダンに作曲を師事し、教会のオルガン奏者、パリ・オペラ座の合唱指揮者、パリ音楽院の作曲の教授などを歴任し、特に舞台音楽の分野に多くの作品を残した。
4 ハンガリーの民族舞踊、舞曲。村の居酒屋という意味の「チャールダ」を語源とする。音楽は2拍子で、テンポの遅い導入部と速い主部で構成される。

> 聴いておきたい名曲

バレエ音楽《白鳥の湖》 チャイコフスキー 作曲

チャイコフスキーの代表作であると同時に、今日ではバレエの代名詞とさえいえる《白鳥の湖》だが、初演は大失敗に終わり、彼の没後、著名な振付家プティパらの改変によって初めて成功を収めた。内容は、悪魔の呪いで白鳥の姿に変えられたオデット姫と、彼女を愛したジークフリート王子との恋物語である。演奏会用組曲としても広く親しまれている。

イングリッシュ・ナショナル・バレエ

〈情景〉 第2幕第10番

ハープのアルペッジョにのって、もの悲しくも美しい「白鳥の主題」がオーボエで演奏される。最も有名な曲であり、第2幕の最後にも演奏される。

〈白鳥たちの踊り〉から第4曲 第2幕第13番

4羽の白鳥が横一列に手をつなぎ合って踊る場面の曲。

フランス国民音楽協会

フランス革命後のフランスにおいて、音楽の中心的な担い手は、宮廷の王族や貴族階級から徐々に市民階級へと移っていった。**リュリ**が18世紀に基礎を築いた音楽悲劇の伝統を継承した**マイヤベーア**[1]が**グランド・オペラ**を確立させた一方、市民の間で特に親しまれたのは、同時代の喜歌劇に由来し、対話の部分で普通に話す台詞を用いる**オペラ・コミック**であった。フランス革命時のオペラ・コミックでは、音楽は新しい社会や政治の理念に従うべきとの要請から、圧政に立ち向かう英雄などが題材に取り上げられた。《セビーリャの理髪師》で成功した**ロッシーニ**の人気が、**王政復古**から**第三共和政**の時代にかけてのパリでのオペラの流行にさらなる拍車をかけた[2]。

その一方、管弦楽、合唱、室内楽などは軽視される傾向にあった。市民階級向けの**公開コンサート**も催されたが、盛んに演奏されていたのはモーツァル

---

1 ジャコモ・マイヤベーア（1791-1864）ドイツの作曲家。ベルリンとパリでオペラ作曲家として活躍し、壮大な舞台装置を駆使してバレエや合唱のシーンを多く取り入れたグランド・オペラのジャンルを確立。《悪魔のロベール》や《ユグノー教徒》といったオペラを残した。
2 ロッシーニの他、スポンティーニやケルビーニといったイタリア人作曲家のオペラも、19世紀前半のパリで人気を集めた。

トやベートーヴェンなど、ドイツ語圏の作曲家の音楽であった。また同じ頃、若い世代のピアノの名手が、ヴァイオリニストである**パガニーニ**の**ヴィルトゥオーソ**としての成功に触発されて続々登場し、パリの公開コンサートや私的なサロンで一世を風靡した。もっともその中心となったのは、**ショパン**や**リスト**といった東欧出身の演奏家で、1830年以降、外国からの影響が強まる一方となったフランスでは、優れたフランス音楽家は**ベルリオーズ**ただ1人といわれるほどであった。

こうした文化的劣勢にあったフランスは1870年、**プロイセン＝フランス（普仏）戦争**でビスマルク率いるプロイセンに敗れた。首都パリをプロイセン軍に占拠され、危機感を募らせたフランスの若い音楽家たちは、フランスの音楽文化の復興を叫んだ。諸外国からの借り物ではなく、自国の作曲家による質実ともに充実したフランス独自の国民音楽を創出する必要性を、彼らは強く感じていた。とりわけ、ドイツ音楽に匹敵するような器楽作品を生み出すことが重要な課題であった。

このような背景のもと、今日「フランス近代音楽の父」と呼ばれる**サン＝サーンス**を中心として、**フランク**[3]、**マスネ**[4]、**フォーレ**といった音楽家たちが1871年に設立したのが、**国民音楽協会**であった。この協会は、「自国の作曲家の音楽を！」というスローガンのもと、フランス人作曲家の創作活動を推進し、彼らの作品の演奏機会を増やすことを目的とした。戦争での敗北による愛国心の目覚めをきっかけに誕生した協会の活動や理念は人々の共感を呼び、フランス人作曲家の作品を中心にした演奏会のシリーズも企画され、管弦楽作品や室内楽作品が盛んに作曲されるようになった。

サン＝サーンスがパリのサル・プレイエルで開いたコンサート
国民音楽協会のコンサートはこのプレイエル社のサロンなどで開かれた。

カミーユ・サン＝サーンス（1835-1921） フランスの作曲家、ピアニスト、オルガニスト。3歳で作曲を始めた神童で、パリ音楽院に学び、弱冠22歳で栄誉あるマドレーヌ教会オルガニストとなる。作品では、組曲《動物の謝肉祭》が今日広く知られている。他にも古典的形式による大作をはじめ、あらゆるジャンルの楽曲を多数残している。博学多才かつ気難しく毒舌といった人柄も伝えられている。**作品** 交響曲第3番《オルガン付き》、オペラ《サムソンとデリラ》

ガブリエル・フォーレ（1845-1924） フランスの作曲家、オルガニスト。パリのニデルメイエール音楽学校で学ぶ。教会旋法を反映したニュアンスに富む旋律や、独特の転調を伴う美しい和声により、以後のフランス音楽に大きな影響を与えた。その進歩的な語法のため、広く評価を得るまでに時間を要したが、後年はパリ音楽院院長などの要職にも就いた。
作品《レクイエム》、管弦楽組曲《ペレアスとメリザンド》、歌曲《夢のあとに》

---

3 セザール・フランク（1822-1890）ベルギー生まれのフランスの作曲家、オルガニスト。彼のニ短調の交響曲は、すべての楽章で同一の主題を用いることで楽曲の統一性を図る循環形式の手法で書かれた典型例として知られる。
4 ジュール・マスネ（1842-1912）フランスの作曲家。《タイスの瞑想曲》で知られる。

イギリスの作曲家

パーセル（⏵p.64）を最後に、18世紀以降のイギリスは音楽の消費地としての性格を強める。活躍するのはもっぱら外国人音楽家ばかりで、めざましい成果を上げた自国出身の音楽家はいなかった。その後、この国がようやく世界的に名を知られるような音楽家を輩出するのは、19世紀後半になってのことである。

この長い低迷期を打開し、イギリス音楽再生のきっかけをつくったのが**エルガー**[1]である。彼はヨーロッパ大陸のロマン派音楽から影響を受けながらも、自国の文化や風景に曲の題材を求めた。変奏曲《エニグマ》で一躍有名になり、イギリス音楽界の頂点に立った。

エルガー

彼の作品の中で特に有名なのが《愛の挨拶》、そして行進曲《威風堂々第１番》である。日本では卒業式などでなじみのあるこの曲の原題は、"Pomp and Circumstance"という。この言葉はイギリスの劇作家**シェークスピア**の『オセロ』第３幕の「魂を打ち鳴らす太鼓、耳をつんざく笛の音、そして高貴な旗、栄光に輝く威風堂々たる戦い」という台詞に由来する。

イギリス国王**エドワード７世**はこの曲を聴き、中間部の旋律を絶賛して、「君のこの旋律はいずれ世界中に広まるだろう」と語り、これに歌詞を付けることをエルガーに勧めたという。後にエルガーはその言葉に従い、王の戴冠式のために、この旋律と**ベンソン**[2]の詩をもとにした《希望と栄光の国》を作曲した。この曲はイギリス第二の国歌として広く親しまれ、夏の大規模な音楽祭であるBBCプロムスの他、ラグビーやサッカーの試合などでも歌われている。

エルガーに次いで、イギリスを代表する作曲家として広く知られているのが、管弦楽組曲《惑星》の作曲者**ホルスト**[3]である。《惑星》は太陽系の７つの惑星を題材に、各惑星の性格やイメージを表現した楽曲で、とりわけ《木星》が有名である。

ホルスト

その他、ホルストはイギリス民謡や東洋的な題材を用いた作品、合唱曲や吹奏楽のための作品なども残している。

20世紀に生まれて活躍した作曲家には**ブリテン**[4]がいる。彼はオペラ《ピーター・グライムズ》によって、パーセル以来のイギリス・オペラの再興といわれるほどの大きな反響を呼び、世界的作曲家としての地位を築いた。

ブリテン

その他の作品には、《シンプル・シンフォニー》、《戦争レクイエム》、そして《青少年のための管弦楽入門》がある。この曲はオーケストラの各楽器の特性を知るための教育的作品で、パーセルの付随音楽《アブデラザール》からの主題がオーケストラの各楽器によって提示され、変奏されるという構成になっている。ブリテンはパーセルやエリザベス王朝期の音楽をはじめ、**モンテヴェルディ**や**バッハ**、**モーツァルト**などバロックから古典派の音楽も好んで聴いた。また、**ショスタコーヴィチ**や名チェロ奏者**ロストロポーヴィチ**と親交があったことも知られている。

1　エドワード・エルガー（1857-1934）イギリスの作曲家。上に挙げた曲に加え、《チェロ協奏曲》なども有名である。
2　アーサー・クリストファー・ベンソン（1862-1925）イギリスの詩人、エッセイスト。
3　グスターヴ・ホルスト（1874-1934）イギリスの作曲家。彼の作品の中では、弦楽合奏のために書かれた《セントポール組曲》や、２曲の《吹奏楽のための組曲》も広く親しまれている。
4　ベンジャミン・ブリテン（1913-1976）イギリスの作曲家、指揮者、ピアニスト。現代を代表するオペラ作曲家の一人に位置付けられる。

後期ロマン派と世紀末

19世紀後半から世紀末にかけて、**ロマン主義**芸術は、その非現実性という性質を極限まで高める表現を追求した。美を最高の価値として、ひたすら心を傾け陶酔するような**耽美主義**、道徳や健全な精神から離れる**退廃主義**といった傾向も顕著にみられるようになった。

音楽では、ロマン主義音楽の作曲技法の可能性を限界まで追求し尽くす試みが行われるようになる。和声や転調はどんどん複雑になり、やがては調の判別がつかない音階や和声が頻繁に使われ始め、調性自体が曖昧な音楽も登場した。例えば、ロシアの**スクリャービン**は**神秘思想**に傾倒して、神と人間の合一をテーマとする交響曲を作曲した。彼はドミソのような3度の音を重ねた和音ではなく、4度の音を重ねた複雑な響きの**神秘和音**（◐p.137）を多用した。この和音を用いることで、音楽は何調なのかが分からなくなり、伝統的な調性音楽からの離脱が進んだ。

可能性の追求という点では、楽曲の規模や編成の拡大も推し進められた。その動きはロマン派後期へ先駆け、1930年に初演された**ベルリオーズ**の《幻想交響曲》に既にみられる。5楽章構成であることに加え、管弦楽の編成や用法の拡大にも大きく成功し、後世に影響を与えた。イングリッシュ・ホルン、コルネット、オフィクレイド[1]（現在はチューバで代用されることが多い）、ハープなどが交響曲に新たに導入され、弓の木部で弦をたたくコル・レーニョ奏法といった新しい音色づくりも模索された。

こうした兆候は、ロマン派末期になるとさらに顕著となった。**ヴァーグナー**は、作品の上演時間の拡大はもちろん、多くの作品で4管[2]以上の編成を用いた。**リヒャルト・シュトラウス**はオペラ《サロメ》や《エレクトラ》で、それ以上のさらなる大編成を用いただけでなく、《アルプス交響曲》ではウィンドマシーン[3]やサンダーマシーン[4]を用いて、斬新な音響効果の開拓を進めた。**マーラー**は《交響曲第8番》で、オーケストラに加え、2つの混声合唱、少年合唱、8人の独唱者という、とてつもない大編成を実現した。この曲は演奏人数が1000人を超えることから、《千人の交響曲》と呼ばれる。マーラーの交響曲はまた、甘美な旋律や牧歌的な響きが聞こえたかと思うと、突然大規模なオーケストラが人類の危機を暗示するかのように破壊的な響きと喧騒をとどろかせるといった、古典的な均整を欠く非連続的な構造を特徴とした。こうした特徴は、世紀末芸術の典型例といえる。

しかしその一方、この時期にあっても前衛的な方向へは進まず、最後までロマン主義の伝統の中で音楽活動を続けた音楽家もいた。それが《ピアノ協奏曲第2番》で有名な**ラフマニノフ**である。彼は**後期ロマン派**の作風を貫いた作曲家としてだけでなく、その極めて大きな手を生かして、ピアノの**ヴィルトゥオーソ**としても活躍した。しかし、20世紀が進むにつれ、西洋の芸術音楽は完全にロマン主義の世界から脱することとなる。作曲家は革新的な作品の創造を追求し、演奏家は過去の作品を中心に演奏するというように、作曲家と演奏家の分業が進んだ。それゆえラフマニノフは、自分で作曲して演奏も行うタイプの最後の音楽家であったといわれている。

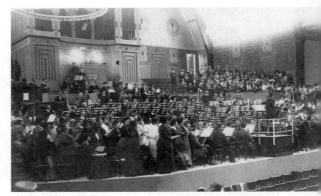

マーラーの指揮する《千人の交響曲》初演のリハーサルの様子
（ミュンヘン、1910年）

---

1 19世紀にフランスで考案され、管弦楽や軍楽で用いられた低音の金管楽器。
2 4管編成では、フルート、オーボエ、クラリネット、ファゴットの各セクションが4名、ホルン4〜8名、トランペット、トロンボーンが各3〜4名、チューバ1〜2名、ティンパニなどの打楽器約7名、弦楽器が5部で、総勢100名ほどのオーケストラとなる。
3 風のような音を出す楽器。
4 雷鳴のような音を出す楽器。

グスタフ・マーラー（1860-1911）ボヘミア（現在のチェコ）生まれ。オーストリアの作曲家、指揮者。ウィーン音楽院で学ぶ。ウィーン宮廷歌劇場など各地の歌劇場で指揮者や芸術監督を務めながら、作曲家として主に交響曲と歌曲を創作した。交響曲は構造や楽器編成が非常に大規模でしばしば声楽を含む。一方、歌曲には管弦楽伴奏が付いており、交響曲と歌曲との密接な結び付きが特徴である。**作品** 交響曲第2番《復活》、《大地の歌》、連作歌曲集《さすらう若人の歌》

リヒャルト・シュトラウス（1864-1949）ドイツの作曲家、指揮者。指揮者のビューローに認められ、各地の歌劇場の指揮者を歴任した。創作面ではリストやヴァーグナーの影響が色濃い交響詩で成功を収めた後、オペラ《エレクトラ》などで前衛的な方向を示す。しかしすぐに後期ロマン派の作風へ戻り、20世紀の様式としては保守的だが今日まで愛される多くの作品を残した。**作品** 交響詩《ドン・ファン》、オペラ《ばらの騎士》

セルゲイ・ラフマニノフ（1873-1943）ロシアの作曲家、ピアニスト、指揮者。モスクワ音楽院ピアノ科及び作曲科卒業。音楽史上でも屈指のピアニストといわれ、ロシア的哀愁と情熱に満ちた重厚な自身の作品を自ら演奏した。ロシア、ヨーロッパ、アメリカで活動した後、1917年のロシア革命を機にアメリカへ移住。多くの作曲家が革新的な音楽を試みた時代にあって、最後まで後期ロマン派の様式を貫いた。**作品** ピアノ協奏曲第3番、パガニーニの主題による狂詩曲、《幻想的小品集》op.3 から第2曲〈前奏曲〉、歌曲集《14の歌》

聴いておきたい名曲

交響曲第1番 ニ長調《巨人》 マーラー 作曲

マーラーの青春の情熱や悩みが投影された作品であり、彼の一連の交響曲の中では比較的短く明快で親しみやすい。声楽はまだ導入されていないが、すでに4管の大編成となっている。愛読書のジャン・パウルの小説から取られた《巨人》という標題は、改訂の際に作曲者本人によって撤回されたが、通称として使われることも多い。同時期に作曲された連作歌曲集《さすらう若人の歌》や民謡の旋律が取り入れられ、歌謡的性格の強い交響曲となっている。

《交響曲第1番》の初演後に雑誌に掲載された風刺画
管楽器のけたたましい大音響や、ドイツでは有名な子ども向けのパロディー画『狩人の葬送』（森の動物たちが狩人の棺に付き添って行進していく様子を描いている）から着想を得たという音楽の破天荒ぶりを揶揄している。

第1楽章
　広大な自然を思わせる序奏では、カッコウの鳴き声を模した4度下の動機が響き、この動機からチェロの若々しい第1主題（譜例）が導かれる。第1主題は《さすらう若人の歌》の第2曲〈野辺を歩けば〉に基づいている。

第3楽章
　ティンパニの重い足取りの4度下降の音型にのせ、コントラバスの独奏によって民謡《フレール・ジャック》の旋律が短調で不気味に演奏される。改訂以前の解説には「カロ風の葬送行進曲」とあり、『狩人の葬送』というパロディー画から着想を得たと記されている。

象徴主義・印象主義の音楽

　象徴主義とは、19世紀後半から20世紀初頭にかけて、**自然主義**や**客観主義**、**リアリズム**などに対する反動として興った芸術運動である。外界を写実的に描写するのではなく、象徴的な表現を用いて人間の主観的な内面の世界を描くことを重視する。

　この運動の中心となったのがフランスの詩人たちであり、隠喩や連想などを利用した暗示的な表現の詩を世に送り出した。こうした象徴主義の詩人たちに共鳴し、深く関わり合った作曲家が**ドビュッシー**である。10歳でパリ音楽院に入学した彼は、若い頃はヴァーグナーの音楽に傾倒し、1889年のパリ万国博覧会では、インドネシア・ジャワのガムラン音楽に触れる機会を得た。こうした経験が、調性音楽からの脱却への道のりを準備し、彼は調性音楽の長・短音階から一歩先の世界へと踏み出して、**全音音階**や**教会旋法**（▶p.23）などを採用する。さらに、3連符や5連符のような浮遊感のあるリズム、調の判別がつきにくい和音を多用することにより、どこか輪郭のはっきりしない、曖昧で「象徴的な」音楽表現を獲得するに至った。

　こうした音楽表現は、象徴主義の詩人たちが描く詩的世界にぴったりとはまり、ドビュッシーは彼らの詩に触発されて、優れた音楽作品を生み出すことになる。例えば《牧神の午後への前奏曲》は、象徴主義の代表的な詩人であり、当時一世を風靡していた**マラルメ**[1]が1876年に出版した詩『半獣神（牧神）の午後』のために書かれた作品である。また、1902年に初演されたドビュッシー唯一のオペラ《ペレアスとメリザンド》も、象徴主義の詩人**メーテルリンク**[2]の戯曲に基づいて創作されたものである。

　ドビュッシーの作品は象徴主義だけでなく、同時代に同じくフランスで流行した**印象主義**（▶p.140）の絵画と結び付けられることも多い。印象主義の画家たちの作品は、対象を写実的に、かつ輪郭を鮮明に描くことを避けるという点では象徴主義と方向性が一致していた。もっとも彼らは、人間の内面というより自然や風景などの外的な対象をモティーフとし、それらの放つ光や大気の揺らぎを表現することを目指した。同じようにドビュッシーも、雨や花火、月光など自然を題材とする作品を多く書いており、色彩的な音色でそうした揺らぎを表現している。こうした印象主義的な態度はまた、オーケストラのもつ多様な音色を生かした色彩的な音楽表現を得意とした**レスピーギ**[3]の作品にも見受けられる。とりわけ、『ローマ三部作』と呼ばれる交響詩《ローマの松》《ローマの噴水》《ローマの祭》は、彼の代表作として広く知られている。

聴いておきたい名曲

牧神の午後への前奏曲　ドビュッシー 作曲

　ドビュッシーは1892年、マラルメの詩『半獣神（牧神）の午後』の音楽作品化を決意し、その2年後にこの前奏曲を完成させた。長・短音階から解放された旋律、主題をモザイクのように配置して曲想をデリケートに変化させていく手法、拍節にとらわれないリズムなど、まさにドビュッシーらしい独自の音楽様式が打ち出された初の作品として名高い。この作品によってドビュッシーは一躍注目を集め、名実ともに作曲家としての活動を開始した。

1　ステファヌ・マラルメ（1842-1898）フランスの詩人。ボードレールの影響を受けて詩作を始めた。
2　モーリス・メーテルリンク（1862-1949）ベルギーの詩人、劇作家。1911年にノーベル文学賞を受賞。
3　オットリーノ・レスピーギ（1879-1936）イタリアの作曲家。リムスキー＝コルサコフに作曲を師事し、リヒャルト・シュトラウスからも影響を受け、優れた管弦楽法を駆使した作品を書いた。古典音楽の復興にも携わり、教会旋法を導入した作品などを残した。

冒頭

フルートの独奏が、夢心地へといざなうような主題を提示する。

画家バクストによる牧神の衣装デザイン
《牧神の午後への前奏曲》は、1912年にニジンスキーの振り付けでバレエ・リュスにより上演された。

ジャポニスムと音楽

　19世紀の世紀末、西洋世界は自らの社会や文化に行き詰まりや不安感を覚えていた。この時代の文化人や芸術家たちはそうした閉塞感から脱却すべく、西洋以外の文化に自らの文化を再生させるための刺激や活力を求めた。こうして、19世紀後半から20世紀初頭にかけて、**異国趣味**（エキゾティシズム）が欧米を席巻することになる。

　こうした動きの一つに、日本の文化を熱心に愛好する**ジャポニスム**がある。日本が長きにわたる鎖国を終え、開国したことをきっかけに日本の芸術作品が欧米諸国に持ち出されたり、万国博覧会をはじめとする展覧会で浮世絵や陶器、漆製品などが広く紹介されたりしたことで、ジャポニスムの機運が高まった。その傾向は美術の世界でとりわけ顕著であり、例えば**マネ**[1]の『エミール・ゾラの肖像』や、**ゴッホ**[2]の『タンギー爺さん』といった絵画には、浮世絵が描かれている。

　音楽の世界においては、アリア〈ある晴れた日に〉で知られる**プッチーニ**のオペラ《蝶々夫人》が、日本を題材とした代表作である。このオペラは長崎を舞台に、アメリカの海軍士官ピンカートンと、日本人の娘である蝶々が結婚するものの、最後に蝶々が裏切られて自害するという物語を展開する。こうしたストーリーにはヨーロッパのアジア人に対する差別的な偏見（オリエンタリズム）が潜んでいることを忘れてはいけないだろう。その他には、ジャポニスムがとりわけ盛んであったフランスで、日本文化を扱った作品がこの時代に盛んに生み出された。例えば、**サン＝サーンス**のオペラ《黄色の王女》ではジャポニスムに傾倒した男性が描かれ、1905年にパリで出版された**ドビュッシー**の《海》の楽譜の表紙には、**葛飾北斎**[3]の『富嶽三十六景』の「神奈川沖浪裏」に似た絵柄が使用された。

ドビュッシーの《海》の初版の表紙（1905年）

クロード・ドビュッシー（1862-1918） フランスの作曲家。伝統的な和声法にとらわれることなく、音色に対する自らの感覚に導かれつつ作曲の筆を進めた。調性音楽が飽和した時代にあって、新たな音の世界を切り開くのに大きく貢献した。19世紀末から20世紀にかけてパリを拠点に活動した彼は、象徴主義の詩人たちとの交流や、パリ万国博覧会における東南アジア音楽との出会いなどにも刺激を受けつつ、独特の色合いをもつ作品を生み出していった。
作品 交響詩《海》、ピアノ曲《ベルガマスク組曲》《映像》《前奏曲集》（全2巻）

---

1 エドゥアール・マネ（1832-1883）フランスの画家。印象主義を代表する人物の一人。代表作は『草上の昼食』『オランピア』など。
2 フィンセント・ファン・ゴッホ（1853-1890）オランダの画家。『ひまわり』や『星月夜』といった数々の名作で知られる。
3 葛飾北斎（1760-1849）日本の江戸時代後期の浮世絵師。代表作は『富嶽三十六景』『北斎漫画』など。

知っておきたい音楽用語

トリスタン和音

　和声法の拡大はロマン派の初期からはっきりと現れていた。主調からかなり離れた遠隔調への転調が行われたり、転調の手段として半音階的進行が多用されたり、異名同音的な転調も行われた。そこで用いられた和音は、転調先の和音を借りてくる借用和音、変化和音（増和音[1]）、減七の和音（ p.137）などであったが、特に減七の和音は、構成音すべてが導音になることができるため、多彩な転調を可能にし、ロマン派の作曲家に好んで用いられた。

　このような和音を多用すると、古典派時代の和声法とは異なり、調の確立が曖昧になり、浮遊的な調性感がもたらされることになる。長調と短調の間を漂うようなこの和声法は、ロマン派の作曲家が求める音楽表現を生み出すのに適していた。

　このような表現方法の典型例が、ヴァーグナーの楽劇《トリスタンとイゾルデ》の前奏曲から第1幕にかけて使用された**トリスタン和音**である。譜例の2小節目の和音がトリスタン和音にあたる。本来この和音は3小節目のイ短調の属七の和音へ進む属七の和音、つまりドッペルドミナント[2]と考えられる（属調ホ短調の属七の和音で、嬰ヘ、ロ、嬰二、イからなる和音）。しかしヴァーグナーは、この和音の第5音である嬰ヘ音を半音下げてヘ音とし（バスの音）、第7音のイ音は長い倚音[3]である嬰ト音によって導かれている。譜例で示しているように、このようなトリスタン和音を用いることで、ほとんどすべての声部が半音階的な進行となる。

　さらに3小節目のイ短調の属七の和音は、主和音に解決してイ短調を確立させることなく、音楽はハ短調の属七の和音へ進んでいく。このように繰り返される主調の確立の回避は、この楽劇の主題であるトリスタンとイゾルデの添い遂げられない愛を暗示した（「憧憬のライトモティーフ」と呼ばれる）。一方で、この和音が生みだす調性感の希薄な和声は、ロマン派の調性と機能的和声法の体系の危機をもたらし、その後、調性はしだいに崩壊していくことになった。ヴァーグナーの推し進めた半音階的進行に伴う音楽表現は、彼以後のドイツ語圏の作曲家に大きな影響を与えた。

譜例　ヴァーグナー　作曲　楽劇《トリスタンとイゾルデ》　第1幕への前奏曲

トリスタン和音の解釈の一例

1 　和音を構成する最低音と最高音の間が増音程となる和音のこと。最も多くみられるのは増三和音で、その他に増六の和音などがある。増六の和音で増6度を形成する2音は、次の和音への半音進行を導き出し、転調和音への導音的進行が強調される。
2 　2重のドミナントの意味。すなわち、ある調の属音に対して属和音の関係になる和音のこと。転調の契機としてよく使われる和音である。
3 　和音構成音に隣接する非和声音が、強拍部に置かれた音。一時的に不協和の状態になり、その後の弱拍部で2度下行または上行して和音構成音に解決する。

ドビュッシーの和声

ヴァーグナーとは異なった方法で、**調性からの逸脱**を実現した作曲家がいる。それは**ドビュッシー**である。彼は音楽史において、象徴主義・印象主義の作曲家として論じられるが、彼の作曲手法そのものは伝統的規範から大きく逸脱した独自の方法であった。例えば、教会旋法（⊙p.23）、5音音階、全音音階といった長・短調とは異なる音組織の使用の他に、特に全音音階から生じる増三和音の多用、さらに従来の和声学の規則から逸脱した平行和音の使用などは彼独自の手法である。このような手法は、旋律の輪郭をぼかし、繊細で色彩に富む響きを生み出し、20世紀の音楽家に大きな影響を与えた。

例として、ドビュッシーの《前奏曲集 第1巻》の第2曲〈帆〉を調べてみよう。譜例1は、〈帆〉の冒頭のフレーズである。このフレーズで使われている音をすべて書き出してみると、譜例2のような6つの音からできていることが分かる。この音階は、すべて全音の関係からできている。このような音階を全音音階という。全音音階を弾いてみると、長調でもなく短調でもなく、また5音音階とも趣の異なる響きがする。

全音音階からは、譜例2で示すように、2つの増三和音をつくることができる。譜例3ではこれら増三和音を使って、冒頭のフレーズに和音付けしている。この曲では、旋律もそれを支える和音も、すべて全音音階がもつ響きでつくられているのである。

譜例1　ドビュッシー 作曲　〈帆〉
　　　　冒頭のフレーズ

譜例3　〈帆〉の15〜16小節
　　　　伴奏に増三和音が使われている。

譜例2　〈帆〉で使われている全音音階（全音のみの関係からなる音階）
　　　　この全音音階からは2つの増三和音をつくることができる。

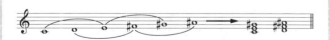

時代を先取りした作曲家サティ

サティ[1]は、音楽の新しい姿を先取りした作曲家だった。後のドビュッシーやラヴェルに代表される印象主義や絵画的な作風の特徴をいち早く提示したために、同時代の保守的な立場の人からは「変わり者」扱いされることもあった。しかし彼の作品には、教会旋法の使用、和声進行の伝統からの逸脱、平行和音の使用などがみられ、極めて革新的であった。

サティ

彼の作風はほぼ10年ごとにその特徴が変化した。1880年代を代表する作品として、ピアノ曲《3つのジムノペディ》を挙げることができる。88年に作曲された〈第1番〉では、付点2分音符と2分音符の単純な組み合わせからなる伴奏音形が一貫して繰り返され、その上で単旋律のメロディーが奏でられる。そのメロディーは、どこか漂うような雰囲気で決して主張をするものではない。属和音の不在がこのような曲の雰囲気をつくり出している。ピアノ曲《グノシエンヌ》も同様の傾向をもつ作品である。この頃の特徴の一つとして、小節線を取り外した自由な形式のピアノ曲があり、それは「薔薇十字会」のための作品にみられる。

1890年代になると、当時モンマルトルで有名だったキャバレー「ル・シャ・ノワール（黒猫）」などでピアニスト、シャンソン作曲家として活躍した。この時期の作品で最もよく知られているのは、《梨の形をした3つの小品》である。この曲はサティらしい小品であるが、古典的な形式を考慮した作品となっている。

そして1900年代は、スコラ・カントルム（フランスの名門私立音楽院）の学生になり、対位法、フーガ、管弦楽法を学び直した時期である。サティの作品にすぐさまこれら学習の成果が表れることはなかったが、この時期はユーモラスなピアノ作品を多く書いている。《スポーツと気晴らし》は、シャルル・マルタンの挿絵入りで出版された。この曲には調号は付けられておらず、臨時記号によって、変化音が示されてい

ジムノペディ第1番　サティ 作曲

---

[1] エリック・サティ（1866-1925）　フランスの作曲家、ピアニスト。ドビュッシーや後の前衛音楽に大きな影響を与えた。代表作は、ピアノ曲《ヴェクサシオン》《官僚的なソナチネ》、バレエ《本日休演》の幕間映画のための音楽など。

る。またこの曲集でも小節線や終止線を省いている。

　1910年代以降は、以前にまして多彩な作品を書き、サティの充実期の作品が生み出された。**バレエ・リュス**の委嘱によって17年につくられたバレエ曲《パラード》は、台本は**コクトー**（▶p.141）、舞台装置と衣装はピカソ、振り付けはマシーンといった当時の前衛芸術家による作品であった。この作品は同時代のフランス音楽の印象主義とは異なった方向性を示すものであった。20年代の晩年の《家具の音楽》では、サティは意識的に聴かれない音楽という実験的なコンサートを行った。これはケージ（▶p.166）などの音楽思想につながる側面をもつといえる。

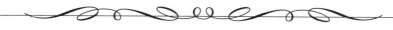

まとめと今後の勉強のために

　フランス革命とナポレオン戦争後のヨーロッパは保守的な政治に支配され、1848年の「二月（三月）革命」後は、ドイツやイタリアの統一や東欧諸国での民族意識の高まりなど、国民国家の成立と繁栄が顕著となった。ヨーロッパ列強のこうした繁栄と帝国主義化が、やがて第一次世界大戦を誘発してしまう。

　音楽もまた、1848年の革命の前後でその姿を変える。革命前は小市民的、家庭的な文化が好まれ、ロマン主義音楽のメルヘン的で夢想的な性格が強調される。これに対して革命後は、ヴァーグナーやヴェルディのオペラに象徴されるように、荘厳な音楽が好まれ、民族主義の高まりは民族音楽への関心を高めた。

　また19世紀初頭までに宮廷で楽団が廃止されるなどして職を失った音楽家たちは都市に出て、音楽学校の教員になり、自分たちでオーケストラを組織した。都市における音楽活動の充実がこの時代を特徴付けている。

　日本は明治時代になって積極的にヨーロッパ音楽を受容していくが、それは19世紀後半の音楽であった。バロックや古典派の音楽をほとんど知らない当時の日本人は、ロマン派の壮麗な音楽を大きな驚きと畏怖をもって受け入れたであろう。クラシック音楽に対する今日の我々のイメージも、このような経験に発するものである。ロマン派以前の音楽を聴くことの意味も、ここにあるように思われる。シューベルトもブラームスも決して突然に登場したのではなく―明治の日本人にとっては突然登場したわけであるが―、音楽の長い歴史の延長に位置していることを理解してほしい。実際、音楽の核となる大枠のジャンルは古典派とロマン派ではほぼ共通しており、その中で時代とともに音楽の表現の仕方や聴き方が変化しているのである。このような観点から両時代の音楽を比較してみるのも大切であろう。

20～21世紀（現代）

■時代と社会

　19世紀後半、ヨーロッパの先進資本主義国、とりわけイギリス、フランス、ドイツ、遅れてロシア、アメリカ、日本などでは重化学工業や経済活動が発達した。これらの国々は資源獲得や資本投資のために、アジアやアフリカに植民地を開拓し、勢力拡大を求め、やがて利害関係によって連携しては、ときに対立した。他方、国内では大衆消費社会が誕生し、経済のみならず、文化も大いに飛躍した。

　イギリス、フランス、ロシアが**三国協商**を、ドイツはオーストリア、イタリアと**三国同盟**を結成した。イギリス・ロシアとドイツは海外進出をめぐって対立したが、とりわけロシアが早くから進出していたバルカン半島では、オーストリアとの対立も深刻化し、この半島は「ヨーロッパの火薬庫」と呼ばれた。

　1914年、ボスニアでオーストリア皇太子夫妻がセルビア人青年に暗殺されると、オーストリアがドイツの支持を得てセルビアに宣戦布告した。これが協商国側と同盟国側の対立へと発展し、**第一次世界大戦**となった。大戦中の17年には**ロシア革命**が起こり、5年後の**ソ連政権**の誕生につながった。ドイツでも**ドイツ革命**が起こり、大戦は18年、同盟国側の敗北で終わった。ロシアで**社会主義**国家が誕生し、オスマン帝国やオーストリア＝ハンガリー帝国のような多民族国家が解体され、民族主義の興隆の影響下に、**国民国家**が誕生するなど、20世紀を特徴付ける出来事となった。

　敗戦後のドイツには民主的な**ヴァイマル共和国**が誕生したが、多額の賠償金が課せられ、29年の**世界恐慌**が**ナチス政権**を誕生させた。戦後体制の破壊をもくろむナチス・ドイツは38年にオーストリアなどを併合・保護国化し、その翌年ポーランドに侵攻する。これによって**第二次世界大戦**が勃発した。ドイツはイタリア、日本と同盟を結び、イギリス、フランス、アメリカ、ソ連の連合国側と戦った。ドイツは一時期フランスを占領し、日本も東アジアや南太平洋で領土を拡大したが、42年以降は連合国側が優勢となり、翌年イタリアが、45年にはドイツと日本が降伏した。

　大戦後は、アメリカを中心とする**資本主義**国

©2024 - Succession Pablo Picasso - BCF (JAPAN)

『**ゲルニカ**』（ピカソの油彩画、1937年）
1937年にドイツ空軍がスペイン北部の小さな町ゲルニカを無差別爆撃し、多くの一般市民が犠牲になったことへの抗議として、ピカソはこの巨大な絵を描いた。近代兵器による戦争の惨状を表現したこの絵は、20世紀を象徴する絵画ともいわれる。

とソ連を中心とする**共産主義**国の対立が顕著となり、「**冷戦**」の時代を迎えた。他方、**朝鮮戦争**や**ベトナム戦争**など、「熱い戦争」も各地で勃発した。しかしソ連は経済的に停滞し、膨大な軍事費に窮するようになり、89年にはアメリカとソ連は冷戦の終結を宣言した。これを機に、**ベルリンの壁が開放**されるなど、東ヨーロッパの社会主義国が崩壊し、民主化の道を歩んだ他、**ソ連も解体**し、東西ドイツは統合された。

ヨーロッパでは93年に**EU**が設立され、アメリカと並ぶ世界経済の中心的勢力となった。しかし2001年にアメリカ**同時多発テロ事件**が起こるなど、キリスト教世界とイスラーム教世界の対立が深刻化した。03年には**イラク戦争**が起

こり、さらに14年には**IS**が国家の枠を超えて勢力を伸張させ、中東や西アジアの不安定要因になっている。

また第二次世界大戦後は科学技術がめざましく進歩した。とりわけコンピュータとインターネットの発達は世界をグローバル化し、2008年の**リーマンショック**にみられるように、一国の経済不安が世界中に影響を与えた。

2020年には新型コロナウイルス感染症(COVID-19)が世界中に伝播した「コロナ・パンデミック」も、グローバル化した世界の状況を反映した。さらに22年ロシアが隣国ウクライナに軍事侵攻したことで、再び世界大戦の恐怖に世界は瀕(ひん)している。

■音楽史の流れ

20世紀は戦争の世紀だといわれる。戦争や革命、冷戦とその終結後の世界的混乱は、音楽にも大きな影響を与えた。20世紀以後の音楽の歴史が、こうした世界的な出来事を節目として時代区分されるのも、偶然ではない。

第一次世界大戦までは、前世紀のロマン主義の延長あるいは円熟として、**表現主義**の音楽、**無調音楽**と**12音技法**の音楽、さらに**原始主義**の音楽が誕生する。そして両大戦間のドイツでは、**ヴァイマル文化**を飾る大衆音楽が、フランスでは**新古典主義**的音楽が創作された。また東欧圏では**民族主義**的音楽が生まれ、ソ連では**社会主義リアリズム**を標榜(ひょうぼう)する音楽が称賛された。

第二次世界大戦中、ドイツはユダヤ人を迫害

し、それを逃れた優秀なユダヤ人音楽家はアメリカや日本に亡命した。そして大戦後のアメリカでは、**亡命文化**がさまざまな分野で開花することになる。

第二次世界大戦後は技術革新が進み、**電子音響機器**の発達によって、**ミュジック・コンクレート**、**電子音楽**、さらに**コンピュータ音楽**を生み出した。また12音技法から発達した**トータル・セリー**では、精緻な音楽が追求されたが、**偶然性・不確定性**の音楽や叙情性を強調する**新ロマン主義**の音楽が対抗した。また環境音を素材にした**サウンドスケープ**をはじめ、さまざまな音楽技法が追求された。さらに近年のインターネットの発達によって、音楽の創作や受容の仕方も大きく変化しつつある。

表現主義の音楽

フランスの**象徴主義・印象主義**（▶p.128）に対抗するかのように、20世紀初頭のドイツやオーストリアでは、人間の内面に表現のよりどころを求めるようになった。後期ロマン主義の表現を究極まで突き詰めて、自己の主観的、叙情的な内面表現を追求す

る芸術運動が展開された。この動向は**表現主義**と呼ばれ、ドレスデンで結成された画家のグループ「ブリュッケ（橋）」の活動によって鮮明に打ち出された。美術界では、「ミュンヘン新芸術家協会」「ブラウエ・ライター（青騎士）」の運動に引き継がれ、文学の分

野にも広まった。

音楽におけるこのような表現主義の傾向は、**シェーンベルク、ベルク、ヴェーベルン**による**新ウィーン楽派**の1910年から20年代前半までの活動に最も顕著にみられる。同時期の他の作曲家、**スクリャービン、R.シュトラウス、ヒンデミット**らの一部の作品にも同じ傾向が指摘できる。表現主義音楽の特徴は、無調であること、古典的な響きやリズムの均衡を欠いていること、増4度、長7度、短9度といった尖鋭(せんえい)な印象を与える音程進行、不安定な旋律、場合によっては無主題性、音の強弱の極端な交替などである。その代表作としては、シェーンベルクの連作歌曲集《月に憑かれたピエロ》、モノオペラ《期待》、ベルクのオペラ《ヴォツェック》、ヴェーベルンの《弦楽四重奏のための6つのバガテル》などが挙げられる。

シェーンベルクは抽象絵画の創始者として知られるカンディンスキーと親交をもち、自身も画家として「ブラウエ・ライター」の活動に参加した。文学や美術と積極的に関わり、相互に直接影響し合ったという意味では、音楽における表現主義は他の芸術ジャンルに追随するように生じた「新古典主義」や「印象主義」とは異なり、より本質的で独自の音楽表現を追求したといえる。

『印象III(コンサート)』(カンディンスキーの油彩画、1911年)
この絵は、カンディンスキーがコンサートでシェーンベルクの無調音楽を聴いた印象を表現したものだといわれる。(▶口絵4)

アルノルト・シェーンベルク(1874-1951) オーストリア、ドイツで活躍した作曲家。作曲の勉強は、一時期ツェムリンスキーに対位法を習った他は、ほとんど独学であった。当初は後期ロマン主義的な作品を書いていたが、徐々に無調の傾向が強くなる。1908年頃に作曲した《弦楽四重奏曲第2番》や歌曲集《架空庭園の書》で完全に無調の作品を書くようになった。21年以降は、彼によって創案された12音技法による一連の作品を発表した。33年にはアメリカへ亡命した。**作品** 連作歌曲集《月に憑かれたピエロ》、《ワルシャワの生き残り》

アントン・ヴェーベルン(1883-1945) オーストリアの作曲家。シェーンベルクに師事し、ベルクとともに新ウィーン楽派の中心的人物であった。彼の作品は12音技法を用いているが、シェーンベルクとは異なり、作品において主題を展開するという考え方が捨てられ、点描的な書法で作品を書いた。彼が目指した音楽の方向は、戦後の現代音楽の出発点となり、続く作曲家に大きな影響を与えた。**作品**《4つの歌》op.13、《3つの宗教的民謡》op.17

アルバン・ベルク(1885-1935) オーストリアの作曲家。ヴェーベルンと同じくシェーンベルクに師事し、新ウィーン楽派の中心的人物の一人であった。シェーンベルクやヴェーベルンと比べて、ベルクは、調性感のある音列技法を用い、さらに叙情的要素の強い作品を書いた。1925年に初演されたオペラ《ヴォツェック》は、厳しい批判を受けたが、作曲家としてのベルクの名を知らしめることになった。**作品**《叙情組曲》、ヴァイオリン協奏曲、オペラ《ルル》

無調音楽

調や調性が存在しない音楽を**無調音楽**と呼ぶ。このような無調音楽では、調を規定する主音の優位と各音を位置付ける階層性が失われる。従来の調性音楽では重要であった3度音程や5度音程の優位も失われ、3度を積み重ねてつくられる和音は用いられなくなり、不協和音が協和音へ解決する機能和声の音楽語法は崩壊してしまう。しかし、このような無調音楽では、各音は機能をもたなくなる反面、自律性を獲得し、すべての音が対等であることで、表現上重要な意味をもつ。従来の長調と短調に基づく二元的な表現、例えば「楽しい」と「悲しい」、「生」と「死」といった表現から自由になり、新たな表現の可能性を探究することが可能となるからである。

無調の試みはすでに**ショパン**や**リスト**によって部分的に試みられていた。ショパンのエチュード《別れの曲》op.10-3 の中間部の最後の部分では、3種類の**減七の和音**を用い、調が確定せず不安定な気分を表出している（譜例1）。またリストの《無調のバガテル》は、「無調」という用語がタイトルに用いられた最初の例で、この曲でも減七の和音が効果的に使われている。

このようなロマン派の表現法は、**半音階主義**と呼ばれ、**ヴァーグナー**によっていっそう推し進められた。楽劇で用いられた**トリスタン和音**（▶p.130）は、属和音の解決を引き延ばして、旋律が無限に流れるような音楽を生み出した。こうして主調の確定が遅延された。

ドビュッシーは、すべての音の関係が全音になっていて特定の調を感じさせない**全音音階**（▶p.131）などを用いることで、印象主義的表現を成功させた。また**スクリャービン**は、4度音程の積み重ねからなる**神秘和音**（譜例2）を用いて新しい表現を目指した。**シェーンベルク**を中心とした**新ウィーン楽派**は、**表現主義**の音楽を実現するために無調を積極的に用いた。シェーンベルクの《弦楽四重奏曲第2番》の第4楽章は、無調の表現を推し進めた例である。

無調音楽ではやがて **12音技法**（▶p.145）が用いられるようになり、この技法によって無調音楽に新たな秩序がもたらされることになる。

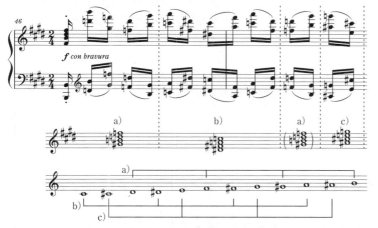

譜例1　ショパン　エチュード《別れの曲》op.10-3　第46小節以降

減七の和音は短3度を積み上げた四和音で、和音の各構成音はすべて等距離にある。そのため、減七の和音は3種類しかつくれない。またこの和音をすべて使用することは、オクターヴ内の12音をすべて用いることになる。

譜例2　神秘和音

完全4度、増4度、減4度の音程で構成される神秘和音（a）。スクリャービンの《ピアノ・ソナタ第4番》に、この和音の先駆的な使用例があり、交響曲第4番《法悦の詩》などの後期の作品でよく用いられる。神秘和音は、第5音を半音下げた属九の和音に付加6度が付いたものと考えられている（b）。

アレキサンドル・スクリャービン（1871 か 72-1915）　ロシアの作曲家。1900年頃からニーチェの超人思想や、ブラヴァツキーの神智学に傾倒し、ロマン派の影響を脱し個性的かつ神秘主義的な作風へと向かうようになった。4度の堆積和音である神秘和音を駆使し前衛的な方法も併せもった作品を残した。交響曲第4番《法悦の詩》では調性から離れ、無調音楽に接近した。色彩や光を鍵盤で操作できる色光ピアノのための作品も書いた。 作品 交響曲第5番《プロメテウス− 火の詩》、詩曲《焔に向かって》

音楽のフォーヴィスム（原始主義）

　1905年に、パリで開催された革新的な展覧会「サロン・ドートンヌ」に出品されたマティス[1]やルオー[2]といった若い画家たちの作品は、原色を多用した強烈な色彩と激しいタッチを特徴としていた。これを見た批評家ルイ・ヴォークセルが、「あたかも野獣（fauve）の檻の中にいるようだ」と評したことから、彼らの活動は**フォーヴィスム**と形容された。世紀末の芸術が思索的で陰鬱な表現を志向する中、フォーヴィスムは強烈な色彩で、明るく生命力にあふれる作品を人々に提供した。

　後期ロマン派の脱ヴァーグナーの表現を求めて、より深淵な表現主義へ向かった音楽史の流れの中で、突然異端児のように出現したのが、音楽におけるフォーヴィスムともいえる**原始主義**の音楽である。この傾向が最初にみられるのが、**ストラヴィンスキー**のバレエ音楽《春の祭典》である。内からのあふれんばかりの強烈なエネルギーを感じさせるリズムや音色を特徴とした。

　原始主義の傾向をもつ作品には他にも次のようなものがある。**プロコフィエフ**の初期のピアノ・ソナタや《トッカータ》、**バルトーク**の《アレグロ・バルバロ》、**ジョリヴェ**[3]の《ピアノ協奏曲》、**メシアン**の《トゥランガリラ交響曲》などがある。

聴いておきたい名曲

バレエ音楽《春の祭典》　ストラヴィンスキー 作曲

　1913年にパリで初演された、2部からなるバレエ音楽。ディアギレフ[4]率いる「バレエ・リュス（ロシアバレエ団）」のために作曲された。太古の時代のロシアで、春に太陽の神へ生贄を捧げる原始的な宗教儀式を題材とした作品。ストラヴィンスキーがこの曲で用いた、強烈なリズムと不協和音の響きは、初演時に聴衆のヤジと暴動という惨憺たる状況を引き起こしたといわれている。

《春の祭典》初演当時のバレエダンサーたち

〈春の兆し－乙女たちの踊り〉

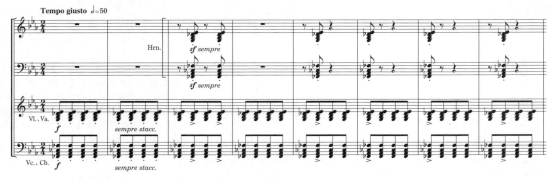

属七の和音と長三和音が半音のずれで同時に鳴り響いている。またホルンの鋭い響きを伴う不規則に付けられたアクセントが、弦楽の連続する8分音符に躍動感と鋭さを与えている。

1　アンリ・マティス（1869-1954）フランスの画家。代表作は『赤のハーモニー』など。
2　ジョルジュ・ルオー（1871-1958）フランスの画家。代表作は『キリストの顔』など。
3　アンドレ・ジョリヴェ（1905-1974）フランスの作曲家。20世紀の協奏曲の革新者。代表作は《オンド・マルトノ協奏曲》など。
4　セルゲイ・ディアギレフ（1872-1929）ロシアの興行主。バレエ・リュスを率い、パリで革新的なバレエ公演を行った。

ヴァイマル文化

　1918年11月、ドイツ北部キール軍港の水兵による反乱に端を発した大衆の蜂起は、ドイツ革命といわれる。これによって皇帝ヴィルヘルム2世は廃位し、1871年から続いていたプロイセン国王を皇帝に頂いたドイツ帝国は終焉を迎え、第一次世界大戦も終結した。

　敗戦国ドイツでは、1919年1月、国民議会選挙が実施され、社会民主党が第一党を獲得した。翌2月、ヴァイマルの地で国民議会が開かれ、議会制民主主義に基づく「ヴァイマル共和国」が誕生した。今日ではこのときに制定された「ヴァイマル憲法」は、当時最も民主的な憲法であったことがよく知られている。しかし当時の共和国は、第一次世界大戦の膨大な賠償金を抱えてのスタートであり、また政治の面でも、社会民主党、民主党、中央党からなる不安定な連合政権であったことから、決して安定した政治体制は望めなかった。さらにドイツ帝国時代の軍組織はそのままになり、国内の極右勢力を援助するユンカー[1]の存在、加えてドイツ南部のバイエルンで起きたクーデターの鎮圧などの問題があった。そのためヴァイマル共和国はその内部に大きな難事を抱えており、その政権の舵取りは容易ではなかった。

　ヨーロッパ市民社会と文化は19世紀に大きく発展を遂げたが、帝国主義が進み、その反動で大きな閉塞感も感じるようになっていた。人々の行き場のない閉塞感は、自己内で既存文化への憎しみに変わり、社会は崩壊の危機に瀕していた。特に第一次世界大戦に敗北したドイツでは、ドイツ革命も半ばで終焉してしまった。しかしながら革新を目指すモダニズム[2]とその反動とがせめぎ合うことによって、ドイツは他の国以上に特色あるヴァイマル文化が育まれることになった。

　ヴァイマル文化とは、ヴァイマル共和国がヒトラーの政権獲得によって崩壊するまでの14年間に花開いた文化のことである。文学、美術、建築、音楽、舞踊、演劇の他、19世紀末に登場した映画など、多くの分野でめざましい発展があった。

　プロイセン芸術アカデミーでは作曲家**ブゾーニ**[3]の後任として**シェーンベルク**が招かれた。アカデミーでは保守派からアヴァンギャルド[4]への交替が実現したが、シェーンベルクを中心とする新ウィーン楽派の無調音楽は、**ベルク**のオペラ《ヴォツェック》を除いて、大衆には受け入れられなかった。大衆が**ヴァイル**[5]のオペラ《三文オペラ》を支持したように、ヴァイマル文化では、消費を前提とした音楽が好まれ、キャバレーの音楽やシャンソンにヒット曲が生み出されていった。

　このような不安定な社会的基盤の上に展開したアヴァンギャルド、保守派、大衆に迎合する文化のせめぎ合いは、他の芸術分野にもみられ、ヴァイマル文化の「退廃的」な特徴をなしていった。しかしヴァイマル文化において発展したモダニズムは、ナチスによって**退廃芸術**の名のもと、一掃されることになる。

デッサウのバウハウスの校舎
グロピウスの設計により1926年に完成したモダニズム建築の代表作。壁はほぼ全面ガラス張りで、開放的な室内に陽の光が降り注ぐ。このように建築の分野では、伝統的な装飾を否定し、機能性を重視した近代建築運動が起こった。

1　農場経営を行う裕福なドイツ貴族たちを指す。
2　20世紀初頭に起こった実験的な芸術運動。過去の伝統を排し、革新的で最先端の表現を志向した。
3　フェルッチョ・ブゾーニ（1866-1924）イタリア出身で、ドイツを中心に活動したピアニスト、作曲家。
4　「前衛」を意味するフランス語。新しい思想や技法に基づく音楽実践でもある。
5　クルト・ヴァイル（1900-1950）ドイツの作曲家。1935年にアメリカに亡命した。

20世紀の絵画と音楽

19世紀後半にアカデミックな美術界の世界から脱却するかのように印象主義の絵画が登場し、それ以降、美術史はさまざまに展開され複数の流れが形成された。このような活発な芸術活動は、音楽にも影響を与えることになった。

20世紀になると特に音楽と美術の関係は、より密接に関連し合うようになった。モネ[1]やルノアール[2]の**印象主義**の絵画では、輪郭線が取り除かれ形を曖昧に描くことが多い。音楽でも印象主義の傾向はドビュッシーなどにみられ、教会旋法や全音音階の使用、従来の和声学の規則からの逸脱などによって、旋律の形や明確な終止感を意識させない音楽が生み出された。

画家の主観的な感覚に基づいて、原色を多用した強烈な色彩と激しいタッチを特徴とする**フォーヴィスム**の絵画は、マティス[3]やルオー[4]の作品に代表されるように、生命力に溢れていた。音楽においては、ストラヴィンスキーのバレエ音楽《春の祭典》（▶p.138）などの**原始主義**の音楽に同様の傾向がみられ、強烈なリズムや音色、複調がもたらす独特の不協和音が聴く者を驚かせた。

1905年頃から美術界に**表現主義**の動きが起こった。これは人間の内面を表現しようとするもので、これまでの絵画の理論（遠近法や解剖学など）に従うことなく、感情が求めるままに輪郭を強調したり強烈な色彩を用いたりした。キルヒナー[5]とノルデ[6]によるドイツ表現主義の絵画は、人間の心の奥深くにある暗闇や邪悪な側面を描いている。音楽における表現主義は、死や理不尽な運命を扱った題材を好み、その内面を表現するために無調音楽が用いられた。また無調音楽では調性やそれに依拠していた形式に依存せずに作品が作られるが、ロシア生まれの画家であるカンディンスキー[7]は、この無調音楽をもっとも純粋な芸術のモデルとして捉え、絵画表現から物語的内容や対象の再現性を消し去った抽象画を作成した。

『印象・日の出』（モネの油彩画、1872年） 物の形をはっきり描くのではなく、反射し移ろいゆく光の色彩を捉えようとした作品。1874年の無名芸術家協会の展覧会で、こうした新しい作風が批評家によって揶揄され、このモネの作品のタイトルを使って「印象主義」と呼ばれるようになった。（▶口絵4）

『帽子の女』（マティスの油彩画、1905年） 1905年のサロン・ドートンヌ展において、こうした作品の強烈な色彩やタッチが「野獣（fauve）のようだ」と評され、「フォーヴィスム」の呼び名が生まれた。（▶口絵4）

『街』（キルヒナーの油彩画、1913年）「表現主義」の代表的画家であるキルヒナーは、反社会的な題材を多く取り上げ、不安を表すようなデフォルメや激しい原色の対置を特徴とする絵を描いた。（▶口絵4）

---

1 クロード・モネ（1840-1926）フランスの画家。代表作は『印象・日の出』『睡蓮』など。
2 ピエール=オーギュスト・ルノワール（1841-1919）フランスの画家。代表作は『舟遊びをする人々の昼食』など。
3 アンリ・マティス ▶p.138
4 ジョルジュ・ルオー ▶p.138
5 エルンスト・ルートヴィヒ・キルヒナー（1880-1938）ドイツの画家。代表作は『街』『病人としての自画像』など。
6 エミール・ノルデ（1867-1956）ドイツの画家。代表作は『学者と少女』など。
7 ヴァシリー・カンディンスキー（1866-1944）ロシア出身で、ドイツやフランスでも活躍した画家。代表作は『印象III（コンサート）』など。

新古典主義

19世紀のロマン主義、それに続く象徴主義・印象主義や表現主義に対する反動として、1910年代末から第二次世界大戦が始まるまでの期間に、もう一つの傾向が生じた。その傾向は、半音階主義を嫌悪し、明確な形式感、調性の回帰、小規模な楽器編成などを好むものであった。また、バロックや古典派の時代に盛んに用いられた曲種である組曲やソナタ、協奏曲、交響曲などを模範として曲がつくられた。このような傾向をもつ音楽は、**新古典主義**と呼ばれる。

この運動の中心にいたのが、**ストラヴィンスキー**[1]と**ラヴェル**である。ストラヴィンスキーは、イギリスで発表した論文で「バッハに帰れ」というスローガンを打ち出した。新古典主義の代表作としては、**プロコフィエフ**の《古典交響曲》、ペルゴレージ（▶p.74）の音楽に基づくストラヴィンスキーのバレエ音楽《プルチネッラ》[2]、**ラヴェル**の組曲《クープランの墓》などである。**フランス六人組**[3]は彼らの活動の方針として「ソナタ形式の理想はハイドン、組曲の形式の模範はラモー」と宣言した。

なお、新古典主義という言葉は、広義にはこの時期の音楽全体を指すことがある。ピアニストで作曲家の**ブゾーニ**（▶p.139）は、聴衆にとって難しくなってしまった19世紀末からの音楽に対して「若き古典主義」を標榜し、バッハとモーツァルトの徹底的な研究を提唱した。さらに、**ヒンデミット**に代表される**新即物主義**[4]や**実用音楽**、また、シェーンベルクの12音技法と古典的形式を融合させた創作を含めることがある。

六人組のメンバー5人とコクトー（写真、エッフェル塔にて、1921年）左から、タイユフェール、プーランク、オネゲル、ミヨー、コクトー、オーリック。

イーゴリ・ストラヴィンスキー（1882-1971） ロシアの作曲家。バレエ・リュスのために書いたバレエ音楽《火の鳥》《ペトルーシュカ》《春の祭典》で現代音楽の一つの傾向をつくった。《春の祭典》の初演は、音楽史上に残るスキャンダルになった。その後のバレエ音楽《プルチネッラ》では新古典主義を明確にした。1939年にはアメリカに亡命した。59年に来日し、演奏会を開く。またこのとき武満徹を見いだし世界に紹介した。晩年には12音技法を用いた作品もある。**作品** バレエ音楽《結婚》、舞台作品《兵士の物語》

パウル・ヒンデミット（1895-1963） ドイツの作曲家。表現主義的な作品に始まり、反ロマン主義的な作品を書いた。1920年代前半の《室内交響曲第1番》では、機械的運動性やサイレンの使用などで物議を醸した。20年代後半には、感情表現を排した新即物主義的な時事オペラ《今日のニュース》を書いた。34年の交響曲《画家マティス》の初演以降ナチスの弾圧が強まり、38年にスイス、40年にアメリカに亡命した。**作品** ヴィオラ・ソナタ op.25-4、オペラ《世界の調和》

---

1 ストラヴィンスキーは生涯に何度も作風を変化させた。彼の作曲様式は原始主義、新古典主義、12音主義と変遷する。
2 このバレエを制作するにあたり、バレエ・リュスのディアギレフとマシーンは、サン・ピエトロ・ア・マイエラ音楽学校の図書館に保管されていたペルゴレージの手稿や印刷譜の中から18曲を選び出し、ストラヴィンスキーに編曲を依頼した。後の研究で、これら18曲の中には別の作曲家のものが含まれていたことが分かっている。
3 詩人コクトーをスポークスマンとし、サティを師と仰ぐ6人の作曲家、ルイ・デュレ（1888-1979）、アルテュール・オネゲル（1892-1955）、ダリウス・ミヨー（1892-1974）、ジェルメーヌ・タイユフェール（1892-1983）、フランシス・プーランク（1899-1963）、ジョルジュ・オーリック（1899-1983）のグループ。印象主義に変わる新しいフランス音楽を期待された。新古典主義の傾向を示す。
4 表現主義への反動として起こった、客観性や現実性を重視する音楽。ヒンデミットの他、ヴァイルなどによる反ロマン主義の作品を指す。

民族主義的音楽

19世紀の国民楽派（▶p.119）の音楽に代表されるように、民族の自決や国家としての独立運動の影響のもと、自国の文化や伝統、歴史を強調したさまざまな民族主義的音楽がこれまでにも創作されてきた。音楽における**民族主義**は、一般的には東欧や北欧の国々でしばしばみられる傾向であるが、フランスでもそれが起こった。プロイセン＝フランス戦争後のコクトーや**フランス六人組**の音楽家たちは、ヴァーグナーに代表されるドイツ音楽から離れ、フランス音楽の創出に満足するだけでなくフランス・バロックの再興やロココ的な美を追求したのである。

民族主義的音楽は自国の音楽文化を重んじるが、同時に西洋音楽との関係がその音楽を特徴付けた。例えばスペインの作曲家**ファリャ**は、フランス近代音楽の影響を強く受けつつ、スペインの民族音楽の語法を取り入れ融合することに成功し、バレエ音楽《三角帽子》などを作曲した。しかしロシアでは、民族主義的音楽と西洋音楽の受容が二極化し、これらの対立構造が引き起こされたのが特徴的である。

20世紀になると、音楽学（音楽研究）の分野として、諸民族の音楽を研究する**比較音楽学**[1]が誕生し、さまざまな民族の音楽に対する関心が高まった。そして高度な音楽文化への反動として、根源的なものが民族音楽に求められ、伝承がとだえたり失われたりするおそれのある音楽や楽器の収集と保管が求められた。こうして積極的に自国の民族音楽と向き合った作曲家として、ハンガリーとその周辺のルーマニ

トランシルヴァニア地方を旅行し、民謡採集をするバルトーク（録音機に向かう男性）。

ア、スロヴァキア系の民族音楽を調査した**バルトークとコダーイ**がいる。特にバルトークは、調査の成果を民族音楽にとどめず、前衛的な手法と融合させて自身の個性的な音楽語法へと発展させた。

またイギリスの作曲家**ヴォーン・ウィリアムズ**[2]はイギリス国内の民謡を、チェコの作曲家**ヤナーチェク**[3]はモラヴィアの民族音楽を調査し、民謡集の出版や編曲を行った。

20世紀前半のドイツでは、他の国々とは異なる形ながら、音楽における民族主義がみられた。特に第一次世界大戦後の政治的・社会的不安定は、ドイツ国民の民族的な自尊心を刺激し、ナショナリズムの台頭を促した。このような動向を背景に、民謡やバロック音楽への関心も高まり、1920年代にはヘンデルのオペラとオラトリオを復活上演させる、いわゆる**ヘンデル・ルネサンス**が起こった。

ベーラ・バルトーク（1881-1945）ハンガリーの作曲家。友人のコダーイとともに始めたハンガリーの民謡研究は、その周辺のルーマニア、スロヴァキアの民謡にまで広がった。民族主義的な作曲家として活動を始めるが、そこから脱し、民族音楽と前衛音楽の手法を融合させた独自の作品を残した。1940年にヨーロッパに広がるナチスの影響を嫌って、アメリカに亡命した。南スラヴなどの民謡の研究を行っていたため、作曲活動は減少した。最晩年の作品は、新しい展開を示したが、45年に白血病で亡くなった。 作品 ピアノ曲《アレグロ・バルバロ》、《弦楽器、打楽器とチェレスタのための音楽》

ゾルターン・コダーイ（1882-1967）ハンガリーの作曲家。友人のバルトークとともにハンガリーの民謡研究を行った。2人の研究の成果として1906年に《ハンガリー民謡》を出版した。創作の面では、真にハンガリー的な作品の創造を目指していた。彼は音楽教育者としても活躍し、コダーイ・メソッドといわれる教育方法を提唱し、世界的に影響を与えた。 作品 オペラ《ハーリ・ヤーノシュ》、ハンガリー民謡《孔雀は飛んだ》による変奏曲、宗教曲《ハンガリー詩編》

1 この用語は1950年以降「民族音楽学」の名称で呼ばれるようになるが、近年では「音楽民族学」とも呼ばれる。
2 レイフ・ヴォーン・ウィリアムズ（1872-1958）イギリスの作曲家。叙情的で郷愁を誘う、神秘的な作品を書いた。
3 レオシュ・ヤナーチェク（1854-1928）チェコの作曲家。代表作はオペラ《イェヌーファ》など。

聴いておきたい名曲

バレエ音楽《ボレロ》 ラヴェル 作曲

　1928年にパリで初演された、1幕のバレエ音楽。舞踊家イダ・ルビンシュタイン[1]からの委嘱作品。冒頭はボレロ[2]のリズムをスネア・ドラムが *pp* で演奏し、そのリズムにのって16小節からなる2つの旋律が楽器を変えながら交互に登場する。スネア・ドラムは一貫してボレロのリズムを刻み続け、音楽は徐々に音量を増し、最後はオーケストラ総奏でクライマックスを迎える。

ボレロのリズム

1つ目の旋律

2つ目の旋律

バレエ《ボレロ》の衣装を着た
イダ・ルビンシュタイン（写真、1929年）

モーリス・ラヴェル（1875-1937） フランスの作曲家。形式や表現においては古典主義的な態度をとりながら、洗練された描写力の高い作品を残した。ピアノ曲《水の戯れ》は印象主義的な傾向をいち早くみせた作品であった。バレエ音楽《ボレロ》は、ムソルグスキーのピアノ組曲《展覧会の絵》の管弦楽版への編曲同様、楽器の編成や音色の組み合わせが特徴的で、ラヴェルの管弦楽法の才能を示すものであった。さらにこの曲は、スペイン的な傾向をみせる作品でもある。 **作品** バレエ音楽《ダフニスとクロエ》、ピアノ曲《亡き王女のためのパヴァーヌ》

マヌエル・デ・ファリャ（1876-1946） スペインの国民楽派を代表する作曲家。ドビュッシーなどのフランス印象主義の影響を強く受けつつも、民族的色彩を失わなかった。当初はアンダルシア地方の伝統音楽を作品に取り入れていたが、スペインの古典文学やビウエラなどの音楽遺産に注目し、より洗練された手法をとった。1936年にスペイン内戦が始まると、39年にアルゼンチンに亡命し、生涯スペインに戻ることはなかった。 **作品** バレエ音楽《恋は魔術師》《三角帽子》、交響的印象《スペインの庭の夜》

1　イダ・ルビンシュタイン（1885-1960）ロシア出身の、フランスで活動した舞踊家。
2　スペイン起源の舞踊、及びその音楽。

聴いておきたい名曲

コントラスツ　バルトーク 作曲

　ヴァイオリン、クラリネット、ピアノによる3楽章からなる三重奏曲で、1938年に作曲された。バルトークの室内楽曲の中でも例外的な編成をもつこの曲は、バルトークと同郷のヴァイオリニスト、ヨーゼフ・シゲティ[1]と、その友人であったアメリカのクラリネット奏者ベニー・グッドマン[2]のために作曲された。第1楽章と第3楽章の民族的な雰囲気に対して、第2楽章は間奏曲的な性格をもち、クラリネットとヴァイオリンの対比を特徴とする。第3楽章では、スコルダトゥーラといわれる特殊な調弦法を用いたヴァイオリンも使用される。

第1楽章冒頭

《コントラスツ》を録音するためにピアノを弾くバルトーク（写真、ニューヨークにて、1943年）シゲティ、グッドマンとともに。

1　ヨーゼフ・シゲティ（1892-1973）ハンガリー出身のヴァイオリニスト。
2　ベニー・グッドマン（1909-1986）アメリカ出身のクラリネット奏者、スウィング・ジャズ・バンドのリーダー。

12音技法の音楽

　12音技法とは、オクターヴに含まれる12個の音をすべて均等に用いて無調の音楽を作曲する方法である。無調の音楽作品をつくるには、これらの12個の音をどのように均等に扱うかが問題となる。1920年頃に、**ハウアー**[1]と**シェーンベルク**によってこうした作曲が試みられた。ハウアーが見いだした方法は**トロープス理論**、シェーンベルクの方法は**12音技法**と呼ばれる。ハウアーのトロープス理論のほうが、シェーンベルクの12音技法より厳格な作曲方法であったが、その後の音楽史の展開の中で普及したのは、作曲家に創造性と構成の余地をより残す12音技法のほうであった。

　シェーンベルクの12音技法は、**基本形**、**反行形**[2]、**逆行形**、**逆行反行形**[3]の4つの音列[4]パターンを用いる。基本形は、繰り返しを含まないオクターヴ内の12個の音からなる音列である。反行形は、基本形のそれぞれの音の音程関係を維持しながら、音程の方向を反対にした音列である。逆行形は、基本形を後ろの音から並べ変えた音列である。同様に、逆行反行形は反行形を後ろの音から並べ変えた音列である（譜例1）。

　4つの音列はオクターヴ内のどの高さからでも始めることができるので、4種類の音列×12の移置形[5] = 48種類の音列をつくることができる。実際のシェーンベルクの作品では、48種類のすべての音列が用いられることはなく、その中から使用する音列を取捨選択して作曲されている。原則として基本音列は、作品ごとにつくられる。また多楽章形式の作品の場合は、途中で基本形の音の並び方を変えて、別の基本形をつくることもある。

　音列においては構成音相互の音程関係が重要である。特定の音程が強調されたり頻繁に聴こえてしまうと、それが特徴的な雰囲気や性格を作品全体に与えるからである。したがって、基本形をつくる際には12個の音を重複や省略せずに配列するだけでなく、完全5度や長3度やその転回音程といった、調性を想起させるような音程を用いないようにすることが重要になってくる。

　一方で特定の音程を強調する音列を用いて作曲する場合もある。短2度を強調した音列を用いている例には、ヴェーベルンの《弦楽三重奏曲》op.20（譜例2）、長2度を強調した音列を用いている例には、シェーンベルクの《木管五重奏曲》op.26（譜例3）がある。また特殊な音列として、ベルクの《叙情組曲》ではあらゆる音程を含む音列（譜例4）が使われている。

譜例2　短2度を特徴とする音列

譜例3　長2度を特徴とする音列

譜例4　あらゆる音程を含む音列

数字は含まれる半音の数

譜例1　4つの音列

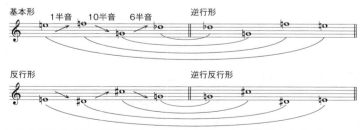

次のページに掲載されている《ピアノ組曲》op.25で使われている基本形の冒頭の4つの音を例に、反行形、逆行形、逆行反行形のつくり方を説明している。音列の各音の音程関係は、半音の数で考えると分かりやすい。

1　ヨーゼフ・マティアス・ハウアー（1883-1959）オーストリアの作曲家、音楽理論家。
2　反行形のことを転回形ということがある。
3　逆行反行形は、反行の逆行形、反行逆行形ということがある。
4　「音列」は、12音技法で定義される12個の音の順列を指す。やがてこの技法が音高だけでなく、音価（音の長さ）や強度（強弱）などに応用されるようになると「セリー」ともいうようになった。
5　音列全体の音の高さを変えることを移置という。

聴いておきたい名曲

ピアノ組曲（op.25）　シェーンベルク 作曲

　シェーンベルクは、1920年代になると12音技法を用いて作曲するようになる。最初にこの技法が使われたのは、《5つのピアノ曲》（op.23）の第5曲であった。そして《ピアノ組曲》（op.25）において、シェーンベルクは初めて、作品全体に一貫して12音技法を用いた。この技法によって、音楽作品は無調でも、調性がもたらしていた構造の原理に代わるものを獲得したのである。同時に、音列によって規定された諸音によって大規模な無調作品の作曲を可能にした。

　シェーンベルクがこの組曲に用いた音列を下に示した。基本位置の4種類の音列とそれを6半音上に移置した音列が使われる。基本位置の音列を(1)で示し、その6半音上に移置した音列を(7)で示す。

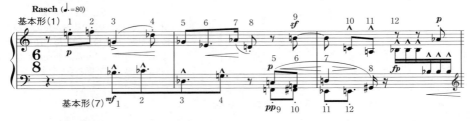

　冒頭部分では、まず高音部譜表に基本形(1)が示される。低音部譜表には、基本形(1)を6半音上に移置した基本形(7)が使われている。

アメリカ的音楽を求めて

現在にまで続くアメリカの音楽文化が誕生するのは、独立戦争 (1775-83) と米英戦争 (1812-15) が終わって、経済活動が活発になり、交通網が整備され、地域に大都市が発達するのと機を一にする。現代のアメリカを代表するオーケストラ「ニューヨーク・フィルハーモニック」が設立されたのは 1842 年のことであり、ドヴォルジャークの交響曲第 9 番《新世界より》が初演されるのは 93 年のことである。しかし最もアメリカ的な音楽文化は、黒人奴隷の祖国アフリカの音楽文化を起源に、毎日の労働生活から発生した。こうした大衆音楽が大都市の労働者のための商業娯楽音楽、すなわちポピュラー音楽となったのである。

ミンストレル・ショー

ミンストレル・ショーは、白人男性（最初の頃はアイルランド系移民が多く、のちにユダヤ系移民が多くなる）が顔を黒く塗った「ブラックフェイス」にして、南部の黒人奴隷の動きを誇張した歌や踊り、そして寸劇を披露して、聴衆を楽しませた大衆芸能である。音楽バンドはバンジョー、フィドル、ボーンズ[1]、タンブリンなどの楽器で構成された。特に「ジム・クロウ」と呼ばれる黒人のキャラクターが人気を博した。ジム・クロウの名前は、南北戦争後の南部で制定された黒人を差別する法律である「ジム・クロウ法」に残されている。

ジム・クロウ

現代では人種差別は厳しく批判されるが、ミンストレル・ショーも当時から批判された。しかし白人がブラックフェイスにして演じたことから、白人意識を助長したことも確かである。ヨーロッパ各地をツアーする団体の他、19 世紀の後半になると黒人が演じるミンストレル・ショーも登場し、アメリカの最初の「国民文化」になった。このミンストレル・ショーに楽曲を提供したひとりが、アイルランド移民の子孫である S. フォスターである。彼の名前を有名にした曲が黒人霊歌風の《おおスザンナ》(1848) で、その後《草競馬》(1850)、《故郷の人々》(1851)、《懐かしきケンタッキーの我が家》(1853) が発表されたが、いずれもミンストレル・ショーで初演された。

フォスター

黒人霊歌（アフリカン・アメリカン・スピリチュアル）とゴスペル

アメリカに連れてこられた黒人奴隷たちはキリスト教（プロテスタント）信仰をなかば強制されたが、過酷な労働を強いられた人々は死後の救済を約束するキリスト教を心の慰めとした。そして彼らは、アフリカ音楽の要素（生き生きとしたリズムやシンコペーション、コール・アンド・レスポンスによる唱和様式など）や民間信仰の精霊交信の儀式ヴードゥーの要素（太鼓などの打楽器の使用やコールアンド・レスポンス）を交えた独自の宗教歌を生みだした。これが今日「**黒人霊歌（アフリカン・アメリカン・スピリチュアル）**」と呼ばれる歌である。作詞者や作曲者も不明な歌が歌い継がれ、まさに「奴隷たちの民謡」となった。黒人霊歌はア・カペッラで歌われることが多く、日本でよく知られている《アメイジング・グレイス》の歌詞は、イギリス人牧師ジョン・ニュートンによるが、アメリカに伝えられて黒人霊歌として歌われるようになった。

黒人霊歌に起源をもっているが、奴隷解放後の 20 世紀初頭に誕生した宗教歌は、**ゴスペル**と呼ばれる。作詞や作曲をした黒人の名前も分かっていて、黒人教会で歌われた。ゴスペルは本来、キリスト教の福音、あるいは『新約聖書』の「福音書」を意味した。黒人霊歌が『旧約聖書』を題材にすることが多かったが、ゴスペルは『新約聖書』を題材にして、イエス・キリストの博愛精神をうたったのが特徴である。そのため、ゴスペルは黒人解放運動の精神の源となり、第二次世界大戦後の公民権運動の際に歌われた《勝利を我らに We shall overcome》や、その原曲《い

---

[1] ボーンズは、もともと骨で作られたのでその名がある。2 つの骨を組み合わせて指の間に挟んで打ち鳴らす。

つか勝利を I'll overcome someday》などがある。

ブルース

奴隷解放後の19世紀末には、農場で働く黒人奴隷の労働歌から、イギリス起源のバラッドの影響下で誕生したのが**ブルース**である。ブルースと呼ばれたのは、黒人奴隷の鬱屈した（ブルーな）生活感情が歌われていたからで、歌詞は3行一組みで、物語になっていることが特徴である。黒人霊歌やゴスペルは無伴奏で歌われることが多いが、ブルースはギター、ハーモニカ、さらにバンドの伴奏が付けられる。音楽は12小節形式で、ハーモニー（和音進行）も定式化されている。

「ブルースの父」と呼ばれる**W.C. ハンディ**は、20世紀初頭、南部の演奏旅行中にブルースを偶然聴き、さっそく歌を採譜し出版したことで、ブルースの流行をもたらした。特にハンディの《セントルイス・ブルース》(1914)は有名で、**B. スミス**や**L. アームストロング**のカヴァーでもよく知られている。こうした南部のブルースはミシシッピ川のデルタ地域に誕生したので「**デルタ・ブルース**」と呼ばれたが、やがて北部にも伝わり、「**カントリー・ブルース**」や「**シカゴ・ブルース**」を生み出した。ブルースのジャンルに含まれる曲は数限りなくあるが、《ザ・スリル・イズ・ゴーン》(1951)などは**B.B. キング**など多くのカヴァーで今日でも楽しめる。

アームストロング

ジャズ

同じ頃、南部ルイジアナ州の州都ニューオーリンズでは、アフリカの音楽とヨーロッパ各地の舞曲などが融合して新しい音楽が誕生した。ブルースやシンコペーションを特徴としたピアノ音楽「**ラグタイム**」の影響を受け、バック・ビートで即興的に演奏されることが特徴で、「**ジャズ**」と呼ばれた。

1930年代のビッグ・バンドによる「**スウィング・ジャズ**」から、40年代には演奏家個人の即興演奏技術を楽しむ「**ビバップ**」と呼ばれるジャズも生まれる。今日我々が一般的にジャズとしてイメージするのは、このビバップである。第二次世界大戦後はさまざまな音楽的要素が加わり、「**フリー・ジャズ**」や「**ジャズ・ロック・フュージョン**」と呼ばれるスタイルとなった。

ジャズとクラシックの融合

1920年代にジャズはパリを中心としてヨーロッパで流行し、クラシック音楽の作曲家に影響を与えた。歌手の**J. ベイカー**は25年、シャンゼリゼ劇場（ストラヴィンスキーの《春の祭典》の初演が大スキャンダルとなった会場）で「ラ・レビュー・ネグロ」を成功させ、パリジャンを魅了した。ジャズの影響を受けたクラシック音楽には、**D. ミヨー**のバレエ音楽《世界の創造》(1923：ジャズ・バンドの編成を採用)、**M. ラヴェル**の《ヴァイオリン・ソナタ》(1923-27：第2楽章〈ブルース〉でブルー・ノートを使用)がよく知られている。

この頃パリへ留学し、**N. ブーランジェ**に師事していたのが、ニューヨーク州ブルックリンでユダヤ系ロシア移民の子として生まれた**A. コプランド**である。彼は母国の音楽であるジャズの要素を取り入れた交響曲に取り組み、「シンフォニック・ジャズ」と呼ばれる《舞踏交響曲》(1929)を作曲した。その後も民謡などを素材にしてアメリカ的音楽を創作し、特に《アパラチアの春》(1943-44)などのバレエ音楽の傑作を残した。第二次世界大戦中は愛国主義的な音楽に傾倒し、リンカンの演説を引用した交響曲《リンカンの肖像》(1942)はその代表的な作品である。

コプランドと同じくニューヨーク州ブルックリン

でユダヤ系ロシア移民の子として生まれたのが、**G. ガーシュイン**である。ふたりはほぼ同時代に生まれ同じような環境に育ち、ドヴォルジャークの弟子**R. ゴールドマーク**にも師事した。しかしコプランドは高等学校卒業後パリに渡ったが、ガーシュインは貧しさから高等学校を14歳で中退し、楽譜店で新譜演奏をする「ソング・プラッガー」として働き始めた。やがて自分自身でも歌を作曲し、ティン・パン・アレーで作曲家として働いた。1919年に出版した《スワニー》がヒットして、ブロードウェイのミュージカルやレビューに曲を提供するようになった。

ガーシュイン

1924年にポール・ホワイトマンから、ピアノと大規模なダンス・オーケストラのための、リストの《ハンガリアン・ラプソディー》のようなラプソディーの作曲を依頼された。こうして完成したのが《ラプソディー・イン・ブルー》（ジャズ・バンド版）で、24年にニューヨークで初演され、大成功を収めた。ピアノはガーシュイン、バンドはホワイトマン主宰のバンドが担当した。26年にオーケストラ版が**F. グローフェ**により出版されたが、とりわけピアノロールとラジオ放送によって普及し、その収益も大きかった。

ガーシュインは20世紀の新しい電気メディアによって成功した最初のクラシック音楽の作曲家になったといえる。この成功によって、伝統的な《ピアノ協奏曲 ヘ調》の作曲も委嘱され、1925年にカーネギー・ホールで初演された。この曲は「ニューヨーク・コンチェルト」と呼ばれ、いずれもアメリカの都市の音楽風景を映し出した、極めてアメリカ的なクラシック音楽でもある。

1928年に発表した《パリのアメリカ人》は、アメリカのブルースを懐かしみつつ、現代都市パリの音風景（タクシーのクラクションなど）を描いた。35年には「アメリカ・フォーク・オペラ」の代表作《ポーギーとベス》を初演した。原作はエドワード・デュボーズ・ヘイワードの小説『ポーギー』（1925）。オペラの台本を書いた兄アイラはアフロ・アメリカンの方言で台詞を書き、チャールストンに赴いたガーシュインは黒人音楽の要素をふんだんに取り入れた。挿入歌の〈サマー・タイム〉はよく知られている。

ブラック・ソウル・ミュージック

1960年代の「公民権運動」（▶p.151「アメリカの歴史」）の高まりとともに、注目されるようになったのが「**ブラック・ソウル・ミュージック**」である。黒人霊歌やゴスペルは宗教的な音楽であったが、同じスタイルで世俗的な歌詞を歌ったのがブラック・ソウルである。盲目のピアニスト**R. チャールズ**のアルバム『ホワッド・アイ・セイ』（1959）やシンガー・ソングライター**S. ワンダー**のアルバム『ファースト・フィナーレ』（1974）がよく知られている。

R. チャールズ

1960年代には、**J. ブラウン**が『アウト・オブ・サイト』（1964年）で「ファンク」を生み、その強いビート感の音楽は黒人解放運動を推進した。さらに70年代後半になるとニューヨークのハーレムで黒人やヒスパニック系の若者のDJパフォーマーから「**ヒップ・ホップ**」が誕生した。ここにはDJだけでなく、**ラップ**、**ブレイクダンス**、**グラフィティ**（スプレー・ペイント）が含まれ、貧困や差別に対する不満のはけ口にもなった。

民衆や若者の音楽

イギリスやアイルランドの白人移民たちが本国の民俗音楽から発展させ、1930年代頃にアパラチア地方から流行したのが、「**カントリー**」である。バンジョー、スティール・ギター、フィドル（ヴァイオリン）、マンドリンなどの楽器が使用され、「**カントリー・ウエスタン**」と呼ばれるように、西部の開拓

民、カウボーイの音楽として愛された。同じ頃流行したのが「**フォーク**」である。W. ガスリーの歌は、その後も B. ディランらによって歌い継がれている。

フォークは自然や郷愁を強く求め、社会の不条理を告発する傾向があり、P. シーガー (1919-2014) の《花はどこへ行った》(1955) は、公民権運動歌、あるいはベトナム戦争に対する反戦歌として歌われた。

1950 年代、アメリカの若者たちの間で R&B とカントリーなどが融合して「ロックンロール」が生まれ、E. プレスリーのような大スターが誕生し、日本の若者をも魅了した。60 年代になると、そこから派生した多様な音楽の総称は「**ロック**」と呼ばれ、反体制的な音楽として若者文化に定着した。

プレスリー

聴いておきたい名曲

ラプソディー・イン・ブルー　ガーシュイン 作曲

ガーシュインの代表作のひとつであり、独奏ピアノとジャズ・バンドによる 1 楽章形式の曲。伝統的なピアノ協奏曲のようであるが、ジャズとクラシック音楽を融合した作品。1924 年に「現代音楽における実験」と題された演奏会で、ニューヨークのエオリアン・ホールで初演された。

ジャズの演奏に特有なクラリネットのグリッサンドで始まる。そして冒頭部分で提示される、互いに関連する 5 つの主題が「ラプソディー (狂詩曲) 風」に、テンポを自由に変化させ、ラグタイムのリズムにのせて展開される。また、主題の旋律はブルー・ノートを特徴とする音階による。その他バンジョーやサクソフォーンなどが使用されているのも、ジャズの影響を受けている。

聴いておきたい名曲

ウエスト・サイド物語　バーンスタイン 作曲

レナード・バーンスタイン (1918-1990) はウクライナ系ユダヤ人 2 世としてマサチューセッツ州に生まれた。ハーバード大学やフィラデルフィアにあるカーティス音楽院で学んだ後、1943 年にニューヨーク・フィルの副指揮者となり、58 年にはアメリカ生まれの最初の音楽監督に就任した。69 年に辞任してからはフリーの指揮者として活躍した。作曲家としては 57 年に初演されたミュージカル《ウエスト・サイド物語》が有名である。ニューヨークで対立するヨーロッパ系移民とプエルトリコ系移民の少年グループの抗争と、その犠牲になる若い男女の恋と死を描いた作品は、彼の代表作となっている。〈Tonight〉〈America〉〈Cool〉がよく知られている。

知っておきたい音楽用語

ブルー・ノート

ジャズやブルースで使用される音階。長音階に半音下げられた第3音、第5音、第7音を加わえる。実際の演奏では半音から4分の1音の間で変化し、陰鬱な（ブルーな）印象を醸し出す。黒人奴隷の歌だけでなく、アイルランドの民俗音楽にも同種の音階が使用される。

アメリカの歴史：誕生と奴隷制

アメリカの誕生

アメリカのクラシック音楽について説明するためには、ポピュラー音楽の話を抜きにしては語れない。そしてポピュラー音楽を語るには、アメリカという国がどのように誕生して、どのような歴史をたどったのかを知らなくてはならない。特にヨーロッパの人々をアメリカへと向かわせた宗教的迫害、ユダヤ人に亡命を余儀なくさせたユダヤ人問題、そして黒人霊歌やジャズの誕生の背景にある奴隷制について、一定の知識が必要となろう。ここではアメリカの歴史すべてを語るのではなく、音楽に関することがら、これまでのヨーロッパにおける音楽史でも話題の中心だったように、特に宗教と民族に関することがらについての概略を説明しておくことにしよう。

アメリカの歴史は、コロンブスがアメリカ大陸を「発見」したことに始まると一般的には思われている。しかしヨーロッパ人がこの大陸を知らなかっただけで、この南北の大陸にはすでに5千万人もの先住民がいたのだ。また北アメリカ大陸の開拓も1620年に「メイフラワー号」で現在のニューイングランドに到着した「ピルグリム・ファーザーズ」と呼ばれるプロテスタントの清教徒（ピューリタン）たち102名によって始まったといわれているが、実はそうではない。これ以前からすでにスペイン、ポルトガル、そしてフランスといったカトリックの国の人々により、カトリック宣教と土地の征服が行われていたのである。新大陸で最初に印刷されたのは、1640年のプロテスタントの『詩篇歌集』ではなく、1556年にメキシコシティで出版されたカトリックの『ミサ通常文』であったという。しかしヨーロッパでの覇権がスペインからイギリス、そしてオランダに移ると、新大陸の開拓もイギリスやオランダが中心となっていった。

さて、本国イギリスではヘンリ8世が離婚問題をきっかけに、ローマのカトリック教会を離脱。1559年の統一法で、エリザベス1世のときにイギリス国教会が設立された。しかし保守的であった国教会に対して、より「純粋に」改革を求めた清教徒は国外に自分たちの信仰を求め、最初はカルヴァン派が主流だったオランダに渡ったがうまくいかず、最終的に彼らは家族共々新大陸を目指した。そうして「メイフラワー号」に乗った102名（うち清教徒が半分、植民事業を担う人が半分）が、入植許可を得た場所よりも北のプリマスに定住したのである。

この上陸した場所が許可区域外だったことで、植民事業を担う人々が離反行動をとろうとしたため、両者は「お互いが契約によって結合して市民政治体を形成し、共同の秩序と安全を保ち、法律と公職に服従する」ことを約束して「メイフラワー契約」を結んだ。国家権力が及ばない場所で、異なる人々の「合意と契約」によって、政治権力が築かれたことは画期的であり、アメリカという国を今日理解するうえで重

要な視点であろう。ヨーロッパでは同一民族であることによって国家を形成していたが、アメリカでは民族を超えて、法や契約を順守することで、国民になれるのである。

こうしてアメリカ東海岸の地域、ボストンを中心としたニューイングランドの地域がピューリタン植民地として開発され、本国でピューリタンへの弾圧が強まったこともあり、その後の10年間で2万人もの移民が定住するようになった。またニューイングランド以外でも植民地開拓は進行し、特にオランダはマンハッタン島を中心に定住して、ニューアムステルダムという町を築いた。この地は1664年にイギリスの支配下になり、国王ジェームズ2世となったヨーク・アルバニー公にちなんで、「ニューヨーク」と呼ばれるようになった。

こうしてアメリカ東海岸にはイギリスの植民地が形成され、やがて13植民地を形成するようになる。そして本国からの増税に反対したことをきっかけに、1775年から83年にかけてアメリカ独立戦争（独立革命）を起こしたのも、これら13植民地である。83年に「パリ条約」で13植民地の独立が認められ、アメリカ合衆国が誕生した。87年にはペンシルベニア州の（この時期のアメリカで最大の人口を擁していた）フィラデルフィアで「憲法」が承認され、91年には修正条項として「権利章典」も認められた。

ここで確認しておきたいことは、アメリカという国は「純粋な」信仰を求めてやってきた人たちによって成立したことである。そのためピューリタンにかかわらず、すべての人が自らの信仰を守る権利をもっており、それ以外の人、さらには国や政府によって信仰の自由が妨げられることを潔しとしない。国の定める公定教会や、国や政府が特定の宗教を強制することを認めないのである。これが政治と宗教の分離「政教分離」である。その結果、アメリカのプロテスタントにはさまざまな宗派が誕生することになる。

独立前のアメリカには9校の大学が設立されていた。それぞれの宗派が宣教師を養成するためであったが、同時に一般教養を教えるリベラル・アーツ型の大学もあった。例えば、マサチューセッツ州には会衆派の「ハーバード大学」（1636）、コネチカット州には同じ会衆派の「イェール大学」（1701）、ニュージャージー州には長老派の「プリンストン大学」（1746）、ニューヨーク州にはイギリス国教会の「コロンビア大学」（1754）などがある。フィラデルフィアに1740年に設立されたペンシルベニア大学はベンジャミン・フランクリンなど憲法起草者たちによって設立され、宣教師の養成ではなく、リベラル・アーツを中心としていた。現在でも学部に神学部はなく、教養、経営、工学、看護学など実学の傾向が強い。リベアル・アーツには音楽教育も含まれており、これらの大学には音楽学部が設置されたり、音楽院が併設されたりしている。（▶ p.24「大学の設立」）

アメリカの奴隷制

植民地に入植したヨーロッパ人は開拓地で、タバコ栽培そして綿花栽培を大規模に展開した。農業の主たる担い手は黒人奴隷で、18世紀には2万人ほどだったが、19世紀中頃には400万人を超えていたという。すでに工業が発達していた北部の州では、独立戦争後に奴隷制は廃止されていたが、綿花栽培が盛んだった南部の州では黒人奴隷は欠くことのできない労働力であった。奴隷制の是非をめぐる北部と南部の対立は、アメリカの連邦制度の存続も危うくし、1861年に南北戦争が勃発した。ときの大統領リンカンは63年に奴隷解放宣言をし、65年に南軍は降伏した。しかしその6日後にリンカンは暗殺されてしまう。「彼にとってこの戦争は、奴隷制という歴史的な悪に対し、南北を問わずアメリカ連邦全体に下された神の審きであった。奴隷制は、非人間的で悲惨であるばかりでなく、何よりもアメリカという共和国の理念に矛盾し聖書に悖る罪なのである。」（森

本あんり『キリスト教でたどるアメリカ史』2019、p.139-40）

しかし黒人への差別は依然として存在した。1961年にカトリック教徒として初めて大統領となったジョン・F.ケネディは黒人差別がアメリカの理念に反するとして、63年に「公民権法」を議会に提出し、64年承認された。しかしその前年にケネディは暗殺され、ノーベル平和賞を受賞していた運動家の黒人キング牧師も、68年に凶弾に倒れた。2013年以降は「ブラック・ライヴズ・マター」と呼ばれる黒人のみならず有色人種に対する差別への反対運動が続いている。アメリカは先住民やインディオを征服し、また黒人奴隷を支配の対象としてきた。しかし支配された人たちの文化が、文化におけるアメリカ的なものを形成する源になったのは皮肉である。黒人奴隷がアフリカの音楽要素をアメリカにもたらし、黒人霊歌、ブルース、ジャズといった独自の音楽を生み、アメリカの民俗音楽とともに、クラシック音楽にも影響を与えたのである。本コラムでは独立戦争前に大学が設立され音楽教育がなされていたと説明したが、こうした文化や教育が奴隷制のある社会を背景としていたこと、すなわち奴隷たちの労働の上に成り立っていたことを忘れてはならないだろう。

20〜21世紀　現代

アメリカ史年表

年	事項	年	事項
1492年	コロンブスが西インド諸島を発見する。スペイン、イギリス、オランダ、フランスが植民地開拓を行う。	1939年	第二次世界大戦勃発。
1620年	ピルグリム・ファーザーズがニューイングランドに入植。	1945年	ドイツや日本に勝利して終戦。終戦後、共産主義国ソヴィエト連邦と対立して「冷戦」始まる。以後、朝鮮戦争、ベトナム戦争などに参戦することになる。
1775年	アメリカ独立戦争始まる。	1961年	カトリック教徒として最初の大統領ケネディ就任。
1783年	「パリ条約」で独立が承認される。	1962年	キューバ危機。
1787年	アメリカ合衆国憲法成立。北部は工業、南部は奴隷使用した農業が発達する。	1991年	ソ連崩壊し冷戦が終結。グローバリゼーションの加速。
1861年	南北戦争勃発。	2001年	アメリカ同時多発テロ事件。
1863年	奴隷解放宣言、リンカンのゲッティスバーグ演説「人民の人民による人民のための政治」。	2003年	イラク戦争。
1865年	南北戦争は北軍の勝利で終結。以後、第二次産業革命により工業が発達。	2008年	リーマンショックによる世界金融危機。
1914年	第一次世界大戦勃発、連合国に参戦し勝利。	2009年	黒人初の大統領オバマ就任。
1929年	ニューヨーク株式暴落により世界恐慌。	2019年	新型コロナウイルス感染症の世界的流行。

アメリカの歴史は領土拡大の歴史でもあった。そのためにスペインやメキシコと戦争をしている。また西部開拓による大陸横断的な拡大を、当時の人々は神から与えられた「明白な天命」と見なした。これによって先住民やインディオたちの土地が奪われ迫害されたことは言うまでもない。西海岸に到達し南北戦争も終了した後、拡大の方向は太平洋の対岸にある日本や中国へと向かい、中国の利権をめぐって日本と対立し、太平洋戦争を招いた。

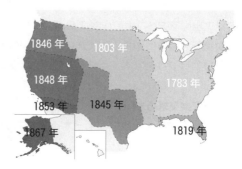

153

アメリカの前衛音楽

アメリカではヨーロッパのクラシック音楽の伝統が継承された。ニューヨークから少し遅れて北東部の商工業が発達したいくつかの州都には、ニューヨーク・フィルハーモニックを含む「五大オーケストラ」が設立された。ボストン交響楽団（1881）、シカゴ交響楽団（1891）、フィラデルフィア管弦楽団（1900）、クリーヴランド管弦楽団（1918）である。指揮者あるいは音楽監督には、ヨーロッパで活躍した音楽家が就任することが多いのが特徴である。例えば、伝統的にアメリカ人以外の指揮者を迎えるボストン交響楽団では、小澤征爾が1973年から2002年まで音楽監督を務めたが、アメリカ人で最初の指揮者となるJ. レヴァインを迎えたのは04年のことであった。

十月革命後にロシアを離れた音楽家も、新大陸でのヨーロッパ伝統音楽の継承に貢献した。1918年からアメリカに滞在していたS. ラフマニノフは、ピアノとオーケストラのための《パガニーニの主題によるラプソディー》（1934）を自身のピアノ演奏とL. ストコフスキー指揮のフィラデルフィア管弦楽団によって初演した。

またG. マーラーもオーストリアのユダヤ人迫害から逃れて1907年に渡米、1908年からニューヨークのメトロポリタン歌劇場の音楽監督に就任し、09年にはニューヨーク・フィルハーモニックの指揮者となる。この時期に《交響曲第8番》（千人の交響曲）（1906）と《交響曲第9番》（1908-09）を完成させている。

アメリカの作曲家S. バーバーはアカデミックな音楽教育を受け、伝統的なロマン主義の音楽を好んだ一人である。最もよく知られている《弦楽のためのアダージョ》（1937）も豊かな和声の響きを特徴としている。またバーバーと同性愛の関係にあったイタリア出身でアメリカの作曲家G.C. メノッティが第二次世界大戦後に作曲した《アマールと夜の訪問者》（1951）はクリスマス・オペラの定番となっている。

新しい音楽を求めて

アメリカでは黒人奴隷によって祖国アフリカの音楽の伝統がもたらされ、**黒人霊歌**やゴスペル、ジャズなどの新しいジャンルの音楽が誕生していたが、クラシック音楽の分野においても、ヨーロッパの伝統音楽に対して根本的に挑戦する前衛音楽がさまざまな形で展開された。

C. アイヴズは幼い頃から音楽教育を受けるが、職業音楽家にはならず、保険業で成功した。しかし地元の教会オルガニストを務めたり独自に作曲をしたりするなかで、無

アイヴズ

調や多調、微分音に実験的に取り組んだり、アメリカの民俗音楽的要素を取り入れたりした。生前はあまり評価されなかったが、マーラーが注目したことで知られる《交響曲第3番》（キャンプ・ミーティング）（1901-04）など、多くの作品を残した。アイヴズは**C. ラッグルズ、ジョン・J. ベッカー、W. リーガー、H. カウエル**とともに「**アメリカ五人組**」と呼ばれた。

その五人組のひとりカウエルは世界の諸民族音楽に親しみ、音楽民族学の研究者としてコロンビア大学で教鞭を執ったが、トーン・クラスターを使用したり、**L. テルミン**と共同で自動リズム楽器「リズミコン」を製作したりして、

カウエル

実験音楽の分野を開拓した。1957年に日本を訪れ《ONGAKU》を作曲している。弟子には、**J. ケージ、ガーシュイン**などがいる。

1920年代のアメリカで最も活躍したのが、**E. ヴァレーズ**である。彼は、パリで**A. ルッセル、V. ダンディ**、ベルリンで**F. ブゾーニ**に学んだ。1915年にニューヨークに移住して指揮者を志し、未来主義の作品を

ヴァレーズ

多く発表した。よく知られているのが、《超分光器（ハ

イパープリズム）》(1922-23)、数学や物理の用語を題名にした《積分（インテグラル）》(1924-25)と《電離（アイオイニゼーション）》(1929-31)である。前の2作品の編成は管楽アンサンブルと打楽器だが、最後の曲は打楽器だけの編成（13人の演奏者と41の打楽器）による画期的な作品となった。しかし彼がこれ以降作曲することはほとんどなかった。

ヨーロッパの前衛音楽に対抗して

ヨーロッパの戦後の前衛音楽に対峙したのが、J. ケージ（●p.166）である。彼はカリフォルニアに生まれた。子どもの頃にピアノを習っていたが、アカデミックな音楽の専門教育は受けていない。1934〜37年にかけてシェーンベルクの音楽理論の講義を聴講し、シェーンベルクの弟子のひとりA.ワイスから個人レッスンを受けたくらいである。そして以後の彼の音楽活動は、伝統的な音楽を構成した和声や対位法など、その他すべてのものの優位性を克服する試みであった。そのためアジアや中南米の楽器と音楽に関心を寄せた。そしてシェーンベルクが不協和音を、ストラヴィンスキーがリズムを解放したように、ケージは騒音を解放することを『音楽の未来：クレド』(1937)で宣言した。実際には、プリペアド・ピアノを考案して楽音や音高から音を解放し、《4分33秒》(1952)では騒音を解放し、「静寂」に耳を傾けることを要求した。

こうした「ダダイズム」的な活動は多くの音楽家に影響を与えた。E. ブラウンの図形楽譜の代表作《フォリオフ》の中の〈1952年12月〉やその創作理念としての「**開かれた形式**」、さらに「**フルクサス**」と呼ばれた前衛音楽運動（メンバーとしては **L.M.ヤング**、**B. ヴォーティエ** など）は、ケージの存在を抜きにして語ることはできない。

フェルドマン

M. フェルドマンは1950年にケージに会ってその影響から図形楽譜を採用して一躍有名になるが、演奏家の自由な解釈に反対して、1974年にそれを突然放棄し、伝統的な記譜法に戻った。その後はピアニッシモのまま長時間にわたって進行する《フィリップ・ガストンのために》(1984)や彼の作品の中で最長（6時間以上）の《弦楽四重奏曲第2番》(1983) を発表した。

ミニマリズムとコラージュ（パスティッチョ）

小さな音型を連続的に反復させる様式が「**ミニマル・ミュージック**」である。S. ライヒは、アフリカ音楽から影響を受けた《ドラミング》(1970-71)で有名になった。その他にも音を拡大する手法を活用した《マレット楽器、声およびオルガンのための音楽》(1973)や《18人の音楽家のための音楽》(1974-76) が有名である。また彼はユダヤ人であったことから、ユダヤ教に由来する《テヒリーム》(1981)や第二次世界大戦中のホロコーストを

ライヒ

ライリー

テーマにした《ディファレント・トレインズ》(1988)を生み出している。

L.M. ヤングの影響を受けた **T. ライリー**もミニマル・ミュージックを代表する作曲家で、《In C》(1964)がよく知られている。53の小さな音型（モデュール）から構成されるが、楽器や演奏者数の指定はされていない。その他にミニマル・ミュージックの作曲家にはインド音楽から影響を受けた P. グラスがいる。しかし彼はオペラ《浜辺のアインシュタイン》(1976)などの舞台音楽や映画音楽を多く手がけ、ミニマル・ミュージックから遠ざかっている。

G. ロックバークは、L. ベリオに代表される**コラージュ（パスティッチョ）様式**で知られ、《弦楽四重奏曲第3番》(1972)の第3楽章はベートーヴェンの後期の弦楽四重奏曲からのコラージュであったことから多くの論争を巻き起こした。また《弦楽四重奏曲第6番》(1978)にはパッヘルベルのカノンを主題とする変奏楽章が含まれる。

G. クラムも、時代や地域を超えてさまざまな音楽を引用した。例えば《子供たちのいにしえの声》(1970)では、バッハとマーラーの音楽がコラージュされた。

12音技法への回帰

　アメリカではこのような前衛音楽が注目されるが、12音技法へ回帰する流れも見逃せない。**A. コプランド**の《ピアノ・ファンタジー》(1957) や《コノテーションズ》(1962) も注目されたが、とりわけ**I. ストラヴィンスキー**の回帰はビッグ・イベントであった。大オーケストラで太古の世界のエネルギーを爆発的に表現した《春の祭典》(▶p.138)、そして第一次世界大戦後に新古典主義的な作風で《プルチネッラ》(1919-20) (▶p.141) を採用したストラヴィンスキーは、これまでシェーンベルクの12音技法に否定的な態度をとり続けていたからである。彼は1939年からアメリカに滞在していたが、1950年代以降、12音技法による作品を発表した。代表作としては、《カンタータ》(1951-52)、《七重奏曲》(1952-53)、《カンティクム・サクルム》(1955)、バレエ曲《アゴン》(1953-57)、オラトリオ《トレニ》(1957-58)、さらに《レクイエム・カンティクルズ》(1965-66) などがある。1959年に日本を、1962年には祖国ソヴィエトを訪問した。

　E. カーターは新古典主義から12音技法へと作風を変化させるが、リズムや音高に関する理論的研究を深め、とりわけ音を集合として把握する「**ピッチクラス・セット理論**」において大きな影響を与えた。しかし彼の作品が広く知られるようになるのは晩年になってからである。代表作に《オーケストラのための変奏曲》(1954-55) や《弦楽四重奏曲第2番》(1959) がある。長命だったため、100歳を過ぎても作曲を続けていた。

カーター

電子音楽と理論的研究

　ヨーロッパでは**ダルムシュタット国際現代音楽夏期講習会**でセリー主義の実験的研究が進んでいたが、アメリカではプリンストン大学で**M. バビット**、コロンビア大学で**C. ウォリネン**や**H. ソルバーガー**によって進められた。またこれらふたつの大学はベル電話研究所に近かったこともあり、**O. ルーニング**と**V. ウサチェフスキー**が**電子音楽**の実験を先導していた。その他にも、**ヴァレーズ**の《砂漠》(1950-54) やケージの《ウィリアムズ・ミックス》(1951-53) も初期の電子音楽の作品である。

知っておきたい音楽用語

微分音

　アメリカの前衛作曲家たちは、打楽器やサイレンなどの新しい響きや音を活用した他に、半音より狭い音程の音、つまり微分音を用いることで、新しい世界を開拓した。バルトークはハンガリーなどの民俗音楽を活用するなかで一時的に微分音を使用した。**C. アイヴズ**の2台のピアノのための《四分音による3つの小品》(1923-24) は微分音を用いた作品として知られている。また**H. パーチ**は43微分音階を考案し、多種多様な楽器を使用して独自の音響世界を追求した。

ロシア・ソ連の音楽

　帝政ロシア末期には、2人の個性的な作曲家が活躍した。**ラフマニノフとスクリャービン**である。スクリャービンが1歳年上の同世代であり、両者ともピアニストとしてたいへん優れていたが、作風は全く異なっていた。ラフマニノフはスクリャービンよりも長く存命したにもかかわらず、**後期ロマン派**の音楽に生涯とどまり続け、同時にピアニストとしても活躍した。ピアニスト兼作曲家という19世紀的な音楽家であり続けた。

　一方、スクリャービンは後期ロマン派の音楽から脱し、**無調**の可能性を開く新しい方法を示す作品を残した。従来の音楽に用いられてきた和音は3度音程の積み重ねを基本としていたが、4度音程をも積み重ね、完全4度、増4度、減4度の音程を含む**神秘和音**（▶p.137）を多用した。交響曲第4番《法悦の詩》や《ピアノ・ソナタ第4番》以降のソナタにこの和音が用いられている他、交響曲第5番《プロメテウス―火の詩》では、光と音を組み合わせた色光ピアノを用いた視覚と音楽の統合が試みられた。

　1917年、ロシア革命によって帝政ロシアが崩壊し、22年にはソ連が誕生した。1920年代には後の時代のような圧政はまだなく、アヴァンギャルドの芸術は革命の理念に一致すると見なされ、若い芸術家たちが活躍した。音楽では微分音（▶p.156）や、ダダイズム[1]的な手法を用いる**ルリエー**[2]、**ヴィシネグラツキー**[3]らが知られている。

　1930年代のスターリン体制のもとでは、**社会主義リアリズム**の音楽が求められるようになり、音楽家は自由に活動することが難しくなった。「現実をその革命的発展において真実に、また歴史的具体性をもって描くこと」が芸術家に要求され、作曲家の創作活動も厳しい統制のもとに置かれることになった。**ショスタコーヴィチ**などは、この体制に翻弄され続け（▶p.158）、また体制に迎合する作品と自らが求める音楽との間で揺れた**ハチャトゥリヤン**[4]や**プロコフィエフ**も同様に体制に翻弄された。一方で**カバレフスキー**[5]は「社会主義リアリズム」に賛同する作曲家となり、ソ連の作曲界において指導的な立場に就いた。彼の作風は極めて保守的であったものの、ソ連の音楽教育においてその指導方法に優れた功績を残し、子どもが演奏することを考慮した表現に富む作品も多く作曲した。

　スターリン体制下では、西側諸国の音楽界で展開しているあらゆる前衛音楽は、禁止されていた。ストラヴィンスキーのバレエ音楽《春の祭典》の楽譜を閲覧するだけでも、音楽院の院長の特別な許可が必要であったという。1953年のスターリン死後に始まる「雪どけ」以降、ショスタコーヴィチなどの前衛音楽家の活動が評価された。また西側の前衛音楽が紹介されるようにもなり、ソ連では**多様式主義**（▶p.171）といわれるあらゆる音楽技法を貪欲に取り入れた作品が創作されるようになった。

1　1910年代半ばに起こった芸術思想。既成の原理や常識をすべて否定、破壊する考え方。
2　アルトゥール・ルリエー　▶p.158
3　イワン・ヴィシネグラツキー（1893-1979）ロシア出身の作曲家。微分音程と超半音階理論に基づく作品を多く書いた。1920年にフランスへ亡命した。
4　アラム・ハチャトゥリヤン（1903-1978）ソ連、アルメニアの作曲家、指揮者。53年のスターリン死後、社会主義リアリズム芸術の自由な発展を訴えた。故郷のアルメニアの民族音楽を、交響曲や協奏曲で鮮やかに再現した。その独特の個性と色彩豊かな音楽描写が特徴。代表作は管弦楽曲《舞踏組曲》、ピアノ協奏曲。
5　ドミトリー・カバレフスキー（1904-1987）ソ連の作曲家で、1952年にはソ連作曲家同盟の書記に就任。カバレフスキーの民俗音楽に根ざした叙情性あふれる音楽語法は、19世紀ロシア音楽の影響を色濃く受けている。代表作は管弦楽組曲《道化師》、ヴァイオリン協奏曲 ハ長調など。

ジダーノフ批判

　1917年のロシア革命は、芸術家にも大きな変革をもたらし、帝政ロシア時代に芸術家を支えていた有力な貴族が国外へ亡命したことで、多くの芸術家はその活動の経済的基盤を失った。そして今日まで名を残す**ラフマニノフ**や**ストラヴィンスキー**といった優れた音楽家が相次いで亡命した。一方で、**グラズノフ**[1]や**ミャスコフスキー**[2]などの音楽家はソ連にとどまり、新しい社会体制下で自らの音楽生活の維持に奔走した。

　この当時の芸術を指導したのは、音楽では**ルリエー**[3]、美術では**シャガール**[4]や**カンディンスキー**[5]といったモダニズムを代表する人々であった。芸術に関しては保守的な趣味をもっていたレーニンだが、モダニズム的な傾向を批判したものの、厳しく統制するまでには至らず、1920年代は、大衆的な音楽、前衛的な音楽、伝統的な音楽が混在した。

　しかし1924年にレーニンが亡くなりスターリンの政権になると、いくつかあった音楽団体は解体させられ、32年に発足した作曲家同盟という組織にすべて統合された。この新しい組織のもとでは多くの優れた作品が生まれたが、**ショスタコーヴィチ**のオペラ《ムツェンスク郡のマクベス夫人》が体制側から問題視された。このオペラは大衆的には非常に成功を収めてはいたものの、不倫から義父と夫を殺害し、さらに恋敵まで殺害するという刺激的な内容であった。人間の欲望を赤裸々に表現したこの前衛主義の作品は、36年のソ連共産党中央委員会機関紙『プラウダ』の社説において徹底的に批判され、ショスタコーヴィチは冷遇されるようになった。**プラウダ批判**として知られるこの事件をはじめとするスターリン時代の文化弾圧は、音楽家を萎縮させた。ショスタコーヴィチは翌37年、《交響曲第5番》の成功でようやく名誉を回復することができた。

オペラ《ムツェンスク郡のマクベス夫人》の上演（モスクワ、1934年）

　第二次世界大戦中のソ連は、祖国を守る手段として音楽を利用した。ショスタコーヴィチの《交響曲第7番》は1941年、ナチス・ドイツ軍に包囲されたレニングラードで作曲され、反ファシズムの作品としてソ連のプロパガンダに利用された。また戦後のソ連では、文化面でのスターリン主義が徹底され、党中央委員のジダーノフ[6]らを中心に、芸術や文化の諸分野に対して、イデオロギーの統一や強化の動きが示されるようになった。この**ジダーノフ批判**と呼ばれる統制によって、46年には作家のゾーシチェンコ[7]と詩人のアフマートヴァ[8]が批判されたのをはじめ、48年にはショスタコーヴィチ、**プロコフィエフ**、**ハチャトゥリヤン**の作品が「形式主義的」であるとして厳しく批判されることになった。特に終戦後すぐに作曲されたショスタコーヴィチの《交響曲第9番》は、ソ連政府の意向に沿うものでは全くなかったことから、彼は《第5番》のときと同様、オラトリオ《森の歌》で体制寄りの作品を書くことで名誉を回復した。

　このジダーノフ批判は、1953年のスターリンの死後も公式なイデオロギーとされた。しかし58年の党大会において、音楽批判について行き過ぎと誤りがあったことが認められた。

ドミトリー・ショスタコーヴィチ（1906-1975）
ロシア、ソ連の作曲家。彼の音楽人生は、1917年に起きたロシア革命後に成立したソ連の社会体制と密接に関連している。彼の作品の様式は、政治的状況において変化せざるをえなかったため、結果としてさまざまなタイプの作品が生み出された。**作品** 弦楽四重奏曲 第8番 など

1　アレクサンドル・グラズノフ（1865-1936）ロシア、ソ連の作曲家、指揮者。
2　ニコライ・ミャスコフスキー（1881-1950）ロシア、ソ連の作曲家。1948年に形式主義者と批判された。
3　アルトゥール・ルリエー（1891-1966）ロシア出身の作曲家。ソ連時代には、スクリャービンが示した前衛音楽の可能性をさらに推し進めようとした。しかし1921年以降、ドイツ、フランス、アメリカへと亡命した。
4　マルク・シャガール（1887-1985）ロシア出身のフランスの画家。代表作は『青いサーカス』など。
5　ヴァシリー・カンディンスキー　○p.140
6　アンドレイ・ジダーノフ（1896-1948）ソ連共産党中央委員。スターリン独裁体制下の文化政策を担当。社会主義リアリズムを提唱し、前衛芸術を批判、抑圧した。
7　ミハイル・ゾーシチェンコ（1895-1958）ソ連の作家。代表作は『蘇った青春』など。
8　アンナ・アフマートヴァ（1889-1966）ロシア、ソ連の詩人。代表作は『夕べ』『おおばこ』など。

ユダヤ人音楽家の亡命

　第一次世界大戦後のヴァイマル共和国において、新たに力を得て思想や社会の面で活躍したのはユダヤ人であった。この時代のユダヤ人には、自由主義者、列強協調論者、議会政治家、国際的な金融資本をもつ大商人が多かった。反ユダヤ主義者には、このようなユダヤ人こそが、敗戦の屈辱と膨大な賠償金によってドイツ国民を苦しめている張本人であると映った。このような反ユダヤ主義的な世論を、中間層や農民・労働者層の支持獲得のために徹底的に利用したのがナチス政党であった。1933年に政権を掌握すると、悪名高いニュルンベルク法を制定し、ユダヤ人から公民権を奪い取った。38年には、パリでユダヤ人によるドイツ大使館員狙撃事件が起こったのを機に、ドイツ国内の各地でユダヤ人の居住地域やシナゴーグなどが次々と襲撃、放火された。この事件は今日では「水晶の夜」として知られる。そしてこの後ナチスのユダヤ政策が強化され、ユダヤ人の大量殺戮というホロコーストに至った。これによりヨーロッパ全域で650万人（ユダヤ人が600万人、その他シンティ、ロマが50万人）と推定される人々が殺害された。

　このような過酷な状況から逃れるために、多くのユダヤ人がヨーロッパから脱出した。作曲家の**シェーンベルク**、**アイスラー**[1]、**コルンゴルト**[2]、指揮者の**クレンペラー**[3]、**ヴァルター**[4]などはアメリカに亡命した。このうちアイスラーは、ハリウッドの映画音楽でチャップリン[5]らに協力したが、戦後アメリカのマッカーシズムの影響で共産主義者の嫌疑がかけられ、国外追放されるや、迷うことなくベルリンに戻り、東ドイツの国歌を作曲した。コルンゴルトはドイツ時代には現代音楽家の中で最も人気のある作曲家であったが、アメリカへ亡命してからはハリウッドの映画音楽の向上に尽力した。

　ナチスは前衛芸術を道徳的・人種的に堕落した**退廃芸術**であるとして、前衛芸術家の活動を禁じ、公的な立場からも追放した。ユダヤ人でなくても自身の作品が退廃芸術であるとされ、ドイツからの亡命を余儀なくされる者もいた。**ヒンデミット**もその一人で、1934年に発表したオペラ《画家マティス》は、当局から「退廃音楽」の烙印を押された。その後38年にスイスへ、40年にアメリカへ亡命した。

　ナチスによるホロコーストや、多くの亡命者が出たことで、ドイツ国内から優秀なユダヤ人音楽家が失われた。その一方で、アメリカはナチスからだけでなくソ連からも逃れてきた多くのユダヤ人音楽家を受け入れることになり、第二次世界大戦後のアメリカ音楽界の隆盛を準備することになった。

　また、日本に亡命したユダヤ人音楽家もいた。33年に2度目の来日をしたピアニストの**クロイツァー**[6]は指揮者の近衛秀麿（●p.184）の求めに応じて、亡くなるまで東京音楽学校（現、東京藝術大学音楽学部）で後進の指導にあたった。また指揮者の**ローゼンシュトック**[7]は36年に来日し、新交響楽団（現在のNHK交響楽団）の指導を行った。オペラ作曲家で指揮者であった**グルリット**[8]も、39年に近衛秀麿の求めに応じて来日し、数多くのオペラを指揮した。

ヴァルター
ドイツで活躍していた名指揮者のヴァルターもアメリカへ亡命した。

1　ハンス・アイスラー（1898-1962）ドイツの作曲家。明快な音楽語法を求め、多くのプロパガンダ・ソングを作曲した。
2　エーリヒ・ヴォルフガング・コルンゴルト（1897-1957）オーストリアとアメリカで活動した作曲家。マーラーから絶賛された。アメリカ亡命後、映画音楽の作曲家として評価が高い。
3　オットー・クレンペラー（1885-1973）ドイツの指揮者。
4　ブルーノ・ヴァルター（1876-1962）ドイツとアメリカで活動した指揮者。
5　チャールズ・チャップリン（1889-1977）イギリス出身の映画俳優・監督、コメディアン。
6　レオニード・クロイツァー（1884-1953）ロシア出身で、ドイツと日本で活動したピアニスト、指揮者。
7　ヨーゼフ・ローゼンシュトック（1895-1985）ポーランド出身で、ドイツ、アメリカ、日本で活動した指揮者。
8　マンフレート・グルリット（1890-1973）ドイツに生まれ、日本で活動したオペラ作曲家、指揮者。

アメリカにおける亡命文化

　1933年から第二次世界大戦末期の44年頃までに、ナチス・ドイツを逃れてヨーロッパからアメリカへ亡命した人は、24万人から33万人いたといわれている。そのうちの1割程度の人は、ドイツなどですでに高い研究業績を上げていた科学者や芸術家、文化人であった。彼らの多くは亡命先のアメリカの大学で教員になるなどして、戦後活躍した。

　彼らの活動のうちで、アメリカ文化に最も大きな影響を与えたのは科学の分野であろう。まず、1933年に亡命した理論物理学者**アルベルト・アインシュタイン**や、34年に亡命した物理学者のジェイムス・フランクらを挙げることができる。アインシュタインは、ルーズベルト大統領に核兵器開発を促す信書を送り、フランクは実際に**マンハッタン計画**と呼ばれる核兵器の開発に参加した。また第二次世界大戦末期の45年にアメリカへ亡命したロケット工学者ヴェルナー・フォン・ブラウンは、後に人類を初めて月面へ送り届けることになるロケットを開発した。

　芸術の面では、特にハリウッド映画に大きな影響を与えた。亡命前にドイツ映画[1]の制作に関わっていたフリッツ・ラング、ダグラス・サーク、ロバート・シオドマク、ビリー・ワイルダーらは、亡命後ハリウッドで下積みを経て映画監督になり、多くのアメリカ映画を撮影している。また、映画音楽においては**コルンゴルト**[2]が与えた影響はとても大きいといえる。彼は映画音楽に後期ロマン派の表現法を持ち込み、耳に残る美しい旋律や大編成のオーケストラを用いた。この方法は、後のアメリカ映画音楽の作曲家、『王様と私』の**アルフレッド・ニューマン**[3]、『スター・ウォーズ』の**ジョン・ウィリアムズ**[4]らに引き継がれた。

　戦後のマッカーシズムの影響で、一度は亡命したものの、アメリカに居づらくなってしまった文化人もいた。作曲家**アイスラー**[5]と劇作家**ブレヒト**[6]である。2人は1930年にベルリンで教育劇《処置》を発表して以来、共同制作を続けていた。アメリカでの活動は、たびたび非米活動委員会の審問を受け、その度に弁明を求められるという状況にあった。結局2人は東ドイツへ行き、そこで活躍することになる。

　音楽では、**シェーンベルク**やその弟子の一人である**ヤロヴィッツ**[7]が、アメリカでの多くの後進の指導にあたった。シェーンベルクのこの時代の弟子の一人には、1960年代以降のアメリカの前衛音楽を代表する**ケージ**がいる。

　このようにドイツを中心にヨーロッパから多くの知識人がまとまってアメリカへ亡命したことで、新天地のアメリカでヴァイマル文化をもう一度繁栄させることができたといえる。また亡命者の中には、作曲家**ヒンデミット**のように、戦後ヨーロッパへ戻る者もいた。このことによって、戦後の疲弊したヨーロッパを文化的な面から再興することにつながったのである。

アインシュタイン　世界的な理論物理学者であった彼は、音楽好きでヴァイオリン演奏が趣味だった。

1　ヴァイマル共和国時代のドイツでは映画産業が黄金期を迎えていた。
2　コルンゴルト　●p.159
3　アルフレッド・ニューマン（1901-1970）アメリカの映画音楽作曲家。
4　ジョン・ウィリアムズ（1932- ）アメリカの作曲家、指揮者。映画音楽を多数手がける。
5　アイスラー　●p.159
6　ベルトルト・ブレヒト（1898-1956）ドイツの劇作家、詩人。代表作は戯曲『三文オペラ』など。
7　ハインリヒ・ヤロヴィッツ（1882-1946）オーストリアの音楽学者、指揮者。

冷戦と音楽家

　第二次世界大戦末期、ヤルタで戦後処理をめぐって連合国の首脳が会談し、ドイツ及び中欧・東欧におけるアメリカとソ連の利害を調整することで、大戦後の国際秩序を決定した。しかし戦後になると、ソ連は自らが解放した東欧地域で、親ソ連政権を誕生させ各国の内政に関与した。またフランスやイタリアにおいては共産党が躍進したことで、アメリカはソ連の影響がヨーロッパに広がることに警戒感を抱くようになっていた。

　1947年にアメリカの大統領トルーマンは、内戦状態にあったギリシアや、ソ連と対立していたトルコを援助するため、「トルーマン・ドクトリン」といわれる政策をとった。さらにアメリカの国務長官マーシャルは、経済的に困窮していたヨーロッパに経済支援を実施し、共産主義の拡大を阻止する「マーシャル・プラン」を発表した。西側諸国はこの経済援助を受け入れたが、ソ連は東欧6か国とフランス、イタリアの共産党とでコミンフォルム（共産党情報局）を組織して西側に対抗した。これによって東西対立が激しくなり、実際の戦いは伴わないが、「冷戦」と呼ばれる、一触即発の緊張状態が構成された。アメリカとソ連を中心とした二大陣営ブロックが形成され、西側陣営または東側陣営に多くの地域の国々が組み込まれていくことになった。そのために、東西ドイツ、南北朝鮮、南北ベトナムのような分断国家が生じ、新たな悲劇につながることにもなった。

　「冷戦」は、政治体制の違いから生じるイデオロギーの対立であり、それぞれの政治体制の原理やその正統性をめぐって激しく対立した。東側はこの政治体制を正当化するために、スポーツや芸術の分野の積極的な利用を図った。例えば、**チャイコフスキー国際コンクール**は、音楽におけるソ連の優秀さを誇示するために1958年から4年おきに開催されるようになったコンクールである。しかし皮肉なことに、記念すべきその第1回では、アメリカから出場したクライバーン[1]の演奏がソ連の聴衆からも支持されて、彼が優勝してしまった。

　社会主義国家では、社会主義という体制に適すると見なされた芸術だけが推奨され、そうではない芸術や、体制に賛同せず批判するような芸術は弾圧され、場合によってはそうした芸術家も危険にさらされた。芸術家の活動条件として必須である自由な行動は制限され、体制によって監視される社会だったのである。そのため自由な表現の場を求めてソ連からは多くの芸術家が亡命した。1917年のロシア二月革命直後に、作曲家の**ラフマニノフ**は出国し、二度とロシアの地に戻ることはなかった。名演奏家として名高い**ホロヴィッツ**[2]は、25年に名ピアニストである**シュナーベル**[3]に師事するという名目で、ソ連を出国しドイツに向かった。62年のチャイコフスキー国際コンクールに出場し、イギリスのピアニスト、オグドン[4]と優勝を分け合った**アシュケナージ**[5]も、共産党幹部からコンクールの結果について批判されたことをきっかけに、63年イギリスへ亡命した。70年にノーベル文学賞を受賞した作家ソルジェニーツィン[6]は、74年にソ連を追放された（94年にソ

建設が始まったベルリンの壁
1961年に建設が始まった壁は何度か作り替えられ、最終的に155kmの長さに及んだ。写真のブランデンブルク門の向こう側が東ベルリン、壁の手前が西ベルリン。

1　ヴァン・クライバーン（1934-2013）アメリカのピアニスト。アメリカでは1962年からヴァン・クライバーン国際ピアノコンクールが行われている。
2　ヴラディミール・ホロヴィッツ（1903-1989）ウクライナ生まれのアメリカで活動したピアニスト。優れた演奏技術で人気を博した。
3　アルトゥル・シュナーベル（1882-1951）オーストリアで生まれ、ドイツのベルリン、アメリカで活動したピアニスト。
4　ジョン・オグドン（1937-1989）イギリスのピアニスト、作曲家。数多くのピアノ曲を作曲したが、その評価は低かった。
5　ヴラディミール・アシュケナージ（1937-　）ソ連出身のピアニスト、指揮者。
6　アレクサンドル・ソルジェニーツィン（1918-2008）ソ連の作家。代表作『ガン病棟』『収容所群島』。

連市民権が回復すると帰国)。映画監督タルコフスキー[7]は、度重なる検閲に苦しみ、84年に亡命を宣言してフランスで活躍した。

「冷戦」は、1989年にベルリンの壁が崩壊し、その後90年に東西ドイツが再統一され、翌年ソヴィエト連邦が解体されたことで終わりを迎えた。

戦争と音楽

　第二次世界大戦（1939-45）は、全世界的規模へと拡大した戦争となり、都市が攻撃されたことによって一般市民を含む多くの犠牲者が出た戦いでもあった。特にナチス・ドイツによる強制収容所では、多くのユダヤ人が命を落とした。この時期のヨーロッパにおけるユダヤ人迫害から逃れるため、アメリカへ亡命する者もいた。

　第二次世界大戦中、ドイツ軍の捕虜となり、ドレスデン近郊のゲルリッツにあった収容所に収監されていた**メシアン**（▶p.165）は、ヴァイオリン、クラリネット、チェロ、ピアノの編成からなる《世の終わりのための四重奏曲》を作曲した。

　ソ連は、独ソ戦[8]が始まるや、すべての芸術家を「祖国戦争」の名のもとに総動員して、愛国的な作品をつくらせた。**ショスタコーヴィチ**の交響曲のうち第7〜9番の3曲は、このような背景で生まれた。第7番はまさに戦争を音楽で表しており、第8番はその苦しみにあえぐ人々の心情を伝えているかのようである。そしてこれに対して、第二次世界大戦の勝利を記念して作曲された第9番は、短く軽快な小品であった。戦争三部作の最後を飾る曲として、ベートーヴェンの《交響曲第9番》のような壮大な作品を期待していたソ連当局は、大いに憤慨したといわれている。またこのことが、後にショスタコーヴィチがジダーノフ批判（▶p.158）を受けるきっかけになってしまったとされている。

　シェーンベルクは、ナチスが政権をとった1933年、すぐにアメリカへ亡命することができた。そのため大戦中にヨーロッパのユダヤ人音楽家が受けた悲劇から逃れることができた。47年に、彼は、収容所のユダヤ人がガス室で処刑される様子を描いた《ワルシャワの生き残り》を作曲した。ナレーター、男声合唱、管弦楽の編成からなる作品で、ナレーターは、収容所で生き延びた男を表しており、その台詞を英語で語る。ドイツ兵が登場する場面においてのみ、ナレーターはドイツ兵の言葉をドイツ語で語る。男声合唱はガス室に向かう行進が始まるところで登場し、ヘブライ語でユダヤ教の祈禱文を歌う。

　またナチス・ドイツの占領下で収容所に送られて生き延びることのできなかった音楽家には、エルヴィン・シュルホフ（1894-1942）やギデオン・クライン（1919-1945）が知られている。

アウシュヴィッツに到着した列車から降りるユダヤ人

7　アンドレイ・タルコフスキー（1932-1986）ソ連の映画監督。
8　1941年、ドイツが独ソ不可侵条約を無視してソ連を急襲したことをきっかけにして始まった戦争。一時期はモスクワにまでドイツ軍が迫ったが、大きな損害を出しながらもソ連は押し返した。

ミュジック・コンクレートと電子音楽

テープレコーダーなどの音響機器の開発によって、水の流れる音、物を落とした音、金槌（かなづち）で何かをたたく音など、鳴り響くさまざまな音を録音し、それらを素材として構成した音楽が、新しく登場した。水や木などの具体的な物から発せられる音を用いているため、**ミュジック・コンクレート**、あるいは**具体音楽**といわれる。1948年にフランスの放送音響技師であった**シェフェール**[1]が実験を始め、49年に作曲家**アンリ**[2]も参加し、50年にエコール・ノルマル音楽院にて《一人の人物のためのシンフォニー》を発表した。この作品が演出家**ベジャール**[3]によってバレエに使用されたことで、ミュジック・コンクレートの手法が知られることになった。

シェフェールによれば、伝統的な音楽は「楽音」を構成することによって、具体的な音楽表現に到達する。一方ミュジック・コンクレートは、具体的な「響き」そのものを素材とし、それに録音技術や音響技術を使って加工を施し、再構成することによって、抽象的で普遍（ふへん）的な表現を得ることができるとされた。このような考えは従来の音楽作品の考え方を転換するものであった。

ドイツでは少し遅れて、51年にケルン放送局に開設された電子音楽スタジオで、作曲家**アイメルト**[4]が中心になって、電子音を用いた創作が始まった。最初は、純音（サイン波）、矩形波、三角波、のこぎり波、ホワイトノイズといった電子音や、それを音響技術で加工したものを素材として用いて作曲した。**電子音楽**初期の代表作としては、**シュトックハウゼン**の電子音楽《習作Ⅱ》（▶p.167）が知られている。やがてこれに具体音も素材に加えた**ベリオ**[5]の《テーマ（ジョイス賛）》のような作品もつくられるようになった。

ミュジック・コンクレートと電子音楽は、創作方法において両者を区別することがしだいに難しくなり、60年代頃からは一般に**テープ音楽**と呼ばれるようになった。

カリンバの音を録音するシェフェール
ミュジック・コンクレートは、このようにさまざまな具体的な物から発せられる音を録音して素材とし、それに加工や変形等を施して磁気テープ上に再構成する音楽である。現在では、コンピュータ上で同様の録音、編集を行うことができる。

---

1 ピエール・シェフェール（1910-1995）フランスの作曲家。後年『音楽オブジェ論』においてミュジック・コンクレートの理論の体系化を試みた。
2 ピエール・アンリ（1927-2017）フランスの作曲家。ベジャールのバレエ作品など、多くの舞台作品の音楽を手がけた。
3 モリス・ベジャール（1927-2007）フランスのバレエ振付家。バレエ《春の祭典》や映画『愛と哀しみのボレロ』の振り付けで名声を得た。
4 ヘルベルト・アイメルト（1897-1972）ドイツの音楽理論家、作曲家。ケルン放送局電子音楽スタジオの責任者。
5 ルチアーノ・ベリオ（1925-2003）イタリアの作曲家。1956年にイタリアの電子音楽スタジオの所長に就任。電子音楽の他に、コラージュの手法を用いた作品をつくったことで知られる。

トータル・セリー（総音列主義）

シェーンベルクの12音技法は、1オクターヴ内の12個の音から作られた音列をもとにした技法で、音高のみに注目した作曲手法であったといえる。第二次世界大戦後に活躍する**ダルムシュタット派**[1]の音楽家は、音高以外の音楽的要素、音価、強弱、音色、アタックなども厳格に音列技法によって管理する作曲法を主張した。この技法は**トータル・セリー**といい、日本語では「総音列主義」という。

この技法を最初に試みたのは**メシアン**で、彼の《4つのリズムのエチュード》の第2曲〈音価と強度のモード〉である。メシアンはこの曲で、音を4つの属性、**音価、音高、強度、アタック**に分けて捉え、それぞれの属性について作品内で使用する要素を定義した。例えばアタックについては11種類（アクセントやスタッカートなど）、強度については7種類（*ppp* や *f* など）を定めている。これらの属性を伴う基礎となるセリーを用いて合理的に作品を構築した。つまり音のこれらの属性を12音技法における音高セリーと同じような方法で定義し、それらに基づいて作曲することを提案したのである。彼はこれらの定義を**モード**と呼び、以下のように定めている。

アタックについては、11種類の記号が付けられたアタックと、記号が付けられていないノーマルなアタックの12種類のアタックからなるモードを設定した（譜例1）。

強度については、7種類の強度からなるモードを設定した（譜例2）。

音高については、36の音を使用する。これらの音高は高音域（第Ⅰ区分）、中音域（第Ⅱ区分）、低音域（第Ⅲ区分）の3つの音域に分けられる。各区分ごとに12音からなる音列が定義され、各音域は重なり合うところもある。

音価は、「持続の半音階」とメシアンが呼んだ方法でつくられる。「持続の半音階」とはある音符の長さを基準にし、それを1つ、2つ、3つ…と加算してつくられるさまざまな持続のヴァリエーションである。例えば♪を基準にすれば、♪、（♪＋♪）＝♩、（♪＋♪＋♪）＝♩.、（♪＋♪＋♪＋♪）＝♩ となる。この曲でメシアンは、音域ごとに「持続の半音階」を以下のようにつくった。

第Ⅰ区分では、32分音符を基準に、その1倍から12倍までの長さがつくられる。

第Ⅱ区分では、16分音符を基準に、その1倍から12倍までの長さがつくられる。

第Ⅲ区分では、8分音符を基準に、その1倍から12倍までの長さがつくられる。

こうして36通りの持続ができるが、重複を整理すると24種類になる（譜例3）。

メシアンは各音域の音列に、音色と強度と音価のモードを加えて、譜例4のようなモードを定義した。

作品では各音域は、それぞれ3段譜に分けて記譜される。譜例に示している数字は、各音域で用いられている音の番号を示している（譜例5）。

譜例1　アタックのモード

>	'	.	_	⌢	⸖	⸵	≥	⋯	*sf* >	*sf* ⸵	
1	2	3	4	5	6	7	8	9	10	11	（12は何も記号が付かない）

譜例2　強度のモード

ppp	*pp*	*p*	*mf*	*f*	*ff*	*fff*
1	2	3	4	5	6	7

---

[1]　1946年からドイツのダルムシュタットで開催されたダルムシュタット国際現代音楽夏期講習会（▶ p.168）の代表的な作曲家であるブーレーズ、ノーノ、シュトックハウゼンらを指す。

譜例3　音価

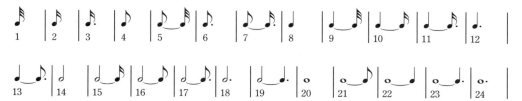

譜例4　モード

譜例5　〈音価と強度のモード〉メシアン 作曲

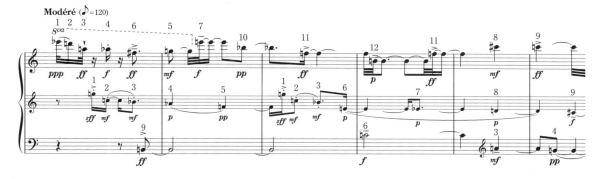

オリヴィエ・メシアン（1908-1992） フランスの作曲家。音列技法を音高、音価、強度、アタックに拡大したトータル・セリーや、「移調の限られた旋法」と呼ばれる独自の音楽語法に基づく作品など、自身の作品を常に再検討して実験的な作品を発表し続けた。熱心なカトリック教徒であったメシアンは、宗教的な作品も多い。パリ音楽院の和声科の教授になり、理論的著作である『わが音楽語法』を出版した。 作品 《トゥーランガリラ交響曲》、オペラ《アッシジの聖フランチェスコ》

ピエール・ブーレーズ（1925-2016） フランスの作曲家、指揮者。パリ音楽院でメシアンに学ぶ。トータル・セリーを経て、独唱と室内楽のための《主のない槌》で名声を得る。50年代には前衛音楽の旗手となった。60年代からは指揮者として現代の作品を数多く録音し名声を得た。70年代にはフランスのIRCAM（フランス国立音響研究所）の設立に携わり、所長を務めた。 作品 ピアノ・ソナタ第2番、《レポン》

165

偶然性の音楽

　ケージは1951年に《易の音楽》を発表し、この作品で従来の音楽作品のあり方を根底から覆す方法を取り入れた。ケージは3枚のコインを投げて行う占いによって、音高、音価、音色の選択を偶然性に委ねたのである。ケージの偶然性は、スリランカの哲学者クーマラスワミの著書や日本の仏教哲学者鈴木大拙による禅の講義といった東洋思想から強い影響を受けている。直接的には、仲間から薦められた英訳版の『易経』からこの方法を導き出した。

　《易の音楽》でケージが行った**チャンス・オペレーション**[1]は、明確な思想を背景にもった、音楽の創作過程における偶然性であった。そしてこれは、作曲家が自身のつくった音楽に対して、すべてを決定して、責任をもつという、従来の音楽作品の考え方に対して、根本からの再考を促すものであった。このように1950年代にケージによって実践されるようになった、音楽の創作過程に偶然が介在する音楽は、**偶然性の音楽**と呼ばれた。

　その後ケージの偶然性は、演奏実践にも及ぶようになり、その音楽は作曲家本人さえも演奏されるまで具体的な響きを予測することができなくなった。このようなタイプの音楽を**不確定性の音楽**[2]という。代表的な作品としては、ステージに登場したピアニストが、音を全く出さずに鍵盤の蓋の開け閉めのみを行い、その間に聴くことができるあらゆる音、ざわめきなどのノイズが音楽であるとした《4分33秒》（1952）や、レコード・プレイヤーのカートリッジにさまざまな物を差し込んで、触ったりこすったりたたいたりした音を電気的に増幅する《カートリッジ・ミュージック》（1960）などがある。

　このような偶然性・不確定性の音楽を記譜する方法としては、**図形楽譜**が積極的に用いられた。《カートリッジ・ミュージック》の楽譜は、4枚の透明なシートからなり、このシートを選んで重ねることで新しい図形楽譜を作成できるようになっている。シートの選び方や重ね方によってさまざまな楽譜をつくることができる。

　ケージの偶然性・不確定性の音楽は、54年にドイツのドナウエッシンゲンの現代音楽祭で演奏されてヨーロッパに紹介された。当時のヨーロッパの音楽はトータル・セリー（p.164）が主流であり、この硬直化した作曲法で行き詰まりをみせていたところに大きな風穴を開けることになった。ケージの理念ともいうべき偶然性・不確定性は、ヨーロッパでは技法の一つとして受け入れられた。とりわけ**ブーレーズ**は、作曲家によって作品の一部に偶然性を取り入れる**管理された偶然性**といわれる手法を、自身の《ピアノ・ソナタ第3番》（1957）で提唱した。

ジョン・ケージ（1912-1992） アメリカの作曲家。プリペアド・ピアノやライヴ・エレクトロニクスなどの独創的な活動によって音楽に新しい領域を開拓し続けた。特に1950年以降の偶然性の導入は、西洋音楽に衝撃を与え、音楽における作品、演奏家、聴衆のそれぞれに常に新しい問題を提起し続けた。舞踊家マース・カニングハムとのコラボレーションは、生涯続いた。 作品 ピアノ曲《易の音楽》、《4分33秒》、プリペアド・ピアノ曲《危険な夜》

カールハインツ・シュトックハウゼン（1928-2007） ドイツの作曲家。ケルン音楽大学で作曲を学んだ後、フランスでメシアンに師事。トータル・セリー（総音列主義）や電子音楽の作品を経て、1960年代には、ライヴ・エレクトロニクスや不確定性の手法を取り入れた作品を発表。70年代には、記譜された作品をつくるようになり、ミニマル的な手法も取り入れる。77年以降はオペラ《光》の創作が中心となり、多くの関連作品を残した。 作品 《グルッペン》、《ツィクルス》、連作オペラ《光》、《ヘリコプター弦楽四重奏曲》

1　偶然性の音楽のうち、作曲の過程に偶然性を取り入れる手法を「チャンス・オペレーション」と呼ぶ。
2　偶然性と不確定性は、ほとんど同義で用いられることもある。

知っておきたい音楽用語

図形楽譜

　五線譜に音楽を書く従来の記譜の仕方に代わって、図形によって表記された楽譜。**電子音楽**や、ケージの**偶然性・不確定性の音楽**など、五線に音符を用いて書くという従来の方法に適さない音楽で積極的に用いられることになった。図形とそれに対応する演奏法や音楽的意味は、ジャンルや作曲家によって独自に定められるため、普遍的な記譜法ではない。むしろ楽譜に用いられている図形そのものが作品の一側面を表すこともあり、作品ごとに図形が何を表しているか説明されることが多い。

　電子音楽では、音響の周波数や持続時間などを正確に記述するために図形が用いられることが多い。一方で偶然性・不確定性の音楽では、図形によって音の響きを視覚的イメージに訴えることが主眼とされた。そのために、従来の楽譜に求められていた音の高さ、長さ、強さ、またその演奏の仕方などを正確に表記する必要もなかった。例えば音の高さも絶対的な高さで示されるのではなく、響きとしての音やその運動が疑似的に表された。音の長さも大まかに記されることはあるが、決して従来の楽譜のように長さとして決められることはなく、具体的に秒数で示されることもある。強弱は、フォルテやピアノといった従来の記号が用いられることもあるが、多くは図形の大きさや、色の濃淡によって示される。演奏者が図形楽譜からどのような情報を読み取るかは、作曲者が規定するのではなく、すべて演奏者に委ねられているのである。

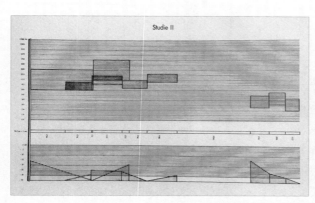

シュトックハウゼンの電子音楽《習作Ⅱ》の楽譜の冒頭部分　上部の四角い大小の図形は5つの周波数の組み合わせのパターンを示している。下部の三角の図形は、上部の四角い図形と対応していて、音量の変化を示す。周波数はHz、音量はdBで正確に表記されている。音の長さは、これらの電子音を記録する録音テープの長さ（cm）で表記されている。

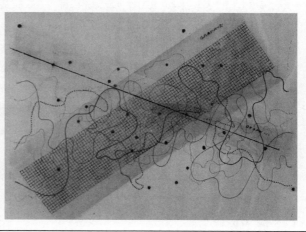

ケージの《フォンタナ・ミックス》の楽譜の一部　テープ音楽のコラージュ作品であるこの曲の楽譜は、数枚の透明なシートに描かれている曲線、直線、点を重ね合わせてつくられるため、重ね方によって毎回異なる図形となる。使用するサウンド素材は、ケージのテープ音楽作品である《ウォーター・ウォーク》や《アリア》などが指定されている。それらの素材の組み合わせを図形楽譜から読み取って作品にする。

知っておきたい音楽用語

プリペアド・ピアノ

　ピアノの弦と弦の間に、ねじやナット、木やフェルト、ゴムやプラスチックなどの異物を装着して、音色を変化させたピアノを指す。**ケージ**によってこの方法が提唱され、《バッカナール》(1940)や《危険な夜》(1944)などの作品で、**プリペアド・ピアノ**が使用された。ピアノ本来の音色が、これらの異物を挟むことで変化し、まるでパーカッションのような響きになる。楽譜には、どの弦のどの位置に何を挟むのかが指示されている。

　楽器に異物を挟む方法は、ピアノ以外の楽器でも行われるようになり、現代音楽の表現方法の一つになっている。

プリペアド・ピアノの準備をするケージ

ダルムシュタット国際現代音楽夏期講習会

　ドイツの都市ダルムシュタットの音楽と演劇の伝統は、17世紀に始まる。この都市を治めた歴代の大公は、音楽を奨励し優れた演奏家を多く雇い大きな楽団を擁していた。19世紀初頭には、この地で学んだヴェーバー[1]やマイヤベーア[2]といった作曲家も輩出した。特にダルムシュタットの最後の大公エルンスト・ルートヴィヒ[3]が現代音楽に共鳴したことで、この地に現代オペラを上演する伝統が培われた。

　第二次世界大戦中は、音楽施設が戦争の惨禍によって破壊されてしまったが、戦後すぐに仮設ステージでオペラの上演が再開された。またダルムシュタット市も前衛音楽に理解を示したことから、1946年にシュタイネケ[4]によってダルムシュタット国際現代音楽夏期講習会の開催が提案された。70年まで毎年、その後は2年ごとに開催されて今日まで続いている。

　この講習会では、新ウィーン楽派の12音技法の研究に始まり、やがて**メシアン**や当時の若手の**ブーレーズ**などが、トータル・セリー（総音列主義）の作品を発表した。現代音楽作品の演奏だけでなく、その作曲技法や美学理論の研究が紹介され、前衛音楽を象徴する講習会となっている。58年の講習会では**ケージ**が実験音楽の講座を担当した。

1　ヴェーバー　●p.98
2　マイヤベーア　●p.123
3　エルンスト・ルートヴィヒ（1868-1937）ヘッセン大公国の第5代大公。在位期間は1892-1918。
4　ヴォルフガング・シュタイネケ（1910-1961）ドイツの音楽学者、音楽批評家。

トーン・クラスターの響き

　1960年代になると、前衛音楽はトータル・セリーとは異なったアプローチで新しい音響を模索することになった。その一つが、**トーン・クラスター**と呼ばれる手法である。クラスターとは、果物の房や群れを意味し、トーン・クラスターは「音群作法」ともいう。ある音域のすべての音を同時に演奏するというこの手法は、1910年代に**カウエル**[1]によって考案された。彼のピアノ曲《生命の竪琴》の場合、あるオクターヴの音域の白鍵すべてを手のひらで押して演奏したり、2オクターヴ程度の広い音域が指定されているときは、腕を使って演奏した。それは通常のピアノ演奏では想定されていない特殊な演奏法でもあった。

　そして1960年代になって再びこの手法が取り上げられるようになった。当時の主流であったトータル・セリー音楽は、音楽をさまざまな要素に分解し、それをセリーで細かく再定義し、そこから音楽作品を構築するプロセスであった。それに対してトーン・クラスターは、音の塊という音響を直接扱う作曲手法だったのである。

　トーン・クラスターの作品では、積み重ねる楽器によって音色の変化が生まれ、また微分音の含め方によって音響が変化し、これらが音楽の表現の原動力となった。作品にこの手法を応用したのは、**リゲティ**[2]と**ペンデレツキ**であった。

　ペンデレツキの《広島の犠牲者に捧げる哀歌》は、1960年に作曲されたトーン・クラスターの技法を用いた作品である。《アナクラシス》とともにペンデレツキの名を世界的に知らしめることになった。

《広島の犠牲者に捧げる哀歌》　ペンデレツキ 作曲

　トーン・クラスターをつくる大まかな音域が、黒い帯で示されている。その下に12人のヴァイオリン奏者がそれぞれどの音を担当するかが示されている。作品は図形楽譜で描かれており、楽譜の横の軸は、小節線ではなく秒数で示されている。また微分音を含むトーン・クラスターが使われている。

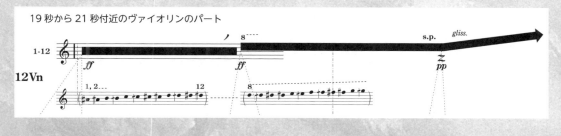

19秒から21秒付近のヴァイオリンのパート

クシシュトフ・ペンデレツキ（1933-2020） ポーランドの作曲家。ポーランドの「雪どけ」によって西ヨーロッパの現代音楽に触れ、前衛的な作品から大きく影響を受ける。1960年代にトーン・クラスターを用いた《アナクラシス》や《広島の犠牲者に捧げる哀歌》の作品でその名を世界に知らしめた。70年代には作風が転換し、調性的な響きやロマン派的な旋律を用いた、ポスト・モダン的な姿勢をとるようになった。カトリックの信仰に基づく古典的で伝統的な作風もみられる。　**作品**　《ルカ受難曲》、ヴァイオリン協奏曲、《ポーランド・レクイエム》

1　ヘンリー・カウエル（1897-1965）アメリカの作曲家。《マノノーンの潮流》（?1917）や《生命の竪琴》（1924）などのピアノ作品でトーン・クラスターの手法を取り入れた。またピアノの弦を直接かき鳴らしたりする内部奏法も導入した。弟子には、ケージやガーシュインらがいる。
2　ジェルジ・リゲティ（1923-2006）ハンガリーの作曲家。正確に構成された網目状の組織の上に音を高密度に集積していく音楽表現を特徴とする。トーン・クラスターの手法を用いた《アトモスフェール》（1961）では自身の手法をミクロポリフォニーと解説した。

メルヘンと伝説を愛した作曲家

　オルフは、1937年に発表した《カルミナ・ブラーナ》[1]の大成功によって、世界的に知られる作曲家となった。中世の世俗詩集を題材にしたこの曲は、明解な形式と和声、一貫したリズム型やオスティナート[2]を使用し、オルフ自身の作風をよく表している。

　オルフは《カルミナ・ブラーナ》以外にも、オペラや音楽劇などを作曲している。これらの作品の題材は、メルヘンや伝説といった古い素材によるものが多い。例えば、メルヘンに取材したものではオペラ《月》(1936-38)や《賢い女》(1941-42)などがあり、これらはグリム童話に基づく。また音楽劇については、ギリシア悲劇によるものがあり、《アンティゴネ》や《暴君エディプス王》などはソフォクレスの悲劇に基づいている。いずれの作品も音楽、言葉、身振りの一体化を目指しており、古い素材を用いた作品でもオルフの音楽は生命力にあふれ、同時代の主流であった前衛音楽とは全く異なり、それでいて古典的でもない彼独自の魅力に富んでいた。

　彼は音楽教育にも関心をもち、1924年にはギュンターに協力して、ミュンヘンで音楽、体操、舞踊のための学校の設立に参加したり、教育用の作品を書いたりしている。その多くには、木琴やメタロフォンによる5音音階に基づく旋律が使われている。50～54年にかけて、5巻からなる《子どものための音楽》を発表した。

《カルミナ・ブラーナ》　オルフ 作曲

　「カルミナ・ブラーナ」とは、ドイツのバイエルン州ベネディクトボイエルンの修道院で1803年に発見された中世の世俗詩集の名称。この詩集を編纂したのは、中世の遍歴学生や若い聖職者と考えられており、その内容は、「道徳や風刺」「恋愛の歌」「酒やゲームや賭け事」といったものが多い。この詩集からオルフは24の詩を選び、それに自作の詩を1つ加えて1935年から翌年にかけて作曲。

　4小節からなる壮大な序奏の後、低音部に4音からなるオスティナートが執拗に繰り返されている。

カール・オルフ（1895-1982） ドイツの作曲家。オペラ及び劇音楽の分野で活躍し、伝統にとらわれない作風と、単純に繰り返される旋律と強いリズムが特徴。《カルミナ・ブラーナ》の成功は、オルフ自身にも作曲家として独立したことを感じさせることであった。その後、古代ギリシア、バイエルン地方の農民劇、キリスト教の神秘劇に演劇の理想を見いだし、独自の演劇作品を書いた。音楽教育においても大きな影響を与えた。
作品 クリスマス音楽劇《キリスト降誕劇》、教育音楽《ムジカ・ポエティカ》

1　カルミナはラテン語で「歌」、ブラーナは「ボイエルンの」という意味。
2　特定の音型パターンを何度も繰り返すこと。

新ロマン主義と多様式主義

　第二次世界大戦後の西洋音楽は、トータル・セリー（総音列主義）の音楽、電子音楽、ミュジック・コンクレート、偶然性の音楽がほぼ同時に登場し、前衛音楽をリードし、1960年代に全盛期を迎える。60年代に入ると、トータル・セリーの手法に代わって、トーン・クラスターの手法が試みられるようになった。しかし60年代後半になると、もはや新しい手法を生み出すことが難しくなり、現代音楽は停滞期に突入した。これを打開するために、集団即興音楽や直感的な演奏が試みられたものの、長くは続かなかった。

　この時期に特筆すべき可能性を示したのが、アメリカの芸術運動グループ、フルクサスのメンバーであった**ヤング**[1]である。素材を極端に短く切り詰め三和音、1音のみなど、それらを執拗に反復する**ミニマル・ミュージック**を創案し、戦後の音楽を特徴付ける無調音楽に対抗した。またイタリアの作曲家**ベリオ**[2]は、美術の**コラージュ**の手法を取り入れ、《シンフォニア》（1969）の第3楽章で、マーラーの《交響曲第2番》の第3楽章を枠組みにしながら、その中にJ.S.バッハ、ベートーヴェンなどの作品から多数の断片をつないで構成される作品を創作した。

ベリオ

　このような調性への回帰、旋律の復活、コラージュによる古典的様式の引用は、1970年代後半頃からドイツとアメリカの作曲家に顕著にみられ、**新ロマン主義**と形容された。ドイツの作曲家では**リーム**[3]や**ボーゼ**[4]、アメリカでは**ドラックマン**[5]や**クラム**[6]や**デル・トレディチ**[7]が新ロマン主義を代表する作曲家である。ベートーヴェンから初期シェーンベルクまでの作曲手法をさまざまに組み合わせたリームの《弦楽四重奏曲第3番》（1976）や、トレディチのソプラノとオーケストラのための《少女アリス》（1981）は高い評価を得ている。

　新ロマン主義は、決して19世紀のロマン派に回帰することを意味してはいなかった。1960年代の前衛音楽への反省として、音楽本来の姿に立ち返る試みであって、新ロマン主義として明確な定義付けや芸術的主張を行ったわけではない。音楽の一つの側面である、特にロマン派の音楽の一般的で官能的な性格を強調した現代音楽だといえる。

　ソ連では1953年にスターリンが亡くなると、それまでの政治体制の転換が行われた。新しく第一書記の座に就いたフルシチョフは、スターリン批判を行い、自由化の方向を示し、西側諸国との交流と平和を提唱した。この転換は「雪どけ」と呼ばれ、ソ連国内の芸術活動にも影響を与えた。58年には**ショスタコーヴィチ**のオペラ《ムツェンスク郡のマクベス夫人》の上演禁止が解かれ、国内の前衛的な作曲家の活動が再び活発になった。それと同時に西側の前衛音楽も少しずつソ連に紹介されるようになり、ソ連の若手作曲家たちに大きな影響を与えることになった。

　彼らはさまざまな手法を取り混ぜた独特な作品を創作するようになる。ルネサンスや古典派の作風に倣った作品かと思えば、12音技法やトーン・クラスターの手法も取り入れた前衛的な作風をみせることもある。このような音楽は**多様式主義**と呼ばれ、1960年代後半頃から、**シュニトケ**[8]や**グバイドゥーリナ**[9]などが創作を試みた。

グバイドゥーリナ

1　ラ・モンテ・ヤング（1935-　）アメリカの作曲家。長い持続音であるドローンを用いた作品は、ミニマル・ミュージックに影響を与えた。
2　ベリオ　●p.163
3　ヴォルフガング・リーム（1952-2024）ドイツの作曲家。多作家として知られる。
4　ハンス＝エルゲン・フォン・ボーゼ（1953-　）ドイツの作曲家。舞台作品《若きウェルテルの悩み》で世界的に知られるようになった。
5　ジェイコブ・ドラックマン（1928-1996）アメリカの作曲家。1982年から86年までニューヨーク・フィルハーモニックのコンポーザー・イン・レジデンスを務める。84年のホライゾン音楽祭で音楽監督を務め、新ロマン主義を取り上げた。
6　ジョージ・クラム（1929-2022）アメリカの作曲家。新ロマン主義の作品として、オーケストラのための《魔法にかけられた景色》がある。
7　デビット・デル・トレディチ（1937-2023）アメリカの作曲家。新ロマン主義の作曲家として評価が高い。代表作はソプラノとオーケストラのための《少女アリス》。
8　アルフレッド・シュニトケ（1934-1998）ドイツ・ユダヤ系のソ連の作曲家。60年代の「雪どけ」の時代に西側の前衛音楽に触れ、多くの影響を受けた作品を書いた。そのためしばしば、ソ連当局によって糾弾された。90年からは故国であるドイツで生活するようになった。
9　ソフィア・グバイドゥーリナ（1931-　）ソ連邦のタタール自治共和国出身の作曲家。1998年に第10回「高松宮殿下記念世界文化賞」（音楽部門）を受賞。

シュニトケは、《コンチェルト・グロッソ第1番》において、バロック様式を想起させるようなコンチェルティーノと2つの独奏ヴァイオリンで構成しているが、その響きは極めて現代的な和声語法を用いている。またこの曲の第5楽章では、コレッリを模倣(もほう)した旋律の部分にタンゴの挿入部を組み合わせるなど、異質な音楽を結び付ける工夫をしている。

グバイドゥーリナはタタール自治共和国に生まれ、民族楽器と、古今東西のさまざまな様式とを統合した響きでも知られており、1998年に箏(こと)とオーケストラのための作品《イン・ザ・シャドー・オブ・ザ・トゥリー》を発表している。

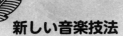

新しい音楽技法

1960年代に頂点を迎えた前衛主義は、その後も**トータル・セリー**（総音列主義）を乗り越える新しい音楽の手法を探求し続けていた。70年代になるとコンピュータの技術が進み、音響に含まれるさまざまな周波数を解析し、時間軸におけるその変化や推移を映像で示すことができるようになったことから、**グリゼー**[1]や**ミュライユ**[2]といったブーレーズに続く作曲家たちは、コンピュータによる音響現象の解析手法を援用し、新たに音響を再構築する方法で作曲するようになった。彼らは**スペクトル楽派**と呼ばれる。グリゼーの6曲からなる《音響空間》(1974～85)は、各曲の楽器編成は異なるものの、木音の倍音をさまざまに組み合わせて音響スペクトルを生み出した作品である。またミュライユの2つのオンド・マルトノ、エレキ・ギター、パーカッションのための《マゼラン雲》(1973)は音響が絶え間なく変化する曲である。これらの作品は、スペクトル楽派の初期を代表する作品として位置付けられている。

また、1970年には、トータル・セリーの音楽を発展的に継承しようとする作曲家も活躍した。イギリスの作曲家**ファーニホウ**[3]や**フィニスィー**[4]の作品で、彼らの音楽はその楽譜が複雑怪奇なところから**新しい複雑性**（ニュー・コンプレキシティ）と呼ばれた。ファーニホウのフルート独奏のための《ユニティ・カプセル》は、過剰ともいえるパラメータの指示や特殊奏法の連続が行われ、完全な演奏は事実上不可能な作品である。

同じく1970年代に台頭してきた新ロマン主義の作曲家であるドイツのリーム[5]やボーゼ[6]の作品とは全く対極に位置する作品であった。彼らは**新しい単純性**（ニュー・シンプリシティ）とも呼ばれた。

複雑性の作曲家の中でもとりわけ独自の路線を示しているのが、ドイツの作曲家**ラッヘンマン**[7]である。彼の音楽語法はしばしば「楽器のミュジック・コンクレート」と呼ばれる。楽器の伝統的な奏法とは極端に異なる特殊奏法から導き出される響きは、それ自体が1つの音素材となり、さまざまな状況を説明する音楽語法として用いられる。例えばオペラ《マッチ売りの少女》(1997)においては、寒さで凍える手をこする表現をするために、会場内にいる合唱団が紙やすりを擦り合わせて音を出したり、主人公の少女が《きよしこの夜》を舌打ちだけで歌唱したりする。

ラッヘンマン

---

1 ジェラール・グリゼー（1946-1998）フランスの作曲家。倍音とスペクトルの関係に注目し、理論的に作曲した。
2 トリスタン・ミュライユ（1947- ）フランスの作曲家。情報理論を自身の音楽語法に取り込む作曲をしている。
3 ブライアン・ファーニホウ（1943- ）イギリスの作曲家。「新しい複雑性」の作曲家の中でも、演奏家に多くのことを求める作品で知られている。
4 マイケル・フィニスィー（1946- ）イギリスの作曲家、ピアニスト。「新しい複雑性」の作曲家の中でも、多作なことで知られている。
5 リーム　⊙p.171
6 ボーゼ　⊙p.171
7 ヘルムート・ラッヘンマン（1935- ）ドイツの作曲家。前衛の停滞がいわれている中、彼の作品はあらゆる作曲家に常に注目されている。

コンピュータ音楽

　第二次世界大戦後、急速に発達した真空管やトランジスタといった電子技術は、音楽にも大きな影響を与えることになった。コンピュータとシンセサイザーのような電子楽器と録音技術は、相互に関係し合いながら発展してきたといえる。

　1945年に現在のコンピュータの基本概念であるノイマン型コンピュータが提唱された。ここからコンピュータを利用した音楽活動が模索された。これには次の4つの方向性があった。①コンピュータに、人間が行う作曲の行為を代行させたり援助させたりする。②人間による演奏を代行させる。さらに人間には不可能な演奏をコンピュータにさせる。③電子音楽や録音技術の発展と関連して、コンピュータに人工的な音を生成させ、作品に取り入れる。④これらの技術を統合し、創作ツールを提供する。

　音楽創造にコンピュータを利用することは、1950年代から取り組まれてきた。アメリカのイリノイ大学で52年に開発されたILLIAC I（イリアック ワン）を利用して、**ヒラー**[1]と**アイザクソン**[2]によって最初のコンピュータ音楽である、弦楽四重奏のための《イリアック組曲》がつくられた。これはコンピュータに対位法の規則を記憶させ、それに合致するように計算させてつくった曲で、コンピュータに何らかの条件を記憶させ、それに基づいて音を計算させるというコンピュータ音楽の方向性を示すことになった。ルーマニアの建築家で作曲家の**クセナキス**[3]は、音楽創作に数学を応用した。彼の60年代の作品《ST/10, 1-080262》《モルシマ・アモルシマ》《アトレ》などでは確率論が応用され、クセナキスによって考案された確率プログラムに従って、IBM 7090コンピュータで計算された。

クセナキス

　また音響合成の分野でも研究が行われた。1980年代になると、リアルタイムにコンピュータから音声を出力することができるようになり、変調することも可能になった。また80年代にデジタルシンセサイザーが開発され、異機種間接続の規格のニーズが高まり、MIDI（ミディ）[4]と呼ばれる世界共通規格が生まれた。これらの技術により、コンピュータによって電子楽器と音声の制御を可能にする、DTMやDAW[5]といわれるソフトが開発された。この分野は特にポピュラー音楽において、その後めざましく発展している。

　コンピュータの発展とともにさまざまなシステムが考案されてきた。現在は1990年代にフランスのIRCAM（イルカム）で開発された音楽制御用言語Max（マックス）を用いて、多くの作曲家が音楽創作を行っている。さらにMaxは映像ともリンクすることができるようになっており、コンピュータ音楽はマルチメディアの一部として、その存在が不可欠となっている。

IBM 7090（1960年代）

1　レジャレン・ヒラー（1924-1994）アメリカの作曲家。
2　レナード・アイザクソン（1925-2018）アメリカの科学者、作曲家。
3　ヤニス・クセナキス（1922-2001）ルーマニア生まれのギリシア系フランスの作曲家、建築家。群論、確率論、統計論などの数学の理論を作品に取り入れた独自の音楽を展開した。
4　MIDI（ミディ）は、Musical Instrument Digital Interfaceのこと。
5　DAWは、Digital Audio Workstationのこと。和製英語であるDTM（Desktop Music）に代わり、現在では、DAWという用語を使うことが多くなっている。

サウンドスケープ

　ケージの《4分33秒》は、聴衆に身の回りで鳴っているさまざまな音の存在を気付かせてくれたが、その後、カナダの現代音楽の作曲家シェーファー[1]は環境音楽の意識化、すなわちサウンドスケープへ向かった。サウンドスケープという用語は、サウンドと視覚的な風景を意味するランドスケープからなるシェーファーによる造語で、「音風景」や「音景」と訳される。

　シェーファーがサウンドスケープという概念を提唱した 1960 年代後半は、深刻な騒音問題があった。これは人間が音に対して不注意になっていることから生じる問題であるとシェーファーは主張し、全体的なサウンドスケープの研究の必要性を主張したのである。実際彼は、サウンドスケープの視点から、カナダのヴァンクーヴァーにおいて教会の鐘の音の調査を行っている。

　音はそれ自体のみで鳴り響いているのではなく、本来、日常生活や環境と共存した状態にある。このような音とそれを取り巻く環境との全体的な関係を意識することによって、多様な音の文化を考察する

ことが可能になるというのが、彼のサウンドスケープの考え方である。最近では、都市開発などの街づくりや公共施設の設計の段階で、積極的にサウンドスケープをデザインすることも行われている。

　1996 年に日本の環境庁（現、環境省）は、環境負荷の少なく、自然と人間が共生できる経済社会づくりの取り組みを支援する目的で、「残したい "日本の音風景 100 選"」を選定した。「日常生活の中で耳を澄ませば聞こえてくるさまざまな音についての再発見を促す」ことが選定の目的だった。このプロジェクトで選ばれた音風景には、日本の音文化として守らなければならないものが多く含まれ、サウンドスケープを具体的に知る導入として興味深い場所を指摘している。さらにサウンドスケープの音を取り巻く全体的な視点をもつことで、日常生活の中でのさまざまな「音風景」を見つけることができるであろう。音への関心を高めるという目的で、サウンドスケープの考え方を音楽教育に導入しているケースもある。同じ場所でも季節や時間が変わるだけで「音風景」はさまざまな姿を我々に見せてくれるのである。

ネット配信からアクセスの時代へ

　インターネットの普及によって、我々のそれまでの消費スタイルは大きく変わった。ネット配信などの電子商取引を利用して、我々は物やそれに代わるデータに対して対価を支払うことで購入することができるようになった。インターネット上でさまざまなショッピングサイトが運営されている。パソコンの前で豊富な品ぞろえの中から時間を気にせず商品を選び、購入後には自宅まで配送してくれる非常に便利なシステムである。しかしこれは、物の売り買いが行われる現実の市場をインターネット上で再現したものであり、商品を購入することで自らの財産を増やすという従来の市場原理と基本的には変わり

がないといえる。

　インターネットは、全く新しい経済現象を引き起こすだろうといわれ始めている。一般家庭に高速回線が普及することで、インターネットはますます市場に取って代わるようになる。そして我々の根源的欲求であった「所有」という行為は、「アクセス」に取って代わるというものである。今後我々はあらゆるモノを「共有」し、必要なときにだけ「アクセス」して利用する時代が来るといわれている。これはアメリカの文明批評家リフキンによって提唱された考えである。

　これは、単にショッピングサイトを利用するとい

1　レーモンド・マリー・シェーファー（1933-2021）カナダの作曲家。

う行為を「アクセスの時代」と呼ぶのではない。むしろ逆で、供給する側、つまり従来の売り手が、この新しい経済においては財産の所有者となるのである。そして利用者は購入するのではなく、リース料や年会費などを支払って、限定した期間だけ利用するのである。

レンタルビデオやカーシェアリングなどの既存のサービスを思い浮かべるかもしれないが、まさにインターネットの拡大がこの「アクセスの時代」のシステムを強力にサポートするようになる。コンピュータが処理できる膨大な量のデータや記憶容量のおかげで、例えば電子書籍が安いコストで提供され始めている。さらには、1冊ずつ売るだけでなく、書籍や映画やアニメなどの配信と合わせて定額で見放題というサービスも始まっている。

動画投稿サイトや音声ファイル投稿サイトは、サイトが利用者から情報を提供してもらい、それを財産として管理公開することで収益を上げる構造になっている。このような投稿サイトは、利用のしやすさから新たな情報発信の場としての社会的機能を有することになり、ここで多くの人に閲覧される動画ファイルなどは、その人気が社会現象になることもある。

まとめと今後の勉強のために

20世紀になって音楽をめぐる時代状況が一変し、また古典派やロマン派のように、一つの音楽様式や音楽の聴き方が、特定の時代や地域で優勢であるわけではなくなった。むしろ作曲者の個性、さらに音楽そのものに対する考え方（コンセプトやイズム）がそのまま音楽作品として表現されるようになった。

本書ではいくつかのグループ（楽派、様式、イズムなど）で分類して説明してあるが、個々の作曲家、さらに個々の作品を聴くことがより重要になってくる。変化の激しい時代にあって、一人の作曲家が生涯にその作風を変化させることもある。

20世紀や21世紀の音楽に関する概説書（あるいは本書）を傍らに置いて、さまざまな楽曲を聴いていただきたい。また戦争や事件などを題材にした作品もあるので、そうした創作の背景などを調べてみることも、この時代の音楽を知るうえで重要であろう。

明治・大正
1868〜1912　1912〜1926

■時代と社会

　19世紀になると、欧米列強は生産力と軍事力を背景に東アジアへ進出した。鎖国政策を続けていた江戸幕府も、軍艦4隻を率いて来航したペリーの圧力に屈し、**日米和親条約**を締結した。しかし急速な**開国**は国内の産業や流通を圧迫し、金貨の流出を招いた。列強から**通商条約**の締結を迫られるや、幕府と朝廷は対立し、有力諸藩も加わって**尊王攘夷運動**が激化した。薩長両藩は討幕を決意し、1867（慶応3）年12月、天皇のもとに新政府を樹立した。

　新政府は列強諸国の脅威に備えて国家の近代化を急ぎ、廃藩置県、徴兵制、地租改正、学制など**明治維新**の改革を断行した。また産業の育成に努め、貨幣・金融制度や通信・交通制度などを整備した。政治や社会の制度改革に伴って、欧米諸国の文化、学問、生活習慣も流入し、**文明開化**の時代を迎える。一方、権利を奪われた士族たちの間には不満が高まり、1877（明治10）年、**西南戦争**が勃発したが、これが鎮圧されると社会は安定に向かった。1889（明治22）年には**大日本帝国憲法**が発布され、その翌年帝国議会が開設。日本は東アジアの最初の近代的な立憲国家になった。

　対外的には、ロシアの南下を警戒し、朝鮮を支配下に置こうとして清国と対立し、1894（明治27）年の**日清戦争**に発展した。日本は勝利し、台湾、遼東半島の領土を獲得するが、日本の大陸進出を警戒したロシアなどの三国干渉による半島返還の要求に屈し、その後の日本は軍備拡張と国力の充実に向かうことになった。

　満州・韓国をめぐってロシアとの溝を深めた日本はイギリスと同盟を結び、1904（明治37）年、**日露戦争**が始まる。日本海海戦で勝利した日本は、満州での権益や韓国に対する監督権を得た。日本は大陸進出を本格化させ、1910（明治43）年韓国を併合し、南満州では南満州鉄道を設立して植民地経営に乗り出した。

　1914（大正3）年、**第一次世界大戦**が勃発し、日本は日英同盟を根拠に、ドイツが拠点としていた青島を攻撃、ドイツ領南洋諸島を占領した。中国進出を図る日本は、中国に「二十一カ条の要求」を承認させるが、これは反日運動の激化を招き、欧米諸国も反発を強めた。第一次世界

『**東京名所之内銀座通煉瓦造鉄道馬車往復図**』歌川広重の錦絵、1882（明治15）年
明治時代になると、銀座の街には西洋風な煉瓦造りの建物が並び、馬車や人力車、鉄道馬車が走り、街頭にはガス灯が設置された。

大戦後には**国際連盟**が発足し、日本は常任理事国となり、欧米列強との協調に努力した。国内では普通選挙が実現したものの、社会主義運動の高まり、政党政治への批判、関東大震災などにより社会は不安定になりつつあった。

■音楽史の流れ

江戸時代から明治時代に移ることで、日本の社会は大きく変化した。徳川家による武家政治が終わり、天皇を中心とする中央集権による政府は、欧米列強に対抗しうる近代国家の建設を急いだ。こうした近代化によって、伝統や旧弊な制度は次々に廃止された。音楽に関していえば、武士階級による**能楽**への庇護はなくなり、特権的な職業制度が廃止されたことに代わって、**雅楽**が復興され、庶民の娯楽としての**歌舞伎**が盛んになった。さらに近代国家の基礎をなす教育制度の充実が図られ、学校における**音楽教育**の導入や音楽科教員の養成が急務となり、**音楽取調掛**[1] が設置された。しかし音楽教育の振興に際して、欧米、とりわけドイツの音楽が模範とされたことから、日本の音楽教育は**西洋音楽中心**となり、日本の伝統音楽のその後の衰退を招くことになる。

やがて東京音楽学校の卒業生や海外留学を経験した日本人音楽家が活躍するようになり、日本の楽壇が徐々に形成された。そうして**常設のオーケストラ**が創設されたり、日本人による**オペラ上演**が実現するようになった。また滝廉太郎や山田耕筰ら、今日まで知られる音楽家が輩出された。

洋楽導入

19世紀後半、日本史上では幕末から明治初期にあたる時代に、日本に西洋音楽が導入された。西洋音楽受容の主な経路となったのは、**軍楽隊**、**式部寮雅楽課**[2]、**音楽取調掛**（ ● p.179）、**キリスト教会**の4つの機関である。明治政府は日本を近代国家として確立させるべく欧化政策を推進し、西洋の文化や文明を取り入れることに注力していた。しかし西洋音楽と日本の伝統音楽とでは、用いられる音階も楽器も響きも異なっていたことから、**お雇い外国人**（ ● p.180）や宣教師が西洋音楽の指導者として大きな役割を担った。

日本人の耳が西洋音楽の響きに触れたのは、ペリー（1794-1858）の来航に遡る。1853（嘉永6）年、ペリーの艦隊が浦賀に現れたとき、少年鼓笛隊と軍楽隊が同船していた。薩摩藩は当時すでに軍隊を西洋式へ移行しようと洋式調練を始めていたが、洋式軍隊は軍楽隊を伴うものであった。そのため薩摩藩士はイギリス陸軍の軍楽隊楽長**フェントン**[3]のもと、1869（明治2）年から横浜で軍楽の伝習を受けるようになった。明治維新後、新政府も軍隊の整備を進め、1872（明治5）年までに海軍軍楽隊と陸軍軍楽隊をそれぞれ発足させた[4]。各軍の軍楽隊は、式典や外国要人送迎等の際の演奏を主な任務としながら、民間への出張演奏も行った[5]。

---

1 後の東京音楽学校、現在の東京藝術大学音楽学部。
2 現在の宮内庁式部職楽部（宮内庁楽部）。明治初期には官制改革に伴い雅楽の楽師たちの所属する部局はたびたび変更されたが、ここでは楽師が西洋音楽を学び始めた時期の呼称を用いる。戦後1949（昭和24）年に、宮内庁楽部となり現在に至る。
3 ジョン・ウィリアム・フェントン（1831-1890）アイルランドに生まれ、イギリス陸軍軍楽学校に学んだ。幕末に横浜に駐屯していたイギリス陸軍第10連隊軍楽隊の楽長だった。
4 海軍はイギリス式、陸軍はフランス式の兵制に統一された。
5 1905（明治38）年に始まった陸海軍軍楽隊員による日比谷公園での演奏は「公園奏楽」と呼ばれて市民に親しまれ、西洋音楽の普及にもつながった。

政府の機関としては、陸海軍省に続いて宮内省が洋楽伝習に着手した。西欧式の外交行事や式典などで西洋音楽が必要とされたことを背景に、1874（明治7）年に式部寮雅楽課の楽師に西洋音楽の伝習が言い渡された。当初は楽器もなく、彼らは楽譜の読み方から学び始めた。古来雅楽を伝承してきた楽師には豊かな音楽的素養が備わっていたことから、1876（明治9）年に軍楽隊の指導を兼務するフェントンから楽器演奏の指導を受けると、同年には人前で演奏を披露するまでになった。また、江戸幕府による長期にわたる禁教を解かれ、明治期にキリスト教会では**讃美歌**が普及した。幕末に宣教医**ヘボン**[6]が横浜に開設した英語教育の塾は、後に讃美歌集編纂の拠点の一つとなった。

　なお、日本に初めて西洋からポルトガル人が来航したのは16世紀のことである。しかしキリスト教とともに伝えられた西洋文化の伝統は、17世紀以降の幕府によるキリシタン弾圧によって断絶してしまった。日本における洋楽受容は幕末から明治初期を起点とすると考えられているが、江戸後期の蘭学者は西洋の文化や音楽についても豊富な知識と興味関心をもっていたことが分かっている。

『**大調練之図**』（一部）五雲亭貞秀の錦絵、1866（慶応2）年開港した横浜で演奏する、軍楽隊が描かれている。

明治維新と日本の伝統音楽

　明治維新によって近代的国家が成立する過程で、日本の伝統音楽も大きな変化を余儀なくされた。1868（明治元）年に明治天皇が新国家の建設の基本方針を定めて発布した『五箇条の御誓文』の文には、「旧来ノ陋習ヲ破リ天地ノ公道ニ基クヘシ[7]」と書かれ、欧米からのものが崇拝され、伝統文化は軽視された。

　江戸幕府の式楽として保護されてきた能楽はその保護がなくなり、能楽師たちは職を失った。そのために他の職業に転向したり、歌舞伎の世界に活路を求めたりした。同じようにこれまでの特権的な商業が廃止されたことで、琵琶、箏、尺八などを演奏していた盲人音楽家に与えられていた名称や特権も廃止された。

　一方で1870（明治3）年太政官の中に雅楽局が設置され、雅楽が復興された。三方楽人（京都の御所、大阪の天王寺、奈良の春日大社）の11人と江戸城の紅葉山楽人2人とで雅楽を演奏する団体がつくられた。

　また歌舞伎界では、「江戸三座」に加えて7座の興行が新政府から認められ、活況を呈するようになる。特に民衆化に向けての改革が行われ、大きなにぎわいをみせることになった。

6　ジェームス・カーティス・ヘボン（1815-1911）アメリカ長老派教会の宣教師、医師。
7　「今までの悪い習慣はやめ、国際法に基づいて行動していくべきである」の意味。

音楽取調掛

明治維新以来、近代国家を目指す明治政府は、政治、産業、文化など多方面で改革を推し進めた。教育政策として、1872（明治5）年には学制が公布された。しかし教科の中に「唱歌」と「奏楽」が位置付けられたものの、「唱歌当分之ヲ欠ク[1]」「奏楽当分欠ク[2]」として、すぐさま実践には至らなかった。教師や教材、指導法などあらゆる面で準備不足だったことに加え、音楽を教育科目の一つと認識する土壌が形成されていなかったためである。

文部省では**伊澤修二**と目賀田種太郎（1853-1926）が中心となって、学校音楽教育の実現に尽力した。伊澤らは欧米の音楽教育について見識を深めるとともに、子どもにとって唱歌教育が不可欠であるという意識を関係者の間に高めるよう努めた。

1879（明治12）年、音楽教育の実践と研究を目的とする官立の機関として**音楽取調掛**が設置された。10月30日付けで寺島宗則文部卿（1832-1893）に提出された『音楽取調ニ付見込書』に音楽取調掛の行うべき事業として、次の3つが掲げられた。「第一　東西二洋ノ音樂ヲ折衷シテ新曲ヲ作ル事[3]」「第二　将来國樂ヲ興スベキ人物ヲ養成スル事[4]」「第三　諸學校ニ音樂ヲ實施スル事[5]」である。教科書の編纂と指導者養成のために来日した**メイソン**[6]は、伊澤らとともに小学唱歌の選曲や教材作成にあたった。1880（明治13）年からは、第二、第三の目的をもって伝習生の募集が開始され、軍楽隊員や雅楽の楽師もここで学ぶようになる。

また1881（明治14）年以降は《唱歌掛図》の初編と続編、《小学唱歌集》初編などが順次刊行された。西洋音楽の基本となる音階や音程、音符や休符など楽典の内容に触れつつ、単旋律の歌曲を中心に構成されていた。中には《むすんでひらいて》の旋律で知られる〈見わたせば〉、スコットランド民謡の〈蛍〉（蛍の光）なども含まれていた。このように音楽取調掛は唱歌教育の礎を築くとともに、西洋音楽の専門家を養成する機関としての機能を有した。

《小学唱歌集》初編の中表紙

《小学唱歌集》初編から〈見わたせば〉と〈蛍〉の楽譜（一部）

音楽取調掛の教師たち
前列左から2人目がメイソン。

伊澤修二（1851-1917） 教育者。高遠藩（現在の長野県）生まれ。蘭学や英語を学び、1872（明治5）年に文部省に勤め始める。1875（明治8）年に師範教育の視察などを目的に渡米し、マサチューセッツ州ブリッジウォーター師範学校などで学ぶとともに、メイソンに師事した。1878（明治11）年に帰国した後は唱歌教育の実現に尽力し、メイソンを日本に招いて唱歌集の編纂を推進した。音楽取調掛長、東京音楽学校初代校長、東京高等師範学校長などを歴任。

1　「唱歌については、当分の間扱わない」の意味。
2　「奏楽については、当分の間扱わない」の意味。なお、今日的な意味の「音楽」という言葉は当時はなく、文部省がなぜ「奏楽」を教科名とし、どのような内容を想定していたかは分かっていない。
3　「第一　東洋（日本）と西洋の音楽を取り合わせ、新曲をつくること」の意味。
4　「第二　将来的に日本の音楽を発展させる優秀な人物を養成すること」の意味。
5　「第三　全国の学校で音楽の授業を実施すること（実施するための教員を養成すること）」の意味。
6　ルーサー・ホワイティング・メイソン（1818-1896）アメリカの音楽教育者。音楽取調掛初のお雇い外国人として、約2年間の在職中に唱歌やピアノをはじめとする器楽、和声など西洋音楽全般について指導を展開した。

東京音楽学校とお雇い外国人

幕末から明治にかけて、諸藩や明治政府は産業や学問の各分野に先進諸国の技術や諸制度を導入しようと、多くの外国人専門家を雇用した。彼らは「お雇い外国人」と呼ばれ、明治初期だけでも2000人以上の外国人が雇い入れられた[1]。どの国から誰を招くかは、政府や招聘元となる企業・学校などの裁量によるものであった。特にアメリカ、イギリス、ドイツ、フランスからの招聘が多かった。

西洋音楽の分野においても、お雇い外国人の助言は不可欠であった。薩摩藩の軍楽隊を指導した**フェントン**は、1871(明治4)年に兵部省に雇われて軍楽隊の教師となり、後に式部寮の教師も兼任した。現在のものとは異なる《君が代》をつくったことでも知られている。

フェントンが日本を去った後、1879(明治12)年に海軍軍楽隊には**エッケルト**[2]が着任した。エッケルトは、西洋音楽の根底には和声があり、将来的に作・編曲を行うためにも和声の学習は必須だとして、軍楽隊にピアノ学習を導入した。一方、フランス式の陸軍軍楽隊では、ダグロン[3]による指導を経て、ルルー[4]が着任し制度改革を行った。ルルーもまた、楽器演奏だけでなくソルフェージュやピアノ教育を重視した。彼が作曲した《抜刀隊》などの行進曲は、戦前まで広く演奏された。雅楽の楽師と異なり、明治初期の軍楽隊はもともと音楽を専門としない、元士族などさまざまな社会階級の人々から構成されていた。軍楽隊の演奏水準向上は、お雇い外国人たちの指導の賜物といえるだろう。

音楽取調掛では、1880(明治13)年に来日した**メイソン**が伝習生に音楽の授業を行った。当初、ピアノや合奏などの実技はメイソンが1人で指導していたが、1883(明治16)年には海軍からエッケルトが招かれ、管弦楽、和声、作曲法等の授業を担当した。

1887(明治20)年、音楽取調掛は改組され、**東京音楽学校**(現、東京藝術大学音楽学部)が創立された。伊澤修二が初代校長に就任し、校則第1条として次のように設立の目的が記された。「本校ハ汎ク音楽専門ノ教育ヲ施シ善良ナル音楽教員及音楽師ヲ養成スル處トス[5]」。創立初期の指導者には、**ディットリヒ**[6]らお雇い外国人の他に、音楽取調掛で西洋音楽を学んだ小山作之助[7]や幸田延[8]などが名を連ねた。

ディットリヒ

幸田 延

幸田延は作家幸田露伴(1867-

『**欧州管弦楽合奏之図**』橋本周延の錦絵、1889(明治22)年 (東京都歴史文化財団イメージアーカイブ)
器楽伴奏付きの合唱で唱歌《岩間の清水》を歌っている様子が描かれている。
ヴァイオリニストは、幸田延がモデルといわれている。

1947）の妹で、文部省初の音楽専修生として、1889(明治22)年からボストンやウィーンに留学し、帰国後は後進の育成にも努めた。幸田が1897（明治30）年に発表した《ヴァイオリン・ソナタ》は、日本人が西洋音楽の手法を用いて作曲した、最初期の器楽曲の一つである。幸田の音楽留学の実現にはディットリヒからの進言が影響しており、お雇い外国人は、指導者としてだけでなく、国際交流や日本人の留学支援に寄与した点でも、日本の近代化において重要な役割を担っていた。

滝廉太郎は東京音楽学校[9]で小山や幸田、**ケーベル**にピアノや作曲などを師事し、1901（明治34）年にドイツに渡った。留学の前年には〈花〉を含む組歌《四季》やピアノ曲《メヌエット》を作曲している。滝は将来を嘱望されたものの23歳で夭折したが、日本における芸術歌曲や器楽曲の創作の先駆者となった。

1904（明治37）年に東京音楽学校予科に入学した**山田耕筰**（▶ p.185）は、同校本科声楽部を卒業した後、指揮や作曲などを学び1910（明治43）年にベルリン王立高等音楽院（現、ベルリン高等音楽学校）に留学した。ベルリンではレオポルト・カール・ヴォルフ（1859-1932）のもとで作曲技法を磨きながら、同時期に渡欧していた劇作家、演出家の小山内薫（1881-1928）などとも交流している。卒業制作となった交響曲《かちどきと平和》や交響詩《曼陀羅の華》など管弦楽曲の作曲に本格的に取り組み、1914（大正3）年の帰国後、大正・昭和期を通じて日本の楽壇を代表する存在となった。

1920〜30年代には池内友次郎[10]や諸井三郎[11]ら、山田の次の世代が海外での経験を積む一方、1932（昭和7）年には東京音楽学校に作曲科が設置されて、さまざまな作風をもつ作曲家が活躍するようになった。

明治・大正

滝 廉太郎（1879-1903） 作曲家、ピアニスト。東京生まれ。1894（明治27）年、最年少で東京音楽学校に入学。ピアノや作曲を学んだ後、1901（明治34）年にドイツのライプツィヒに留学したが、結核のため約1年で帰国。晩年を大分で過ごし、23歳で夭折した。西洋音楽の様式による創作に本格的に取り組み、組歌《四季》（1900）や《荒城の月》（1901）などの歌曲を残した。明治初期につくられた唱歌は、西洋の既存の旋律に日本語の歌詞を付けたものもあったが、滝の創作活動はそれらと一線を画す水準にあった。また、《メヌエット》（1900）と《憾》（1903）は日本人が作曲した初のピアノ独奏曲にあたる。

ラファエル・フォン・ケーベル（1848-1923） ドイツの哲学者、音楽家。ロシア生まれ。モスクワ音楽院でピアノを学んだ後、ドイツで哲学を修めた。1893（明治26）年に来日し、お雇い外国人として東京帝国大学（現、東京大学）で哲学、ギリシア語及びラテン語を担当した。1898（明治31）年からは東京音楽学校でピアノなどを教え、演奏会にピアニストとして出演することもあった。帝大では西田幾多郎や和辻哲郎など日本を代表する人文学者を育てた。「ケーベル先生」は夏目漱石の随筆にも登場する。

---

1 ユネスコ東アジア文化研究センター『資料御雇外国人』より。政府や民間の企業、学校や個人も含めるとかなりの数にのぼるが、明治期を通じて雇われたお雇い外国人の総数は明らかになっていない。
2 フランツ・エッケルト（1852-1916）ドイツ（現、ポーランドのシレジア）に生まれ、1879（明治12）年に来日して海軍軍楽隊教師を務めた。後に音楽取調掛や陸軍軍楽隊、式部寮雅楽課の指導も兼任した。
3 ギュスターブ・シャルル・ダグロン（1845-1898）フランス陸軍四等楽手。
4 シャルル・ルルー（1851-1926）パリ音楽院で学び、フランス陸軍歩兵第78連隊軍楽長を務めた。
5 「本校はあまねく音楽の専門教育を行い、善良な音楽教員と音楽師を養成する所とする」の意味。
6 ルドルフ・ディットリヒ（1861-1919）オーストリアの音楽家。1888（明治21）年に来日し、最初期の東京音楽学校で西洋音楽の専門教育を行った。オーストリア帰国後は王室専属オルガニストやウィーン音楽院教授を務めた。
7 小山作之助（1864-1927）作曲家、音楽教育者。音楽取調掛で学び、《夏は来ぬ》などの唱歌や軍歌などを作曲した。
8 幸田 延（1870-1946）ピアニスト、ヴァイオリニスト。妹の安藤幸（1878-1963）もヴァイオリニストだった。
9 滝が学んだ時代の学校の名称は、正確には東京音楽学校ではなく東京高等師範学校附属音楽学校である。
10 池内友次郎（1906-1991）作曲家。日本人として初めてパリ音楽院に留学した。
11 諸井三郎（1903-1977）作曲家。1932（昭和7）年に渡独し、《ピアノ協奏曲第1番》（1933）などがベルリンで初演された。息子の諸井誠（▶ p.192）も作曲家である。

聴いておきたい名曲

組歌《四季》 滝 廉太郎 作曲

　滝がドイツ留学を控えた1900（明治33）年につくられ、同年に共益商社から曲集として刊行された。〈花〉〈納涼〉〈月〉〈雪〉の4曲からなる。滝自身が詩も書いたのは〈月〉のみで、他の3曲は武島羽衣（花）、東くめ[1]（納涼）、中村秋香（雪）による作詞である。

　4曲は作詞者の他、演奏形態もそれぞれ異なっている。中でも広く愛唱されてきた〈花〉は二部合唱の明るい曲調で、フレーズに16分音符が用いられている。16分音符のフレーズには歌詞がメリスマ的に付けられていて、流麗なピアノ伴奏とともに、隅田川の情景を描き出す工夫がなされている。（下記譜例）

　〈納涼〉は単声部の楽曲。滝の東京音楽学校の先輩だった東による詩は、夏の海辺の様子を描いている。第3、4曲は混声四部合唱曲である。〈月〉（下記譜例）は4曲中唯一短調で、無伴奏で書かれている。この曲では、歌詞が1音に対して1音節付けられていて、全声部が同じリズムで動いているところは、讃美歌を思い起こさせる。最終曲の〈雪〉では伴奏楽器にピアノとリード・オルガンが用いられている。

鹿鳴館と西洋音楽

　明治時代、政府が直面した外交の重要課題の一つが、欧米諸国と締結していた不平等条約の改正である。とりわけ外国人が犯した国内の犯罪を裁くことができない「治外法権」の撤廃が目指されていた。しかし交渉が進展しない背景には、近代化されていない当時の日本の刑罰に対する懸念があると考えた政府は、日本人が欧米諸国と同じような近代化された生活を営んでいて、外国人に危害を加えたりしないことを示すために、社会や生活面での欧化政策を推進した。その最も象徴的だったのが、時の外務卿である井上馨（1835-1915）が提案した鹿鳴館の建設である。「鹿鳴」とは中国の古い詩集『詩経』にある言葉で、重要な客人をもてなす宴会あるいはそこで歌われる歌や奏楽を指す。

　1883（明治16）年、皇居に近い日比谷の、現在の帝国ホテル横に、イギリスの建築家ジョサイア・コンドル（1852-1920）に設計を依頼して、レンガ造りの2階建ての洋風建築が建造された。ここでは欧米人を招いてパーティーが開かれ、日本人は西洋人とともに、西洋の音楽やダンスをたしなんだ。内田魯庵[2]は随筆『おもひ出す人々』（1925）の中で、こう語っている。「霞ヶ関を下りると、其頃練兵所であった日比谷の原を隔てて鹿鳴館の白い壁からオーケストラの美くしい旋律が行人を誘って文明の微薫

1　東 くめ（1877-1969）口語による童話詩の作者として知られる。代表作に『お正月』『鳩ぽっぽ』『雪やこんこん』があり、いずれも滝廉太郎によって曲が付けられた。

2　内田魯庵（1868-1929）明治・大正期における代表的な批評家。翻訳家、小説家としても活動した。著作には『罪と罰』の翻訳などがある。

を与えた。」しかし急速に欧米化を進める日本人の姿は外国人から揶揄されたばかりか、日本人の間でも批判の対象となった。

西洋音楽が「文明の微薫」とたとえられたのとは反対に、日本の多くの伝統音楽は遊里趣味との結び付きが強かったことから、非文明的として、伝統音楽蔑視の意識が植え付けられてしまった。それは岡倉天心[3]等が日本の伝統美術の保存に努めたのとは対照的であった。

こうした欧化政策が推進された「鹿鳴館時代」は、1887（明治20）年に条約改正のために外国に譲歩しようとしたことで閣内の対立を招いた井上馨が、外務大臣を辞任したことで終わる。最終的に不平等条約が改正されたのは、日露戦争後の1911（明治44）年のことで、さらに長い年月を必要としたのであった。

鹿鳴館　1883（明治16）年開館
鹿鳴館として閉鎖された後、華族会館として使用された。1940（昭和15）年に解体。

東京音楽学校校舎　1890（明治23）年建造
中央2階に日本最古の洋式音楽ホール「奏楽堂」がある。奏楽堂は1987（昭和62）年に上野公園内に移築再建され、重要文化財に指定されている。

東京音楽学校存廃論争

明治初期、学制で定義された「学校」には小学、中学、大学の3つの区分があり、後に専門学校が追加された。1879（明治12）年に創設された音楽取調掛は、調査研究を本来の目的としたため、当初は「学校」という範疇には入っていなかった。その後、音楽家と音楽科教員の養成を積極的に推し進めるため、1887（明治20）年に音楽取調掛は改組され、東京音楽学校が誕生した。同学校は文部省直轄学校にあたり、初代校長を伊澤修二が務めた。

その頃に大日本帝国憲法が発布されるなど立憲国家としての体制が整いつつあったが、対外的には朝鮮半島をめぐって清国と対立を深めていた。やがて国家の財政難から、各方面で予算削減が求められるようになり、この影響は東京音楽学校にも及んだ。1890（明治23）年、帝国議会で東京音楽学校の廃止案が提出され、「東京音楽学校存廃論争」が巻き起こった。廃止を主張する議員の主な意見は、「教育上の必要は認めるが、私立学校でできるものを国費で保護する必要はない」というものであった。

そもそも官立の機関として音楽取調掛ができた背景には、近代国家は文化的にも豊かであるべきで、国民全体に音楽を行き渡らせることが大切だという政府の判断があった。江戸時代までは、階級や地域によって人々が共有する歌や芸能が異なったため、新しい種類の音楽が必要だったのである。伊澤や学校関係者は「唱歌は徳性を涵養し健康に益し愛国の信条を育てる」として音楽の効用を繰り返し説いたが、最終的に唱歌教育の重要性と音楽教員養成の必要性は認められたものの、音楽の専門教育については社会的な同意形成に至らなかった。そうして1893（明治26）年、東京音楽学校は「東京高等師範学校附属音楽学校」となった。存廃論争から継続して、伊澤らは「将来的に日本の国楽を興すために、まずは西洋音楽を徹底的に学び習得すべき」と主張し、5年半後の1899（明治32）年、東京音楽学校は再び独立を果たした。

---

[3]　岡倉天心（1863-1913）思想家。東京美術学校（現、東京藝術大学美術学部）の創立に関わったほか、日本の古美術の保存に尽力した。

常設オーケストラの誕生

明治期から西洋音楽に触れた軍楽隊員や雅楽の楽師、東京音楽学校の生徒の中では、徐々にオーケストラというジャンルに関心をもつ者が現れた。1879（明治12）年には式部寮の楽師たちが、管弦楽の研究や演奏を目的とする「洋楽協会」を有志で設立した。また1880年代後半からは東京音楽学校の定期演奏会や、「大日本音楽会」「明治音楽会」などの音楽鑑賞組織によって、世の中に少しずつ西洋音楽が普及した。

明治後期には、民間の大型商店の音楽隊が広告・宣伝塔として活躍するようになり[1]、東京三越少年音楽隊[2]などから多くの音楽家が輩出された。東京音楽学校では、特に**ユンケル**[3]の着任以来、管弦楽演奏のレヴェルが飛躍的に向上し、ブラームスの《ドイツ・レクイエム》など合唱を含む大規模作品を演奏するまでに成長した。しかし本来、学校はあくまで教育機関である。ベルリン留学から帰国した**山田耕筰**は、演奏活動そのものを目的とする組織として常設のオーケストラ結成をたびたび試みるようになった。

1914（大正3）年、岩崎小弥太男爵の主宰で大編成のオーケストラによる演奏会が開かれ、「東京フィルハーモニー会管弦楽部」が発足した。山田はその指揮者として活動し、同管弦楽部の解散後に渡米した。そして再帰国後、**近衛秀麿**[4]とともに「日本交響楽協会」を結成した。1925（大正14）年の春、同協会はロシアやハルビンから演奏家を招聘し、「日露交歓交響管絃楽大演奏会」と称して100名規模のオーケストラによる演奏を披露した。この演奏会の輝かしい成功によって、音楽家のモチベーションと、常設団体としてのオーケストラを望む機運が高まったことを受け、同協会を母体として新交響楽団が誕生した。同楽団は、ほぼ同時期に設立された東京放送局（現、日本放送協会／NHK）から支援を得て、現在のNHK交響楽団となった。

今日の日本では、常設のプロ・オーケストラがおよそ40団体あり[5]、年間を通じた公演活動が展開されている。

ユンケル

ユンケルと東京音楽学校管弦楽部

東京フィルハーモニー会管弦楽部を指揮する山田耕筰

---

1 1911（明治44）年にできた名古屋・いとう呉服店（現、松坂屋）少年音楽隊は現在の東京フィルハーモニー交響楽団の母体となった。
2 1909（明治42）年結成。この音楽隊出身の音楽家の中には、女優黒柳徹子の父で東京交響楽団などのコンサートマスターを歴任した黒柳守綱（1908-1983）などがいる。
3 アウグスト・ユンケル（1868-1944）ヴァイオリニスト。ブラームスにも認められたという名手で、ベルリン・フィルハーモニー管弦楽団のコンサートマスターなどを務めた。1899（明治32）年に東京音楽学校に着任し、本格的なオーケストラを初めて組織するなど大きな功績を残した。
4 近衛秀麿（1898-1973）指揮者、作曲家。ベルリンやパリで学び、帰国後は日本のオーケストラ運動を牽引した。戦後も東宝交響楽団（現、東京交響楽団）などで常任指揮者を務めた。
5 日本オーケストラ連盟に正会員または準会員として加盟している団体数（2024年時点）。楽団員が固定メンバーで構成され年間に一定数の定期演奏会等の自主公演を行うなどの、加盟基準がある。

聴いておきたい名曲

歌曲《からたちの花》　北原白秋 作詞　山田耕筰 作曲

　1922（大正11）年、山田耕筰と**北原白秋**[1]は雑誌『詩と音楽』を創刊し、これらの芸術領域の融合を志向した。山田の歌曲の中でも、《ペチカ》や《待ちぼうけ》など、北原の詩による作品はとりわけ多い。『からたちの花』は1924（大正13）年に雑誌『赤い鳥』で発表された詩で、2行ずつの6連からなる。山田が曲を付けて翌年に発表すると、**藤原義江**[2]による初演を経て、荻野綾子の歌唱と山田自身の伴奏によるレコードがヒットした。山田は日本語の抑揚を旋律にできるだけ反映させる書法を追求し、《からたちの花》では1音節に1つの音符を対応させた。各行が「〜よ」で終わる、やさしい言葉で書かれた詩の美しさが、豊かな情感をもって表現されている。

山田耕筰（1886-1965） 作曲家、指揮者。東京生まれ。大正から昭和期にかけて日本の楽壇を牽引した。東京音楽学校で学んだ後、2度にわたって海外で音楽活動経験を積み、アメリカのカーネギーホールでは自作曲の指揮もしている。西洋音楽の語法に基づく本格的な管弦楽曲やオペラの創作に取り組んだ。《赤とんぼ》《この道》（ともに1927）など多くの歌曲が今日まで歌い継がれている。

日本のオペラ

　幕末から明治初期にかけて、横浜や神戸などの外国人居留地では、来日した外国人歌手によるさまざまな演奏会が行われた。またオペラの一団が来日して公演を行うこともあったが、日本人の手によるオペラの上演や、総合芸術であるオペラの創作は明治後期以降に本格化した。

　1903（明治36）年、日本人による初のオペラ公演として、歌劇《オルフォイス》[3]が東京・上野の奏楽堂で上演された。当時の、欧米のワグネリズムというヴァーグナー信奉の潮流を受けて、東京帝国大学（現、東京大学）に設立されていた「ワグネル会」と東京音楽学校の「歌劇研究会」の活動が、上演の大きな原動力となった。このとき、滝廉太郎の師として有名なケーベルがピアノ伴奏を務め、主役として**三浦環**[4]が出演した。1905（明治38）年には歌舞伎役者市川高麗蔵[5]が北村季晴[6]の《露営の

歌劇《オルフォイス》の翻訳上演

三浦 環

1　北原白秋（1885-1942）詩人、歌人。明治末期から多数の詩歌を発表。1918（大正7）年からは雑誌『赤い鳥』の童謡部門を担当した。
2　藤原義江（1898-1976）テノール歌手。1934（昭和9）年に藤原歌劇団を旗揚げし、初代総監督としてカンパニーを牽引した。
3　上演時は「オルフォイス」と表記されたが、グルック《オルフェウスとエウリディーチェ》を指す。
4　三浦 環（1884-1946）ソプラノ歌手。出演当時は旧姓・柴田。1914（大正3）年に渡欧し、オペラ歌手として国際的に活躍した。
5　市川高麗蔵（1870-1949）本名、藤間金太郎。1903（明治36）年に八代目市川高麗蔵を襲名、1911（明治44）年、七代目松本幸四郎を襲名。
6　北村季晴（1872-1931）作曲家。オペラのように演じられた《露営の夢》は「日本人が初めてつくったオペラ」と評判を呼んだが、北村自身にオペラという創作意図はなかったという。

夢》をオペラ風に演じて話題となり、1906（明治39）年には小松耕輔[7]と小林愛雄[8]による「楽苑会」が小松の《羽衣》を、作家・坪内逍遥（1859-1935）が主宰する「文芸協会」が東儀鐵笛[9]の《常闇》を上演した。これらは日本人作曲家による創作オペラ黎明期の作品に位置付けられ、《羽衣》は謡曲、《常闇》は日本神話をもとにしてつくられた。

1911（明治44）年には東京・丸の内に舞台芸術の拠点として**帝国劇場**が開場し、歌劇部が設立されて三浦がプリマドンナ兼教師となった。その後に、この役目を**原信子**[10]が引き継ぎ、振付家**ローシー**[11]のもと、翻訳オペラやオペレッタが盛んに演じられた。歌劇部解散後にローシーが建てた「ローヤル館」

や、浅草の小劇場を中心とする「**浅草オペラ**」の人気によって、大正期のオペラ界は活気にあふれた。

浅草オペラの庶民的な趣向に対して、アメリカから帰国した**山田耕筰**は、1920（大正9）年に日本楽劇協会を設立、ヴァーグナーなどを積極的に取り上げた。山田は、北原白秋との雑誌『詩と音楽』の創刊、オーケストラ運動などを挟みつつ、1940（昭和15）年に自作のオペラ《夜明け》を発表、初演時の指揮と演出を務めた。これは戦前唯一の本格的なグランド・オペラといわれ、戦後のオペラ創作は**團伊玖磨**が山田の後継となった。團の代表作《夕鶴》（▶p.194）は、民話を題材とする人気オペラの一つである。

帝国劇場 1911（明治44）年開場
日本で最初につくられた西洋式の劇場。建物は今日までに災害や老朽化で改修されている。

帝国劇場歌劇部《マスコット》の上演
オペレッタ《マスコット》は、フランスの作曲家エドモン・オードラン（1842-1901）の代表作。

ドイツ人俘虜収容所と《第九》

1914（大正3）年、バルカン半島のボスニアでオーストリア皇太子夫妻が暗殺された事件をきっかけに、第一次世界大戦が勃発した。日本は日英同盟を理由に連合国側として参戦し、ドイツ軍が拠点としていた中国大陸の青島などで戦った。その結果、多くのドイツ人俘虜[12]が日本へと連れて来られ、各地の収容所で暮らすようになった。徳島県の板東にも大きな収容所が建設され、1000人規模の俘虜たちが送られた。

第一次世界大戦では、正規の軍人だけでなく、

---

7 小松耕輔（1884-1966）作曲家。パリ音楽院に留学し、帰国後は合唱の普及にも熱心に取り組み国民音楽協会の理事長などを務めた。
8 小林愛雄（1881-1945）詩人、作詞家、翻訳家。帝劇歌劇部でも訳詞者として多くの翻訳オペラに携わる。音楽や演劇等に関する批評活動も展開。
9 東儀鐵笛（1869-1925）作曲家、俳優。宮内省で楽師を務めた後退職し、文芸協会に参加。
10 原 信子（1893-1979）ソプラノ歌手。帝国劇場歌劇部解散の後、ローヤル館での活動を経て、原信子歌劇団を結成。1952（昭和27）年、團伊玖磨のオペラ《夕鶴》初演時の主役を歌った。
11 ジョヴァンニ・ヴィットーリオ・ローシー（1867-1940?）振付家、演出家。イタリア生まれ。
12 当時は「俘虜」と呼ばれたが、捕虜と同じ意味である。
13 松江豊寿（1872-1956）軍人、政治家。2006（平成18）年公開の映画『バルトの楽園』では松江が主人公として描かれている。
14 グスタフ・クローン（1874- ?）ドイツのヴァイオリニスト。お雇い外国人として東京音楽学校に約12年間在職した。

さまざまな職業の人々が従軍していた。板東の収容所では、所長の松江豊寿[13]による方針のもと、ドイツ人俘虜たちが各々の技術を生かしたり、知識を広めたりする活動も認められていた。音楽愛好家たちはオーケストラを結成して、収容所の内外で音楽を奏で、ついには日本で初めてベートーヴェンの《交響曲第9番》(▶p.95)の全曲上演を行った。

ドイツ人俘虜による《第九》の公演は、1918（大正7）年6月に行われた。最終楽章の独唱と合唱は男声によるもので、当時のプログラムによれば、指揮者はハンゼンという人物であった。日本に常設のオーケストラができる前の時期に、ドイツ人俘虜たちの残した足跡は大きく、板東ではベートーヴェンの《交響曲第4番》も初演されている。なおこの板東での公演以後、1924（大正13）年の11月に東京音楽学校が第48回定期演奏会で《第九》を演奏した。日本人による演奏としては、これが《第九》の日本初演にあたる。このとき指揮を務めたクローン[14]は、ベートーヴェンの交響曲の第1番、第3番《英雄》、第5番《運命》、第6番《田園》、第8番を日本で初演しており、全9曲あるベートーヴェンの交響曲のうち7曲がドイツ人俘虜またはクローンの指揮によって初演されたのだった。

《第九》の日本初演を指揮したヘルマン・ハンゼン（最前列中央）と徳島オーケストラ、合唱団

まとめと今後の勉強のために

現代の日本人にとって、音楽はどのような存在であるのかを知ろうとすると、どうしても明治時代の音楽状況を知っておかなくてはならない。特にこの時期にヨーロッパ音楽が最初は教育用音楽として導入されるが、それ以前の日本に音楽が存在しなかったわけではないことを、忘れないでほしい。三味線や箏の音楽、歌舞伎や能楽などの芸能という範囲で、音楽は存在し、人々が享受していた。ただ日本人にとって新しかったことは、音楽だけを鑑賞の対象にするという聴き方であった。音楽作品という考え方や、その作品を聴くためだけに演奏会に行くということは、これまでになかった。このような聴き方はまさに19世紀のヨーロッパの聴き方でもあり、ヨーロッパでもそれ以前には決して主流の聴き方ではなかった。

日本は明治と大正の時代にクラシック音楽が盛んな国となり、また楽器産業も大いに発展する。第二次世界大戦以前の日本の作曲家といえば、音楽の教科書に登場する唱歌の作者として知られているが、それ以外にも多くの作品を残しているので、ぜひ聴いてもらいたい。

昭和・平成・令和
1926〜1989　1989〜2019　2019〜

■時代と社会

　1929（昭和4）年に**世界恐慌**が起こり、日本経済は大打撃を受けた。一方、中国では反日本帝国主義運動が活発化し、国民革命軍が**北伐**を開始するなどしたため、政府は在留日本人の生命・財産の保護を口実に3回にわたって**山東出兵**を行い、国民革命軍と軍事衝突した。その後も日本軍部は**張作霖爆殺事件**、**柳条湖事件**などの暴走を続け、**満州事変**に至った。1932（昭和7）年、清朝最後の皇帝であった溥儀を執政として「満州国」を樹立するが、国際連盟がこれを認めなかったことから、日本は連盟を脱退して抵抗した。

　国内では急進的な革新運動が起こり、軍部が政治家や財閥などの支配層を攻撃し、クーデターを画策した。中でも青年将校を中心とする**五・一五事件**や**二・二六事件**によって、国家主義の機運が急激に高まり、軍部独裁へと向かっていった。ヨーロッパでもファシスト政党が台頭しており、すでに国家社会主義体制を敷いていたドイツとイタリアと**日独伊三国防共協定**を締結することで、イギリス、フランス、アメリカなどの諸国との対立が鮮明になった。

　日本は中国・華北への進出を図るが、国民党軍と共産党軍が「抗日民族統一戦線」を結成する中、軍部が画策した**盧溝橋事件**を機に、1937（昭和12）年**日中戦争**に突入した。ヨーロッパではナチス・ドイツのポーランド侵攻によって**第二次世界大戦**が始まり、東アジアでは日本がハワイの真珠湾を攻撃して、**太平洋戦争**に突入した。しかし3年8か月に及んだ戦争は、日本の無条件降伏に終わった。

　戦後は日本は連合国の占領下に置かれ、**財閥解体**、**農地改革**、教育改革が行われた。終戦の翌年には**日本国憲法**が公布され、民主主義国家となった。ヨーロッパと同様に東西両陣営は対立し、**朝鮮戦争**が勃発したため、戦争特需で日本の産業や経済は回復した。1951（昭和26）年に**サンフランシスコ平和条約**によって主権を回復し、**日米安全保障条約**の保護のもと、**高度経済成長**を遂げることに成功した。1964（昭和39）年の東京オリンピックや新幹線の開通は成長のシンボルであった。その後は、ニクソン・ショックによる変動為替相場制への移行、2度の**石油危機**、**バブル経済**とその崩壊、さらに2008（平成20）年のリーマン・ショックなど、数々の経済危機に直面しつつも、経済的発展を遂げてきた。しかし2011（平成23）年の**東日本大震災**とその後の**福島原子力発電所**の事故は、戦後の繁栄しつつあった日本に対して大きな警鐘を鳴らした。エネルギー政策だけでなく、安全保障の問題やTPPなどの貿易問題など、日本は今なお多くの課題に直面していた。

　2019年5月皇位継承に伴い、元号は「平成」から「令和」となった。2020（令和2）年には「**新型コロナウイルス感染症**」が世界的に拡大され、社会や経済は大きく混乱した。これまで隠れていた社会の問題、とりわけ貧困や格差が顕在化したが、他方で、インターネットの活用等によっ

東京2020オリンピック開会式　入場行進では日本で制作されたゲームの音楽「ドラゴンクエスト」の〈序曲：ロトのテーマ〉、「ファイナルファンタジー」の〈勝利のファンファーレ〉など19曲が使用された。

て新しいライフスタイルが浸透し始めた。この年予定されていた「東京オリンピック」は延期され、翌2021（令和3）年に開催された。

2022（令和4）年2月、ロシアがウクライナに軍事侵攻し、「**ロシアとウクライナの戦争**」が始まった。多くの自由主義諸国が軍事的行為による国家主権の侵害を批判した。さらに2023（令和5）年10月には、ガザを拠点にするパレスチナのハマースがイスラエルのレイムで開催されていた音楽祭を襲撃し、これを機にイスラエル

はガザ地区に軍事侵攻し、「**イスラエルとガザの戦争**」が始まった。こうした戦争や紛争、特にロシアやイスラエルに対して国際社会の対応は分裂し、2024（令和6）年6月現在、これら二つの戦争は終結に至っていない。また東アジアでも朝鮮半島や台湾には国家的紛争の火種が残っている。第二次世界大戦あるいは冷戦で未解決だったり看過されてきたりした問題が表面化したと考えられ、問題解決への道のりは遠く、苦難が予想される。

■音楽史の流れ

世界恐慌が始まり、軍部を中心にして大陸進出に活路を見いだす機運が高まり、日中戦争を経過して、太平洋戦争に突入する。その間に国家総動員法の発令など戦時体制が準備される。音楽家たちの活動も例外ではなく、国家への奉仕が求められ、例えば、「紀元二千六百年」にあたる1940（昭和15）年には、奉祝演奏会が各地で開催されたりした。また太平洋戦争中には、敵国の音楽の演奏が禁止されるなど、音楽活動も制限された。

終戦後の日本では民主主義が普及し、1949（昭和24）年には新制の**音楽大学**が設立され、**音楽教育**が活発になる。高度経済成長期には多くの子どもたちがピアノを習い、音楽大学も大規模化し、また武満徹など、多くの**日本人音楽家**が

海外で評価され活躍するようになった。こうして日本社会は成熟し、音楽家たちの**社会貢献**などによって、市民社会に広く音楽が普及する時代になった。他方で、少子高齢化などの問題を背景に、クラシック音楽人口の減少などの課題はあるが、多くの人々が**インターネット**を通して、さまざまなジャンルの音楽を聴取できる環境も整備されてきている。

2020（令和2）年のコロナ・パンデミックの期間には、感染予防のためにライブでの音楽活動が大きく制限され、多くの音楽家が自粛を余儀なくされた。しかしインターネットを通じて、従来のストリーミングや動画投稿が活発になった他、リモートによる合唱や合奏も試みられ、新しい音楽活動が展開された。

戦時体制下の音楽 —————————

世界恐慌の影響が各国に不穏な影を落とす中、1930年代の日本の作曲界では山田耕筰（●p.185）に続く世代の作曲家たちによる新しい動きが起こった。1930（昭和5）年、**箕作秋吉**[1]、**清瀬保二**[2]ら

若い作曲家は「新興作曲家連盟」を設立し、作品の試演や発表を積極的に行った。後にこの団体が国際現代音楽協会へ加入したことで、日本人作曲家による作品が世界に紹介される機会も生まれた。この頃

---

1 箕作秋吉（1895-1971）作曲家、物理学者。ベルリンで物理化学の研究と並行して、作曲を学ぶ。
2 清瀬保二（1900-1981）作曲家。山田耕筰やプリングスハイムのもとで学ぶ。

伊福部 昭

から、西洋音楽志向の作品に加え、日本の伝統音楽などに基づく民族主義的な作風の作品も次々と発表されるようになり、**伊福部昭**[3]や**早坂文雄**[4]らが活躍した。

1932（昭和7）年には東京音楽学校に作曲科が加わり、**プリングスハイム**[5]が和声法を教えるようになった。また、日本初の常設オーケストラとして出発した新交響楽団[6]では、1936（昭和11）年に**ローゼンシュトック**[7]が常任指揮者に就任し、厳しい指導のもとに楽団員と信頼を築いていった。プリングスハイムとローゼンシュトックは2人ともユダヤ人で、ヨーロッパでの活動の場を追われる立場であった。1940年代に戦争が拡大すると、音楽家としてのすばらしさや華やかな経歴にかかわらず、日本国

プリングスハイム

ローゼンシュトック

内でもユダヤ系音楽家への風当たりは強くなっていった[8]。

太平洋戦争の前年1940（昭和15）年には、神武天皇即位から2600年に当たることを祝して、「紀元二千六百年奉祝楽曲発表演奏会」が開かれ、R.シュトラウスの《祝典音楽》などが演奏された。新交響楽団をはじめ音楽家が結集させられた大イヴェントであったが、同じ時期に演奏家連盟などの音楽団体は解散を余儀なくされた。翌年には文化統制の一環として音楽団体が「日本音楽文化協会」に一元化され、音楽雑誌などへも言論統制がかけられた。ラジオ放送では盛んに**軍歌**が流れ、戦意高揚や国策宣伝を目的とする楽曲も数多くつくられた。戦況の悪化に伴い、東京音楽学校の生徒や音楽家も戦地へ送られ、人の命や人が人生を懸けて培ってきたものが失われた。音楽活動に関しては楽器がなくなり、作曲家の自筆譜なども焼失した。

紀元二千六百年奉祝楽曲発表演奏会（1940年）
写真提供：朝日新聞社

大学における音楽教育

古来、日本の伝統音楽では、家元等の制度のもと個人指導を主とした教育が行われてきた。明治維新以降の近代的な教育制度においても、当初「学校」という定義の中に音楽や芸術専門の学校というものは含まれていなかった。1887（明治20）年、日本初の音楽学校として東京音楽学校が設置されてから、

---

3 伊福部 昭（1914-2006）作曲家。『ゴジラ』をはじめとする映画音楽の作曲でも有名。
4 早坂文雄（1914-1955）作曲家。映画音楽の分野でも活躍した。
5 クラウス・プリングスハイム（1883-1972）ドイツの指揮者、作曲家。マーラーの率いたウィーン宮廷歌劇場などで活動し、1931（昭和6）年から37（昭和12）年まで東京音楽学校に在職。戦後は武蔵野音楽大学で教えた。
6 日本交響楽協会を母体に設立。現、NHK交響楽団。（→ p.184）
7 ヨーゼフ・ローゼンシュトック（ジョセフ・ローゼンストック）（1895-1985）ポーランド生まれの指揮者。戦前から欧米の歌劇場で活躍した後に来日、戦後はメトロポリタン歌劇場などアメリカを拠点に活動した。
8 日本の楽壇に大きく貢献したユダヤ系の音楽家には、ピアニストのレオニード・クロイツァー（1884-1953）や、指揮者で作曲家のマンフレート・グルリット（1890-1972）などがいる。

私立の音楽学校も創設されるようになった。

1906（明治39）年、大阪の相愛女学校に大阪女子音楽学校（現、相愛大学音楽学部）が増設された。翌年に鈴木米次郎[1]がつくった東洋音楽学校は現在の東京音楽大学となった。大正期には大阪音楽学校（現、大阪音楽大学）や東京高等音楽学院（現、国立音楽大学）が開校し、昭和初期に福井直秋[2]は武蔵野音楽学校（現、武蔵野音楽大学）を開いた。この頃までにできた私立の音楽学校の多くは、創立者や教員が東京音楽学校の出身であり、教育の重点は西洋音楽に置かれていた。

終戦後は教育の民主化が進められ、1947（昭和22）年に日本国憲法に基づく「学校教育法」が制定・施行された。小学校、中学校、高等学校、大学という六・三・三・四の新しい学校制度のもと、新制大学は1949（昭和24）年度から開始することが決まった。東京音楽学校は東京美術学校と合併され「東京藝術大学」となり、日本唯一の国立の芸術大学として、音楽と美術の2つの学部から構成された。1949（昭和24）年2月の卒業演奏会が東京音楽学校として最後の演奏会となり、この年に卒業した矢代秋雄[3]と黛敏郎[4]の作品が演奏された。また、一連の教育改革では教員養成のカリキュラムや教員免許の制度も検討され、旧制の師範学校が教育大学や総合大学の教育学部に改編された。東京音楽学校にも本科（声楽科、器楽科、作曲科、邦楽科）に加え、教員養成のための師範科があったが、新制度では東京藝術大学音楽学部は作曲、声楽、器楽、指揮、楽理、邦楽の6学科から編成された。

このような学制改革によって、私立の音楽学校は私立音楽大学へと移行した。さらに高度経済成長期になると、各地で音楽大学や音楽専攻の新設が相次いだ。桐朋学園大学音楽学部は1961（昭和36）年の開設だが、大学に先行して1948（昭和23）年につくられた「子供のための音楽教室」を礎としている。この音楽教室は齋藤秀雄[5]、井口基成[6]、吉田秀和[7]らによって創始され、専門とする楽器の実技、ソルフェージュ、アンサンブルを柱とした。幼少期からよい耳を育むことを重視し、小澤征爾[8]や中村紘子[9]ら卒業生の国際的な活躍をもって教育の成果が広く知られた。

幕末・明治期から西洋音楽を受容し始めた日本の音楽家は、欧米に留学したり、海外の動向を貪欲に取り入れたりしながら、専門教育の充実を図ってきた。教育内容についても、戦後の音楽大学の多くは声楽、ピアノや弦楽器などの器楽、作曲、音楽教育の専攻を設け、とりわけ専門実技の向上を目指してきたといえるだろう。そうして海外の著名なコンクールなどで入賞を果たす日本人演奏家も増えてきた。一方で、現代音楽シーンを率いた武満徹（▶p.193）や三善晃[10]などは、主に独学で、あるいは留学して作曲家となり、国内の音楽大学は卒業していない。音楽の学び方はさまざまだが、時代や社会の変化に応じて音楽大学の教育の在り方も変容し、近年は専攻や学科も多様化の傾向にある。

矢代秋雄

黛 敏郎

小澤征爾

中村紘子

三善 晃

---

1 鈴木米次郎（1868-1940）音楽教育者。東京音楽学校で学び、音楽教師として勤務した後、東洋音楽学校を立ち上げた。
2 福井直秋（1877-1963）作曲家。東京音楽学校を卒業し、歌曲などを中心に作品を残した。
3 矢代秋雄（1929-1976）作曲家。卒業作品は《ピアノ三重奏曲》で、その後パリ国立音楽院に留学した。代表作に《交響曲》（1958）、《ピアノ協奏曲》（1967）がある。
4 黛 敏郎（1929-1997）作曲家。卒業作品は《十の独奏楽器のためのディヴェルティメント》だった。代表作にミュジック・コンクレート作品《X・Y・Z》（1953）などがある。
5 齋藤秀雄（1902-1974）指揮者、チェロ奏者。演奏活動の傍ら、小澤征爾や秋山和慶ら多くの後進を育てた。弟子たちが中心となって結成した「サイトウ・キネン・オーケストラ」は世界的に高い評価を受けている。
6 井口基成（1908-1983）ピアニスト。桐朋学園短期大学及び同大学の学長も務めた。
7 吉田秀和（1913-2012）音楽評論家。批評活動に加え、作曲家の柴田南雄（1916-1996）、入野義朗（1921-1980）らと「二十世紀音楽研究所」を設立して現代音楽の紹介にも努めた。
8 小澤征爾（1935-2024）指揮者。ボストン交響楽団、ウィーン国立歌劇場などの音楽監督を歴任し、世界的に活躍。長野県で毎年開催されるセイジ・オザワ 松本フェスティバルの総監督も務めた。
9 中村紘子（1944-2016）ピアニスト。1965（昭和40）年のショパン国際ピアノコンクールに入賞。後に数々の国際コンクールの審査員を歴任し、浜松国際ピアノコンクールでは15年間にわたり審査委員長として活躍した。
10 三善 晃（1933-2013）作曲家。東京大学在学中にパリに留学、帰国後は大学で教鞭を執りながら管弦楽曲や室内楽曲、合唱曲など多くの作品を残した。

知っておきたい音楽用語

現代邦楽

「現代邦楽」という言葉は、戦後、1947（昭和22）年に放送が始まったNHKのラジオ番組のタイトル『現代邦楽の時間』で初めて用いられた。この番組では、箏曲家の宮城道雄（1894-1956）や彼に続く世代による作品が放送された。《春の海》の作曲者としても有名な宮城は、西洋音楽の手法を取り入れた新作を発表するとともに、邦楽器の改良や技法の拡大を試みていた。宮城らのこのような活動は「新日本音楽」と呼ばれる。1949（昭和24）年に番組は終了したが、1950年代には邦楽器奏者の世代交代が進み、学習方法にも変化がみられるようになった。

宮城道雄

元来、日本音楽の分野には家元制度があり、各流派において師匠から弟子へと芸が継承されてきた。このシステムは伝統を守る一方で、流派や楽器が異なると共演などが実現しづらいという状況の一因にもなっていた。1955（昭和30）年、それらの垣根を超えた邦楽演奏家の養成機関として「NHK邦楽若手芸能家育成会（後にNHK邦楽技能者育成会に改称）」が設立され、五線譜による教育が導入された。五線譜教育は邦楽に革新をもたらし、五線譜を介して多様な編成による合奏の可能性が広がった。伝統音楽にはない楽器編成で演奏するということは、そのための新しい作品が生まれる契機にもつながった。1958（昭和33）年に箏と尺八の奏者が結成した「邦楽四人の会」は、作曲家への新作委嘱など意欲的な活動を展開した。1960年代に入ると、「尺八三重奏団[1]」や「箏『泉』会[2]」など尺八奏者や箏曲家のグループも誕生した。

1964（昭和39）年、NHKでは新番組『現代の日本音楽』のラジオ放送が始まった。また同年に作曲家の三木稔[3]らを中心に結成された「日本音楽集団」は、尺八、三味線、琵琶、箏、十七絃、打楽器などの奏者を擁する大規模な合奏集団だった。宮城道雄や邦楽四人の会の活動では、邦楽の新しい方向性を模索しながら、もともと邦楽分野で活躍していた作曲家や邦楽器奏者自らが新作をつくった。しかし日本音楽集団創設の頃から、武満徹や広瀬量平（1930-2008）、諸井誠（1930-2013）など前衛音楽の作曲家による、邦楽器を用いた作品が作曲・発表されるようになった。

明治・大正期以来、日本の音楽文化では邦楽と洋楽が交差し、相互に影響し合ってきた。その中で「現代邦楽」は、邦楽器による新作を創造する活動を指すが、狭義では特にこの1960年代半ば以降の創作をいう。それらの作品では、特殊奏法やハーモニクス、図形楽譜などの前衛的な書法が用いられた。

日本音楽集団による演奏
尺八や三味線、打楽器などの奏者は着物で、笙や篳篥の奏者は雅楽の装束で演奏している。
（▶口絵3）

---

1 メンバーは村岡実（1924-2014）、宮田耕八朗（1938- ）、横山勝也（1934-2010）。横山は武満徹作曲の《ノヴェンバー・ステップス》の独奏者として有名。
2 メンバーは白根きぬ子、野坂惠子（二代目野坂操壽、1938-2019）、宮本幸子。
3 三木稔（1930-2011）作曲家。代表作には《古代舞曲によるパラフレーズ》（1966）や、《春琴抄》（1975）を含む「日本史オペラ9連作」などがある。

現代音楽祭の盛況〜大阪万博

戦後、とりわけ 1950 年代から、「実験工房¹」を筆頭に「三人の会²」や「山羊の会³」といった作曲家グループの活躍が目立つようになった。戦前に比べると、欧米の同時代の音楽がほぼ同時に日本でも実践されるようになり、「二十世紀音楽研究所」による現代音楽祭でケージ（●p.166）の不確定性の音楽が紹介されるなど、1960 年代後半には現代音楽祭が活況を呈した。また、テクノロジーの発達を背景に世界各地で電子音楽が試行されるようになり、1966（昭和 41）年にはシュトックハウゼン（●p.166）が初めて来日した。当時ケルンの電子音楽スタジオに所属していたシュトックハウゼンは、NHK の電子音楽スタジオで作品の制作を行うとともに、3 日間にわたるセミナーを実施し、3 日目に**空間音楽**をテーマに取り上げた。30 名前後の聴衆の中には武満徹や黛 敏郎（●p.191）ら多数の作曲家もいた。

トータル・セリーとは、音列技法を音高、音価、音の強さ、音色といったパラメータに適用するが、シュトックハウゼンは作品を構成する要素の一つとして「空間性」を用いた。例えば彼の作曲した《グルッペン》では、会場内で聴衆が独立した 3 群のオーケストラに囲まれる。鳴り響く音の高さや長さ、音色などだけではなく、ある空間に複数の楽器群を配置することで、聴く人々に空間内の音の移動が感じられるよう意図されていた。

空間音楽の作品上演にあたってシュトックハウゼンが理想としたのは、あらゆる速度で、あらゆる方向から音を操ることのできる環境だった。しかし彼自身、そうしたホールを見つけたり建設したりする困難を自覚していた。1970（昭和 45）年に大阪で開催された日本万国博覧会「EXPO' 70」（大阪万博）は、シュトックハウゼンの描く理想的な環境を実現

聴いておきたい名曲

ノヴェンバー・ステップス　武満 徹 作曲

武満徹による琵琶と尺八、オーケストラのための作品。ニューヨーク・フィルハーモニック創立 125 周年を記念して委嘱され、1967（昭和 42）年に小澤征爾指揮のもと同楽団によって初演された。独奏は鶴田錦史（琵琶）と横山勝也（尺八）が務めた。舞台では指揮者を中心に邦楽器の独奏者と小編成の 2 群のオーケストラが左右対称に置かれ、管楽器は中央後方に配置される。この作品以前にも、武満は映画音楽でさまざまな楽器を用いたり、《エクリプス》という琵琶と尺八の組み合わせによる二重奏曲を発表したりしていた。前衛的な語法と邦楽器の使用に特徴付けられ、《ノヴェンバー・ステップス》は日本の現代音楽を代表する作品となった。

《ノヴェンバー・ステップス》の演奏
指揮：小澤征爾／
琵琶：鶴田錦史／
尺八：横山勝也
新日本フィルヨーロッパ公演
（ロンドン・バービカンホール、1985 年）
写真：木之下晃

武満 徹（1930-1996） 作曲家。東京生まれ。ほとんど独力で作曲を学び、1951（昭和 26）年に詩人の瀧口修造らとともに前衛芸術集団「実験工房」を結成。西欧の前衛音楽の影響を受けながら独自の作風を示し、戦後を代表する作曲家として国際的にも高い評価を得た。《弦楽のためのレクイエム》や《ノヴェンバー・ステップス》など管弦楽曲の作曲の他、映画音楽や放送の分野でも活動。同時代の芸術家と幅広い交流があり、音楽監督を務めた現代音楽祭「Music Today」などでは、国内外の気鋭の作曲家を紹介した。

1　詩人の瀧口修造（1903-1979）のもと、武満 徹、湯浅讓二（1929-2024）などの作曲家や画家が集まって活動したグループ。
2　芥川也寸志（1925-1989）、黛 敏郎、團 伊玖磨（●p.194）によるグループ。
3　林 光（1931-2012）、間宮芳生（1929- ）、外山雄三（1931-2023）が参加した。

させる絶好の機会となった。「人類の進歩と調和」がテーマに掲げられた大阪万博には国内外から116のパビリオンが参加し、中でも注目を集めたのが、ドイツ館と鉄鋼館の2つの音楽堂である。シュトックハウゼンのプロデュースによるドイツ館の球形音楽ホール「オーディトリウム」は、内壁や客席などに何百ものスピーカーが埋め込まれた実験的な会場として注目を集めた。

鉄鋼館の「スペース・シアター」では、作曲家の**武満徹**(たけみつとおる)が芸術プロデューサーを務めた。武満によれば、この新しいコンサート・ホールは「客席とステージとに単純に区別されていた量的空間を、ひとつの質的空間へと変質させる器官[4]」であった。ホール内は、天井から座席下まで随所に埋め込まれた1008個のスピーカーによって、聴く人があらゆる方向に音源があると感じられる仕組みになっていた。会期中、この装置を前提に作曲された武満の《クロッシング》などが上演された他、伝統芸能も取り上げられた。

ドイツ館の「オーディトリウム」　　写真提供：大阪府
「音楽の花園」をテーマとし、半球形のドームを花畑が囲んでいた。

鉄鋼館の「スペース・シアター」　　写真提供：大阪府
鉄鋼館は、2010（平成22）年から日本万国博覧会（大阪万博）の記念館「EXPO'70パビリオン」として公開されている。

聴いておきたい名曲

オペラ《夕鶴》　團 伊玖磨(だんいくま) 作曲

團伊玖磨作曲の全1幕のオペラ。劇作家の木下順二(きのしたじゅんじ)（1914-2006）による戯曲は、民話『鶴の恩返し』を主な題材とし、1949（昭和24）年に舞台初演された。このとき團は劇付随(ふずい)音楽を担当し、その後オペラ化の着想を得て、翌1950（昭和25）年から作曲に取り組んだ。オペラは1952（昭和27）年に團自身の指揮によって初演。雪国の村を舞台に、鶴を助けたことのある青年「与(よ)ひょう」と、彼の美しい妻「つう」を軸に物語が展開する。児童合唱で幕を開け、「与ひょうの動機」「つうの動機」など、いくつかの動機がライトモティーフ的に用いられている。

《夕鶴》日本オペラ協会公演　2023（令和5）年
つう：砂川涼子、与ひょう：海道弘昭(ひろあき)
©公益財団法人日本オペラ振興会

團 伊玖磨（1924-2001）　作曲家。東京生まれ。戦前に東京音楽学校で学び、山田耕筰(こうさく)や諸井三郎(もろいさぶろう)にも師事した。代表作のオペラ《夕鶴》（1952 初演）は、日本の創作オペラの中で最も頻繁に上演される作品の一つである。1953（昭和28）年には芥川也寸志(あくたがわやすし)、黛敏郎(まゆずみとしろう)とともに「三人の会」を結成。アジアの文化への関心も深く、管弦楽組曲《シルクロード》（1955）や交響組曲《アラビヤ紀行》（1958）を発表したほか、《ぞうさん》などの童謡、混声合唱組曲《筑後川(ちくごがわ)》（1968）などの合唱曲も数多く作曲した。

4　武満 徹「スペース・シアターに関する基本理念」より。『樹の鏡、草原の鏡』（新潮社、1975年）所収。

ホール・劇場の整備

常設のオーケストラやオペラカンパニーをつくろうと山田耕筰（▶p.185）や近衛秀麿（▶p.184）、藤原義江（▶p.185）らは戦前から活躍したが、問題は会場がないことだった。当時は西洋式の会場が非常に限られていたため[1]、歌舞伎座や日比谷公会堂でもコンサートやオペラの公演が行われていた。しかし、公会堂は講演や祝典等のために人々が集まる場所であり、劇場とは本来的な目的が異なる施設であった。

1954（昭和29）年、**公立の文化施設**として初めて本格的な音楽専用ホールである神奈川県立音楽堂が開館した。その後、1961（昭和36）年に東京文化会館が、1963（昭和38）年に日生劇場が開館して大規模なオペラ上演が可能になった他、1966（昭和41）年には歌舞伎や文楽など伝統芸能のための国立劇場が設置された。この時期にできたホールや劇場は東京をはじめ都市部に位置していたが、やがて全国的に増えていった。近年の調査によると今日では3442館ある公立文化施設のうち、80％以上が1980年代以降に開館した施設である[2]。

1980年代に多くの地方自治体が文化施設を設置した背景には、魅力あるまちづくりやにぎわい創出の装置としての期待などが挙げられる。しかし実際に施設ができた後は、市民に発表の場を提供することがメインとなり、自主的な事業を企画する人材の不足から公立の文化施設は「ハコモノ行政」として批判の対象にもなっていった。他方、大阪のザ・シンフォニーホール（1982年開館）や東京・赤坂のサントリーホール（1986年開館）など民間が設置した施設は優れた音響で知られ、バブル景気の象徴となった。

オペラ公演の実施に際しては、多面舞台の機能を有する劇場が求められ、愛知県芸術劇場（1992年）や滋賀県立芸術劇場びわ湖ホール（1998年）が開館した。また、1997（平成9）年には国立の歌劇場機能をもつ新国立劇場が東京・初台にオープンし、こけら落としとして團伊玖磨による新作オペラ《建・TAKERU》が上演された。

この後も全国の公立文化施設は各館・各地域の特色を生かした自主事業を積極的に手がけ、ハード面ではなくソフト面の質的な充実が目指された。例えば新日本フィルハーモニー交響楽団とフランチャイズ契約を結んだすみだトリフォニーホール（1997年開館）のように専門団体と連携を図る施設や、兵庫県立芸術文化センター（2005年開館）のように専属団体をもつ施設もできた。さらに複数の公立劇場が共同オペラ制作を実現することで、大規模な公演が日本各地で鑑賞できる環境整備が進められたりするようになった。

日比谷公会堂
1929（昭和4）年に竣工した複合建築。南側の通りに面しているのが「市政会館」、日比谷公園側に入口があるのが「日比谷公会堂」という2つの顔をもつ。　　写真提供：東京都

兵庫県立芸術文化センター
阪神・淡路大震災からの「心の復興・文化の復興」のシンボルとして開館。専属団体の「兵庫芸術文化センター管弦楽団」も活躍。
　　写真提供：兵庫県立芸術文化センター

1　例えば、1890（明治23）年には東京音楽学校の校舎として旧東京音楽学校奏楽堂が建設されている。
2　地域創造『2019年度「地域の公立文化施設実態調査」報告書』に基づく数字。

文化や芸術を支える社会の仕組み

今日の日本では、オペラが上演可能な舞台機構を備えた大規模な劇場や、響きの美しさを追求した音楽専用のコンサート・ホールが各地にあり、日夜さまざまな公演が行われている。国内のオーケストラだけみても、年間3000回以上のコンサートが開催されており、楽団員はこれらに出演するだけでなく、室内楽など小規模のアンサンブルでの活動も行っている[1]。

コンサートでは、演奏家と聴衆以外に、企画・制作するスタッフや照明等の技術スタッフ、会場案内を担うレセプショニストなど、さまざまな人々が関わり合って一つの空間がつくり上げられる。常設のオーケストラやオペラカンパニー、ホールの運営には莫大な費用がかかり[2]、ドイツやフランスなどでは文化を継承・発展させるべく、国や州などが補助金を出して芸術団体を支援してきた。アメリカの場合、寄付文化を背景に民間から積極的に寄付を集めることで経営努力が図られている。

日本の場合、劇場やコンサート・ホールと音楽団体はそれぞれ発展してきた歴史をもち、それらを支える社会的な制度も戦後しばらくは整備が進んでいなかった。高度経済成長期に誕生した多くのオーケストラは、特に放送局が開局当初は生演奏のできる団体を重用していたことから、民間に支えられた部分も大きかった。また、1970（昭和45）年の大阪万博以降、海外の演奏家による来日公演が飛躍的に増え、バブル期には企業がスポンサーとなる「冠コンサート」が盛んに行われた。しかし、録音技術の進歩などが影響し、放送という場でのクラシック音楽団体の活動機会は減少していくとともに、コンサートでは聴衆の高齢化や、新たな愛好者が開拓できていないといった問題が顕在化するようになった。

そうした中、日本社会における文化振興の在り方や、芸術家・芸術団体の役割に関して議論が行われてきた。1968（昭和43）年に発足した**文化庁**は、人々の関心が「物の豊かさ」から「心の豊かさ」へシフトした社会的背景などを受け、国としての施策を編成するようになった。1990（平成2）年には**芸術文化振興基金**が設立されるとともに、企業による**芸術文化支援（メセナ）活動**の活性化を目的に企業メセナ協議会も誕生し、2000年代以降は法整備も進んだ。芸術団体は時代の変化の中で社会との関係性の紡ぎ方を模索し、活躍の場を広げている。

東京、赤坂にあるサントリーホール（大ホール）
響きの美しさを追求し、日本で初めてヴィンヤード（ぶどう畑）形式が取り入れられた音楽専用コンサート・ホール。サントリーグループはサントリーホールやサントリー美術館の企画運営をはじめ幅広くメセナ活動を展開してきた企業の一つ。

---

1 日本オーケストラ連盟によれば、2021（令和3）年度における加盟オーケストラ38団体の公演総数は3013回で、コロナ禍により818公演が中止や延期になっている。コロナ禍以前の2018（平成30）年度では37団体で公演総数は3879回だった。
2 例えば、モーツァルトの交響曲を演奏するのに必要最低限の人数は、基本的にどんな時代であっても変化しない。経済学的に、技術革新によって生産の効率性が上がることなく、人件費が総経費の大きな比重を占める組織は、経営の維持が難しいことが明らかにされている。

音楽による社会参加

2011(平成23)年3月に発生した東日本大震災と、福島第一原子力発電所の事故は、社会の根底を揺るがし、私たちの心や日々の生活に深く影響を及ぼした。2012(平成24)年、エル・システマジャパンは被災地の子どもたちを支援するために設立され、福島県相馬市で週末弦楽器教室の活動を開始した。これはやがて「相馬子どもオーケストラ&コーラス」に発展し、現在では相馬市を含む6拠点で活動を展開している。活動理念のもととなっているのは、南米ベネズエラの**エル・システマ**という音楽教育である。

ベネズエラでは、1970年代からエル・システマという社会変革を目指す取り組みが始まった。エル・システマでは、すべての子どもが無償で楽器演奏に参加することができる。たとえ暴力や犯罪と隣り合わせの生活環境にあったとしても、エル・システマに参加してみんなと時を過ごすことで、子どもは自分の将来への希望や社会を構成する一員としての責任感を育んでいく。活動を地道に定着させることで、各地域にユースオーケストラができ、今では国際的に活躍するプロの音楽家も輩出している[1]。

少子高齢化、過疎化、産業の停滞、コミュニティにおける孤立感、ストレス過多など、さまざまな社会課題が指摘される中、日本においても、芸術団体やホールが教育や福祉など多様な分野との関係を深める傾向がある。特に1990年代後半から、音楽家が学校や福祉施設などを訪問して行う活動は「**アウトリーチ** outreach」と呼ばれ、全国的に広まった。これには、「音楽家が演奏して、観客が聴く」という従来のコンサートとは違うかたちで音楽を届けようという意図がある。古来、音楽は人の心を慰め癒やすものと捉えられ、病院でのコンサートなども行われてきたが、アウトリーチや**ワークショップ**と呼ばれる活動は、双方向的なコミュニケーションが強く意識されている点を特徴としている。

その後、アウトリーチ活動の手法や目的は多様化し[2]、音楽鑑賞教室などでも「参加型」の要素を含むプログラムが増えている。芸術家が「(ホールの)外に出向く」という活動形態にとどまらず、ホールの裏側を知るバックステージツアーや、市民とプロの音楽家がともにつくり上げるオペラやコンサートなど、内容の幅も広がった。ワークショップにも、ある楽曲への音楽的な理解を深めるもの、歌うことや身体表現を通した自己の開放や他者との交流を目的とするものなど、さまざまなタイプがある。また、互いの違いを受け入れ、尊重し合い、誰もが参画できる社会を目指す考え方は「**社会包摂**」(社会的包摂ともいう)と呼ばれ、社会全体としても文化や芸術の領域においても重視されるようになっている。

©FESJ/2015/Mariko Tagashira
日米エル・システマ共同企画「ドゥダメルと子どもたち」
エル・システマで育ったドゥダメルの指揮のもと、サントリーホールで相馬子どもオーケストラ&コーラスとユースオーケストラ・LA(YOLA)が共演。

---

1 エル・システマ出身の指揮者には、グスターボ・ドゥダメル(1981-)やディエゴ・マテウス(1984-)らが挙げられる。
2 「教育プログラム」「コミュニティプログラム」「ワークショップ」など、さまざまな呼称が「アウトリーチ」とほぼ同義で用いられている。

初音ミク

「VOCALOID（ボーカロイド）」とは、パソコンなどを用いてメロディーと歌詞を入力することで、人の声を旋律化する音声合成技術のことである。ヤマハが開発に成功し、このシステムを擬人化する多くのソフトがつくられた。中でも「**初音ミク**[1]」は人気を博し、ミクが〜を「歌ってみた」とする、膨大な量の楽曲やイラストなどが動画サイトに投稿されている。

クラシック音楽では作曲、演奏、聴取という区分のもとに作曲をするプロが存在するが、初音ミクの流行は創作の楽しみを見いだした新しい担い手たちによって牽引された。また、アイドルという独自性と「生命をもたない存在」として、音楽という領域を超えて支持されてきた。

2010年代になると生演奏との「共演」も試みられるようになり、シンセサイザーの第一人者であった**冨田勲**[2]の作曲した、初音ミクとオーケストラによる《イーハトーヴ交響曲》は2012（平成24）年に初演された。その後も国内で再演され、中国・北京でも上演されている。冨田の遺作となった《ドクター・コッペリウス》も、科学者のドクター・コッペリウスとミクを軸とするストーリーが描かれる。また、**渋谷慶一郎**[3]が山口情報芸術センター（YCAM）で発表したボーカロイド・オペラ《THE END》の主役も初音ミクであった。2013（平成25）年に東京で《THE END》が再演された際、会場のBunkamuraオーチャードホールは普段のコンサートとは違った客層で埋め尽くされていた。

《イーハトーヴ交響曲》の初演
大友直人の指揮のもと、日本フィルハーモニー交響楽団と合唱団、総勢300名の出演者による演奏（東京オペラシティ コンサートホール、2012年）。（▶口絵3）

Art by iXima © Crypton Future Media, INC. www.piapro.net

インターネット時代の音楽

皆さんは日頃どのように音楽を聴いているだろうか。音楽受容の歴史は、テクノロジーの進化、**メディア**の発展と密接に関係している。メディアとは情報を記録する「媒体」を意味し、音声や音楽をある媒体に記録することを「録音」、ある装置で媒体から音楽を再現することを「再生」という。

録音・再生に関する研究開発が試みられていた19世紀後半、**ベルリナー**[4]は音の振動を横振動に変換し円盤に刻む方式を採用し、円盤式蓄音機を発明した。原盤から再生用の円盤の大量生産も可能だったこと

1　2007（平成19）年、「キャラクター・ボーカル・シリーズ」第一弾としてクリプトン・フューチャー・メディアから発売された。
2　冨田 勲（1932-2016）作曲家、編曲家、シンセサイザー奏者。初音ミクが出演するスペース・バレエ・シンフォニー《ドクター・コッペリウス》（2016）の上演を前に逝去した。
3　渋谷慶一郎（1973-　）は2018（平成30）年発表の《Scary Beauty》以降、《Super Angels》（2021初演）と《MIRROR》（2023完全版初演）というアンドロイド・オペラを制作している。
4　エミール・ベルリナー（1851-1929）ドイツ出身のアメリカの発明家。

から、当時の開発競争で優位性を発揮し[5]、日本では1903（明治36）年に銀座の天賞堂、翌年に浅草の三光堂が、それぞれ米コロムビアと英グラモフォンの平円盤を輸入発売した（後に平円盤は「レコード」と改称）。さらにコロムビアが1948（昭和23）年に開発したLPレコードは従来のSPレコードより録音時間が長く、音質や耐久性が向上した。

戦後、レコード産業は拡大し続け、1970年代まで日本における主要な音楽メディアはレコードであった。録音技術の面では、磁気による録音装置の発展に伴い、**カセットテープ**への音声・音楽の記録や再生が家庭でもできるようになった。また、1979（昭和54）年にソニーが発売した携帯型カセットプレイヤー「ウォークマン（WALKMAN）」は、いつどこでも音楽が聴けるというライフスタイルを提供した。

1970年代末、録音にさらに革新的な技術である「**デジタル録音**」が導入された。音をアナログの電気信号に変換し、それをデジタル信号に変換することで、音楽情報のデジタル化が実現した。1982（昭和57）年、この技術を応用した**CD（コンパクトディスク）**が市販されるとCDがレコードに取って代わり、CDの生産量は1998（平成10）年にピークを迎えた。CDはレコードやカセットテープに比べて音質の劣化がなく、再生が容易だという利点をもつ一方、複製も簡単にできるという特徴からCDの違法コピーや音楽ファイルの違法ダウンロードが問題となった。

2000年代以降、音楽ソフトをめぐる状況はいっそう目まぐるしく変化している。2001（平成13）年、米Apple社から携帯型プレイヤー「iPod」が発表され、数百から数千の楽曲を持ち歩くことが可能になった。この頃にはインターネットを通じた音楽ファイルの交換・共有が国際的に問題視され、著作権保護を前提としたサービスの構築が試行されるようになった。2005（平成17）年以降、日本でもiTunes Music Storeなどの有料音楽配信サービスとともに、パソコンやオーディオプレイヤーなどに音源をダウンロードするスタイルが普及した。さらに、スマートフォンの利用者増を背景に、定額で音楽が聴き放題となる**ストリーミング**のサービスも相次いで始まり、世界最大規模のユーザー数をもつSpotifyは2016（平成28）年に日本に進出した。日本レコード協会の調査によれば、2018（平成30）年に音楽配信の売り上げ金額で初めてストリーミングがダウンロードを上回り、2022（令和4）年には音楽市場全体の売り上げのうち約34%を配信が占めるようになった[6]。付随する特典が好まれる傾向などから、日本では海外と比較してCDの売り上げが今なお高いことで知られるが、今後もますます音源の入手の仕方や聴き方の幅が広がっていくだろう。

パンデミックとデジタル活用

2020（令和2）年、**新型コロナウイルス感染症**（COVID-19）が世界的に流行し始め、日本でも同年1月に最初の感染者が確認された後、緊急事態宣言の発令や全国的に学校が一斉休校となるなど未曽有の事態に陥った。一時は入国制限措置などをかけた国も多く、留学中や海外赴任中の人々がやむなく帰国したり、訪問先から自国に帰れなくなったりするケースもみられた。ミニマル・ミュージック（●p.155）の先駆者の一人といわれる**テリー・ライリー**[7]も来日中にアメリカがロックダウンとなったのを機に日本にとどまり、84歳にして日本へ移住した。

コロナ禍では感染拡大防止対策として「密にならないこと」が重視され、社会全体で急速かつ半ば強制的にデジタル化が進んだ。多くの人々が対面で集い体験を共有するコンサートやライブ、舞台などの実施も不可能となったため、音楽家や劇場、コンサート・ホールもデジタル技術の活用の試行錯誤を重ねた。ドイツのベルリン・フィルハーモニー管弦楽団のよう

5　トーマス・エジソン（1847-1931）はベルリナーに先行して1877（明治10）年に蓄音機「フォノグラフ」を発明したが、円筒状の蝋に溝を付けて音を記録する方式で円盤式より量産性には欠けていた。

6　日本レコード協会『日本のレコード産業』（2019年度版、2023年度版）より。

7　テリー・ライリー（1935- ）作曲家。アメリカ生まれ。代表作《in C》は後世に多大な影響を与えた。2020（令和2）年、参加予定だった「さどの島銀河芸術祭」の視察中に帰国が困難となり、以来日本で活動している。

に独自のプラットフォームをすでに構築していた団体は少なかったが[8]、既存の配信サービスとの提携などを通じて音楽活動の継続が目指された。とりわけYouTubeの公式チャンネルは充実し、結果的に人々が多様な音楽団体を発掘したり、アーティストの新しい一面や劇場の舞台裏に触れたりする機会は広がった。また、リモートでの演奏を前提とする作品もつくられた。指揮者の山田和樹[9]の提案を受け藤倉大[10]が作曲した《Longing from afar》は、どんな声・楽器での演奏も可能な設定になっており、YouTube上にさまざまな編成による演奏が投稿されている。

こうしてリモートワークやオンライン授業が一定程度は浸透したように、今日では配信は音楽を発信する一形態として定着した。しかしコロナ禍を通じてライブという体験の重要性も改めて認識されるようになったといえるだろう。生の演奏やパフォーマンスへの期待は高く、ぴあ総研の調査によればライブ・エンタテインメント市場の規模は2022(令和4)年にコロナ禍以前の約9割にまで回復した[11]。また、仮想空間か現実かという二択で捉えるのではなく、そ れらを融合した表現活動の在り方も模索が続いている。オーディションで選ばれた「中の人」がバーチャルアーティストとして活躍するプロジェクト「ポルタメタ」から誕生したピアニスト「潤音ノクト」は、2024(令和6)年に東京交響楽団と共演しコンサートデビューを果たした[12]。AI(人口知能)も加速度的に発展しており、今後もテクノロジーの進化は創造・表現活動にさまざまな可能性をもたらしていくだろう。

新日本フィルハーモニー交響楽団による「〜テレワークオーケストラ演奏会〜」 2020(令和2)年
「テレワークで合奏ができるのか?」をテーマに、練習から本番までのプロセスがYouTube上に公開。

---

8 ベルリン・フィルハーモニー管弦楽団は2008(平成20)年に独自のプラットフォーム「デジタル・コンサートホール(DCH)」による収録を開始し、まもなくライブ配信を展開。音質や画質の改善が重ねられるとともにアーカイブには過去60年分の演奏が収められている。
9 山田和樹(1979-)指揮者。ブザンソン国際指揮者コンクール優勝などの経歴をもち、国内外のオーケストラなどで主要なポストに就いている。
10 藤倉 大(1977-)作曲家。大阪生まれ。国内外で多くの作曲賞を受賞し、国際的に活躍。多彩なジャンルのアーティストとの協働も盛んに行っている。
11 ぴあ総研『ライブ・エンタテインメント白書 レポート編 2023』(2022年度の報告を所収)より。ここでの市場規模とは「音楽コンサートとステージでのパフォーマンスイベントの推計チケット販売額合計」と定義されている。
12 「ポルタメタ」はKADOKAWAとドワンゴが主催するバーチャルアーティスト開発プロジェクトで、東京交響楽団が特別監修を務めている。指揮者の原田慶太楼(1985-)は、この取り組みの意義は技術的な挑戦だけでなく、経歴などにかかわらず誰もが音楽家としてのチャンスをつかむことだと強調した。

まとめと今後の勉強のために

　第二次世界大戦後は、海外で学んだ音楽家たちが活躍し、また日本でクラシック音楽を学んだ人が海外でも活躍した。前述したように楽器産業が盛んになり、幼児からの音楽教育も盛んとなり、日本はクラシック音楽の先進国になった。

　近年では、J-POPなどの音楽が広く聴かれ、クラシック音楽だけが国民の音楽文化の担い手ではなくなってきた。またインターネットの普及によって音楽産業界が再編され、ボーカロイドの開発などは学校での音楽教育にも影響を与えている。

　現代ではクラシック音楽と呼ばれる芸術音楽は、ハイカルチャーではなくサブカルチャーの一つとなったが、ポピュラー音楽もこうしたクラシック音楽の伝統なしには成立しなかったし、そもそもクラシック音楽自体、誕生した当初は、その時代の「ポピュラー音楽」だったのである。こうした歴史を学ぶことで、幅広くさまざまな音楽を聴いて、またその背景や成立を学ぶことが求められるであろう。

おわりに

　西洋音楽史については、これまで多くの本が書かれてきました。また日本音楽史についても、江戸時代以前と明治時代以後では多少状況は異なりますが、優れた日本音楽史は書かれています。本書は「はじめに」で述べたように、歴史的事実を詳細に説明して、歴史としての筋書きを明確にするというよりは、むしろ各時代の特徴的な出来事、音楽家や作品を紹介することで、全体的な特徴をつかむことを主眼としました。歴史としての筋書きを見いだすという仕事は読者の方々に委ね、「まとめと今後の勉強のために」と題した短いコメントをお届けすることで、皆様のお手伝いをさせていただきました。

　筋書きとして一貫していることは歴史として大切な要素ですが、どうしても一つの流れが優先されてしまい、複数の筋書きが交錯しつつ歴史が進行するというダイナミックさには欠けてしまいます。その点、本書はうまくいけば、読者の方々にそのダイナミズムを経験してもらうことができるでしょう。しかし失敗すれば、出来事などがただ羅列されているようにしか見えないではないかという、お叱りを受けてしまうかもしれません。そのような心配はありますが、本書ではあえて冒険をさせていただきました。少なくとも、これからさらに詳しく音楽史を学ぶきっかけにはしていただけたかと思います。

　本書でも触れてありますが、デジタル技術の進歩やインターネットの発達で、音楽の創作や受容の状況は大きく変化し、20世紀末までのような音楽史が、21世紀以降も書けるのかどうかも、今の段階では分かりません。しかしその一方で、一つの時代は終わったという隔世の感は多くの人々が抱いています。このような時期に、音楽史の本を監修できたのは幸せであったと思います。

久保田 慶一

索引

人名索引

[あ]

アイヴズ、チャールズ　Ives, Charles（1874-1954） ··· 154, 156
アイザクソン、レナード　Issacson, Leonard（1925-2018） ·· 173
アイスラー、ハンス　Eisler, Hanns（1898-1962） ·· 159, 160
アイメルト、ヘルベルト　Eimert, Herbert（1897-1972） ·· 163
アインシュタイン、アルベルト　Einstein, Albert（1879-1955） ··· 160
芥川也寸志（1925-1989） ··· 193, 194
アゴスティーニ、パオロ　Agostini, Paolo（1583頃-1629） ··· 48
アシュケナージ、ヴラディミール　Ashkenazy, Vladimir（1937- ） ··· 161
アダン、アドルフ　Adam, Adolphe（1803-1856） ·· 122
アダン・ド・ラ・アル　Adam de la Halle（1245から50-1285から88または1306以降） ·················· 26
アッレーグリ、グレゴリオ　Allegri, Gregorio（1582-1652） ·· 48
アーベル、カール・フリードリヒ　Abel, Carl Friedrich（1723-1787） ·· 80
アマティ、アンドレア　Amati, Andrea（1511以前-1577） ·· 68
アマティ、ニコロ　Amati, Nicolò（1596-1684） ··· 68
アームストロング、ルイ　Armstrong, Louis（1901-1971） ··· 148
アリストクセノス　Aristoxenos（前375から360-？） ··· 14
アリストテレス　Aristotelēs（前384-前322） ··· 16
アルビノーニ、トマーゾ　Albinoni, Tomaso（1671-1750か51） ··· 67
アレクサンドロス大王（3世）　Alexandros（前356-前323） ··· 10
アンデルセン、ハンス・クリスチャン　Andersen, Hans Christian（1805-1875） ································· 102
アンリ、ピエール　Henry, Pierre（1927-2017） ·· 163
イエス　Jesus（前7頃/前4頃-後30頃） ·· 10, 17, 36, 48, 49, 51, 78
井口基成（1908-1983） ·· 191
池内友次郎（1906-1991） ·· 181
伊澤修二（1851-1917） ·· 179, 180, 183
伊福部　昭（1914-2006） ·· 190
イプセン、ヘンリック　Ibsen, Henrik（1828-1906） ··· 102
ヴァイル、クルト　Weill, Kurt（1900-1950） ··· 139
ヴァーグナー、コージマ　Wagner, Cosima（1837-1930） ·· 113
ヴァーグナー、リヒャルト　Wagner, Richard（1813-1883）
 ··· 27, 93, 98, 104, 109, **111**, 112, 113, 114, 115, 117, 126, 128, 130, 131, 137
ヴァザーリ、ジョルジョ　Vasari, Giorgio（1511-1574） ·· 51
ヴァルター、ブルーノ　Walter, Bruno（1876-1962） ·· 159
ヴァレーズ、エドガー　Varèse, Edgar（1883-1965） ·· 154, 156
ヴィヴァルディ、アントニオ　Vivaldi, Antonio（1678-1741） ··· 67, 68, 71, **72**
ヴィシネグラツキー、イワン　Wyschnegradsky, Ivan（1893-1979） ·· 157
ヴィットーリオ・エマヌエーレ2世　Vittorio Emanuele II（1820-1878） ··· 115
ヴィトリ、フィリップ・ド　Vitry, Philippe de（1291-1361） ··· 31, 33
ヴィラールト、アドリアン　Willaert, Adrian（1490頃-1562） ··· **47**, 49, 50
ウィリアム1世　William I（1027-1087） ·· 31
ウィリアムズ、ジョン　Williams, John（1932- ） ·· 160
ヴィルヘルム1世　Wilhelm I（1797-1888） ·· 113
ヴィルヘルム2世　Wilhelm II（1859-1941） ··· 139
ヴェーバー、カール・マリア・フォン　Weber, Carl Maria von（1786-1826） ································· 98, 111, 115, 118, 168
ヴェーベルン、アントン　Webern, Anton（1883-1945） ··· **136**, 145
ヴェルディ、ジュゼッペ　Verdi, Giuseppe（1813-1901） ·· 111, 115, 116, 117, 118
ヴェンタドルン、ベルナルト・デ　Ventadorn, Bernart de（1130から40頃-1190から1200頃） ········· **26**
ヴォーティエ、ベン　Vautier, Ben（1935- ） ··· 155
ウォリネン、チャールズ　Wuorinen, Charles（1938-2020） ·· 156
ヴォルテール　Voltaire（1694-1778） ·· 61

202

ヴォーン・ウィリアムズ、レイフ　Vaughan Williams, Ralph（1872-1958）……………………………………… 142

ウサチェフスキー、ウラディミール　Ussachevsky, Vladimir（1911-1990）……………………………… 156

エステルハージ侯、ニコラウス・ヨーゼフ　Esterházy, Nikolaus Joseph（1714-1790）……………… 84, 85, 90

エッケルト、フランツ　Eckert, Franz（1852-1916）…………………………………………………… 180, 181

エドワード7世　Edward VII（1841-1910）……………………………………………………………… 125

エルガー、エドワード　Elgar, Sir Edward（1857-1934）…………………………………………………… **125**

岡倉天心（1863-1913）…………………………………………………………………………………… 183

オグドン、ジョン　Ogdon, John（1937-1989）………………………………………………………… 161

オケヘム、ヨハンネス　Ockeghem, Johannes（1410 頃 -1497）……………………………… 40, 42, 49

小澤征爾（1935-2024）…………………………………………………………………… 154, 191, 193

オッフェンバック、ジャック　Offenbach, Jacques（1819-1880）…………………………………… 117

オネゲル、アルテュール　Honegger, Arthur（1892-1955）……………………………………………… 141

オラニエ公ウィレム3世　Willem III（1817-1890）……………………………………………………… 56

オーリック、ジョルジュ　Auric, Georges（1899-1983）………………………………………………… 141

オルフ、カール　Orff, Carl（1895-1982）……………………………………………………………… **170**

[か]

カヴァリエーリ、エミリオ・デ　Cavalieri, Emilio de'（1550 頃 -1602）…………………………… 48, 59

カウエル、ヘンリー　Cowell, Henry（1897-1965）…………………………………………… 154, 169

カエサル　Caesar（前 100- 前 44）………………………………………………………………………… 27

ガーシュイン、ジョージ　Gershwin, George（1898-1937）………………… 149, 150, 154, 169

ガスリー、ウディ　Guthrie Woody（1912-1967）……………………………………………………… 150

カーター、エリオット　Carter, Elliott（1908-2012）………………………………………………… 156

葛飾北斎（1760-1849）…………………………………………………………………………………… 129

カッチーニ、ジュリオ　Caccini, Giulio（1551-1618）……………………………………… **57**, 58, 59

カバレフスキー、ドミトリー　Kabalevsky, Dmitry（1904-1987）…………………………………… 157

ガブリエーリ、アンドレア　Gabrieli, Andrea（1532 か 33?-1585）………………………………… **47**

ガブリエーリ、ジョヴァンニ　Gabrieli, Giovanni（1554 から 57 頃 -1612）……………… **47**, 53, 88

カリッシミ、ジャコモ　Carissimi, Giacomo（1605-1674）…………………………………………… 48

ガリレイ、ガリレオ　Galilei, Galileo（1564-1642）……………………………………………… 59, 70

ガリレイ、ヴィンチェンツォ　Galilei, Vincenzo（1520 年代後期 -1591）…………………………… 59

カルヴァン、ジャン　Calvin, Jean（1509-1564）……………………………………………… 36, 45

カール大帝　Karl（742-814）…………………………………………………………………………… 20

カール・テオドール　Karl Theodor（1724-1799）……………………………………………………… 76

カンディンスキー、ヴァシリー　Kandinsky, Wassily（1866-1944）……………… 136, 140, 158

カント、イマヌエル　Kant, Immanuel（1724-1804）…………………………………………………… 70

カンナビヒ、クリスティアン　Cannabich, Christian（1731-1798）…………………………… 76, 82

北村季晴（1872-1931）…………………………………………………………………………………… 185

キュイ、ツェーザリ　Kyui, Tsezar'（1835-1918）…………………………………………………… 119

清瀬保二（1900-1981）…………………………………………………………………………………… 189

ギョーム9世　Guillaume IX（1071-1126）…………………………………………………………… 26

キング、B.B.　King, Riley B.（1925-2015）…………………………………………………………… 148

グァルネリ、ジュゼッペ　Guarneri, Giuseppe Giovanni Battista（1666-1740 頃）……………… 68

グイード・ダレッツォ　Guido d'Arezzo（991 から 92 頃 -1033 以降）……………………………… 30

クヴァンツ、ヨハン・ヨアヒム　Quantz, Johann Joachim（1697-1773）…………………………… 76

クセナキス、ヤニス　Xenakis, Iannis（1922-2001）………………………………………………… 173

グッドマン、ベニー　Goodman, Benny（1909-1986）……………………………………………… 144

グーテンベルク、ヨハネス　Gutenberg, Johannes（1400 頃 -1468）……………………… 36, 46

クーナウ、ヨハン　Kuhnau, Johann（1660-1722）…………………………………………………… 75

グバイドゥーリナ、ソフィア　Gubaydulina, Sofia（1931- ）………………………………………… 171

クープラン、フランソワ　Couperin, François（1668-1733）………………………… 61, **63**, 83

クライバーン、ヴァン　Cliburn, Van（1934-2013）…………………………………………………… 161

グラス、フィリップ　Glass, Philip（1937- ）…………………………………………………………… 155

グラズノフ、アレクサンドル　Glazunov, Aleksandr Konstantinovich（1865-1936）……………… 158

クラム、ジョージ　Crumb, George（1929-2022）………………………………………… 155, 171

グラレアヌス、ヘンリクス　Glareanus, Henricus（1488-1563）…………………………………… 23

グリーグ、エドヴァルド　Grieg, Edvard（1843-1907）…………………………………… 113, **120**

クリストフォリ、バルトロメオ　Cristofori, Bartolomeo（1655-1732）………………………… 108

グリゼー、ジェラール　Grisey, Gérard（1946-1998）……………………………………………… 172

グリム、ヴィルヘルム・カール　Grimm, Wilhelm Carl（1786-1859）………………………… 102

グリム、ヤーコプ・ルートヴィヒ・カール　Grimm, Jacob Ludwig Carl（1785-1863）………… 102

203

グリンカ、ミハイル　Glinka, Mikhail Ivanovich（1804-1857）……………………………………………… 119

グルック、クリストフ・ヴィリバルト　Gluck, Christoph Willibald, Ritter von（1714-1787）………………… 74, 82

グルリット、マンフレート　Gurlitt, Manfred（1890-1972）…………………………………………………… 190

グレゴリウス1世　Gregorius I（540 頃 -604）…………………………………………………………… 20, 21, 22

クレメンス・ノン・パパ、ヤコブス　Clemens non Papa, Jacobus（1510 から 15 頃 -1555 か 56）…………… 40

クレンペラー、オットー　Klemperer, Otto（1885-1973）………………………………………………… 95, 159

クロイツァー、レオニード　Kreutzer, Leonid（1884-1953）…………………………………………… 159, 190

クローヴィス1世　Clovis I（465 頃 -511）……………………………………………………………………… 27

グローフェ、ファーディ　Grofé, Ferde（1892-1972）…………………………………………………………… 149

クロムウェル、オリバー　Cromwell, Oliver（1599-1658）…………………………………………………… 56

クローン、グスタフ　Kron, Gustav（1874-?）………………………………………………………… 186, 187

ケージ、ジョン　Cage, John（1912-1992）…………… 133, 154, 155, 160, **166**, 167, 168, 169, 174, 193

ゲーテ、ヨハン・ヴォルフガング・フォン　Goethe, Johann Wolfgang von（1749-1832）…………………… 102

ケーベル、ラファエル・フォン　Koeber, Raphael von（1848-1923）…………………………………… **181**, 185

ケルビーニ、ルイージ　Cherubini, Luigi（1760-1842）………………………………………………………… 123

ケルンのフランコ→フランコ（ケルンの）

幸田　延（1870-1946）……………………………………………………………………………………… 180, 181

コクトー、ジャン　Cocteau, Jean（1889-1963）………………………………………………… 133, 141, 142

ゴセック、フランソワ＝ジョセフ　Gossec, François-Joseph（1734-1829）………………………… 74, 82, 96

コダーイ、ゾルターン　Kodály, Zoltán（1882-1967）……………………………………………………… **142**

ゴッホ、フィンセント・ファン　Gogh, Vincent van（1853-1890）…………………………………………… 129

近衛秀麿（1898-1973）……………………………………………………………………………… 159, 184, 195

小林愛雄（1881-1945）……………………………………………………………………………………………… 186

コプランド、アーロン　Copland, Aaron（1900-1990）……………………………………… 148, 149, 156

小松耕輔（1884-1966）……………………………………………………………………………………………… 186

小山作之助（1864-1927）…………………………………………………………………………………… 180, 181

ゴールドマーク、ルービン　Goldmark, Rubin（1872-1936）………………………………………………… 149

コルンゴルト、エーリヒ・ヴォルフガング　Korngold, Erich Wolfgang（1897-1957）…………………… 159, 160

コレッリ、アルカンジェロ　Corelli, Arcangelo（1653-1713）…………………………… **67**, 68, 69, 79

コロンブス、クリストファー　Columbus, Christopher（1451-1506）……………………………… 151, 153

コンスタンティヌス帝　Constantinus（272-337）………………………………………………………………… 17

[さ]

齋藤秀雄（1902-1974）……………………………………………………………………………………………… 191

サティ、エリック　Satie, Erik（1866-1925）…………………………………………………… 132, 133, 141

ザビエル、フランシスコ　Xavier, Francisco（1506 頃 -1552）……………………………………………… 36, 55

ザロモン、ヨハン・ペーター　Salomon, Johann Peter（1745-1815）……………………………… 80, 87, 90

サン＝サーンス、カミーユ　Saint-Saëns, Camille（1835-1921）…………………… 93, 104, 113, **124**, 129

サンマルティーニ、ジョヴァンニ・バッティスタ　Sammartini, Giovanni Battista（1700 か 01-1775）……… 82, 90

シェークスピア、ウィリアム　Shakespeare, William（1564-1616）………………… 36, 57, **64**, 104, 125

ジェズアルド、カルロ　Gesualdo, Carlo（1566-1613）…………………………………………… 50, 51, 55

シェーファー、レーモンド・マリー　Schafer, R(aymond) Murray（1933-2021）…………………………… 174

シェフェール、ピエール　Schaeffer, Pierre（1910-1995）…………………………………………………… 163

ジェミニアーニ、フランチェスコ　Geminiani, Francesco（1687-1762）…………………………………… 68

シェーンベルク、アルノルト　Schönberg, Arnold（1874-1951）……… **136**, 137, 139, 141, 145, 146, 155, 156, 159, 160, 162, 164

シゲティ、ヨーゼフ　Szigeti, Joseph（1892-1973）………………………………………………………… 144

ジダーノフ、アンドレイ　Zhdanov, Andrei（1896-1948）…………………………………………… **158**, 162

渋谷慶一郎（1973- ）………………………………………………………………………………………………… 198

シベリウス、ジャン　Sibelius, Jean（1865-1957）……………………………………………… 104, **120**

シャイト、ザムエル　Scheidt, Samuel（1587-1654）………………………………………………………… **65**

シャイン、ヨハン・ヘルマン　Schein, Johann Hermann（1586-1630）…………………………………… 65

シャガール、マルク　Chagall, Marc（1887-1985）…………………………………………………………… 158

シャルパンティエ、マルカントワーヌ　Charpentier, Marc-Antoine（1643-1704）………………………… 61

シャルル勇胆公　Charles le Téméraire（1433-1477）…………………………………………………… 37, 39

ジャン・パウル　Jean Paul（1763-1825）…………………………………………………………………… 127

シュタイネケ、ヴォルフガング　Steinecke, Wolfgang（1910-1961）……………………………………… 168

シュターミツ、ヨハン　Stamitz, Johann（1717-1757）…………………………………………… 74, 76, 82

シュッツ、ハインリヒ　Schütz, Heinrich（1585-1672）…………………………………………………… **65**

シュトックハウゼン、カールハインツ　Stockhausen, Karlheinz（1928-2007）…………… 163, **166**, 167, 193, 194

シュトラウス1世、ヨハン　Strauss I, Johann（1804-1849）……………………………………………… 117

シュトラウス2世、ヨハン　Strauss II, Johann（1825-1899）…………………………………………… 117

シュトラウス、リヒャルト　Strauss, Richard（1864-1949）················ 104, 126, **127**, 136

シュナーベル、アルトゥル　Schnabel, Artur（1882-1951）·········· 161

シュニトケ、アルフレッド　Schnittke, Alfred（1934-1998）·········· 171, 172

シューベルト、フランツ　Schubert, Franz（1797-1828）·········· 97, 98, **99**, 102, 109, 114

シューマン、クララ　Schumann, Clara（1819-1896）·········· 100, 102

シューマン、ロベルト　Schumann, Robert（1810-1856）·········· 89, 98, 99, **100**, 102, 105, 110, 114

シュリー、モーリス・ド　Maurice de Sully（ ? -1196）·········· 27

ジョージ2世　George II（1683-1760）·········· 81

ジョスカン・デプレ　Josquin des Prez（1450 から 55 頃 -1521）·········· **40**, 41, 46, 49, 53

ショスタコーヴィチ、ドミトリー　Shostakovich, Dmitry（1906-1975）·········· 94, 125, 157, **158**, 162, 171

ショパン、フレデリック・フランチシェク　Chopin, Fryderyk Franciszek（1810-1849）······ 89, 93, 100, 106, 107, **108**, 118, 124, 137

ショーベルト、ヨハン　Schobert, Johann（1735 頃 -1767）·········· 74, 82

ジョリヴェ、アンドレ　Jolivet, André（1905-1974）·········· 138

シラー、フリードリヒ・フォン　Schiller, Johann Christoph Friedrich von（1759-1805）·········· 95, 102, 104

スヴェーリンク、ヤン・ピーテルスゾーン　Sweelinck, Jan Pieterszoon（1562-1621）·········· 65

スカルラッティ、アレッサンドロ　Scarlatti, Alessandro（1660-1725）·········· 59, **60**

スカルラッティ、ドメニコ　Scarlatti, Domenico（1685-1757）·········· 83, **89**

スクリャービン、アレキサンドル　Skryabin, Aleksandr Nikolayevich（1871 か 72-1915）·········· 126, 136, **137**, 157

スターリン、イオシフ　Stalin, Iosif（1879-1953）·········· 157, 158, 171

スタンダール　Stendhal（1783-1842）·········· 102

スッペ、フランツ　Suppé, Franz（1819-1895）·········· 117

ストラヴィンスキー、イーゴリ　Stravinsky, Igor（1882-1971）·········· 122, 138, 140, **141**, 155, 156, 157, 158

ストラディヴァリ、アントニオ　Stradivari, Antonio（1644 から 49? -1737）·········· 68

スポンティーニ、ガスパレ　Spontini, Gaspare（1774-1851）·········· 123

スミス、ベッシー　Smith, Bessie（1894-1937）·········· 148

スミスソン、ハリエット　Smithson, Harriet（1800-1854）·········· 104

スメタナ、ベドルジフ　Smetana, Bedřich（1824-1884）·········· 104, 119, 120, **121**

ゾーシチェンコ、ミハイル　Zoshchenko, Mikhail（1895-1958）·········· 158

ソルジェニーツィン、アレクサンドル　Solzhenitsyn, Aleksandr（1918-2008）·········· 161

ソルバーガー、ハーヴェイ　Sollberger, Harvey（1938- ）·········· 156

[た]

タイユフェール、ジェルメーヌ　Tailleferre, Germaine（1892-1983）·········· 141

ダヴィッド、フェルディナンド　David, Ferdinand（1810-1873）·········· 101

ダウランド、ジョン　Dowland, John（1563-1626）·········· 54, **55**

滝　廉太郎（1879-1903）·········· 177, **181**, 182, 185

ダグー、マリー　D'Agoult, Marie（1805-1876）·········· 113

武満　徹（1930-1996）·········· 141, 189, 191, **193**, 194

タリオーニ、マリー　Taglioni, Marie（1804-1884）·········· 122

タリス、トマス　Tallis, Thomas（1505 頃 -1585）·········· 45

タルティーニ、ジュゼッペ　Tartini, Giuseppe（1692-1770）·········· 68

團　伊玖磨（1924-2001）·········· 186, 193, **194**, 195

ダンテ・アリギエーリ　Dante Alighieri（1265-1321）·········· 36

ダンディ、ヴァンサン　d'Indy, Vincent（1851-1931）·········· 154

チェルニー、カール　Czerny, Carl（1791-1857）·········· 108

チャイコフスキー、ピョートル・イリイチ　Tchaikovsky, Pyotr Il'yich（1840-1893）·········· 113, 119, **122**, 123

チャップリン、チャールズ　Chaplin, Charles（1889-1977）·········· 159

チャールズ、レイ　Charles, Ray（1930-2004）·········· 149

ツルゲーネフ、イワン・セルゲーエヴィチ　Turgenev, Ivan Sergeyevich（1818-1883）·········· 102

ディアギレフ、セルゲイ　Diaghilev, Sergey Pavlovich（1872-1929）·········· 122, **138**, 141

ディットリヒ、ルドルフ　Dittrich, Rudolf（1861-1919）·········· 180, 181

ディラン、ボブ　Dylan, Bob（1941- ）·········· 150

テオドシウス帝　Theodosius（347-395）·········· 10

デカルト、ルネ　Descartes, René（1596-1650）·········· 70

デュカス、ポール・アブラアム　Dukas, Paul Abraham（1865-1935）·········· 104

デュファイ、ギヨーム　Dufay, Guillaume（1397-1474）·········· 33, 37, **38**

デュマ・フィス、アレクサンドル　Dumas fils, Alexandre（1824-1895）·········· 116

デュレ、ルイ　Durey, Louis（1888-1979）·········· 141

デル・トレディチ、デビット　Del Tredici, David（1937-2023）·········· 171

テルミン、レフ　Termen, Lev（1896-1993）·········· 154

テレマン、ゲオルク・フィリップ　Telemann, Georg Philipp（1681-1767）·········· 75, 83

ドヴォルジャーク、アントニーン　Dvořák, Antonín（1841-1904）……………………………………………120，**121**，147

東儀鐵笛（1869-1925）…………………………………………………………………………………………………186

ドストエフスキー、フョードル・ミハイロヴィチ　Dostoyevsky, Fyodor Mikhaylovich（1821-1881）………………102

ドニゼッティ、ガエターノ　Donizetti, Gaetano（1797-1848）……………………………………………………115

ドビュッシー、クロード　Debussy, Claude（1862-1918）……………………………108，128，**129**，131，132，137，140

冨田　勲（1932-2016）…………………………………………………………………………………………………198

外山雄三（1931-2023）…………………………………………………………………………………………………193

ドラックマン、ジェイコブ　Druckman, Jacob（1928-1996）……………………………………………………171

ドリーブ、レオ　Delibes, Léo（1836-1891）………………………………………………………………………122

トレッリ、ジュゼッペ　Torelli, Giuseppe（1658 -1709）……………………………………………………67，68

トルストイ、レフ・ニコラエヴィチ　Tolstoy, Lev Nikolayevich（1828-1910）……………………………………102

[な]

中村紘子（1944-2016）…………………………………………………………………………………………………191

ナポレオン３世　Napoléon III（1808-1873）………………………………………………………………………92

ナポレオン・ボナパルト　Napoléon Bonaparte（1769-1821）…………………………70，92，93，96，97，98

ニジンスキー、ヴァーツラフ　Nijinsky, Vaslav（1889-1950）……………………………………………………129

ニーチェ、フリードリヒ・ヴィルヘルム　Nietzsche, Friedrich Wilhelm（1844-1900）………………………137

ニュートン、アイザック　Newton, Isaac（1642-1727）……………………………………………………………70

ニューマン、アルフレッド　Newman, Alfred（1901-1970）………………………………………………………160

ニールセン、カール　Nielsen, Carl（1865-1931）…………………………………………………………………120

ネーリ、フィリッポ　Neri, Filippo（1515-1595）…………………………………………………………………48

ノーノ、ルイージ　Nono, Luigi（1924-1990）………………………………………………………………………164

[は]

ハイドン、ヨーゼフ　Haydn, Joseph（1732-1809）…………80，83，**84**，85，86，87，89，90，91，93，94，109

ハイネ、ハインリヒ　Heine, Heinrich（1797-1856）……………………………………………………………99，**102**

バイロン、ジョージ・ゴードン　Byron, George Gordon（1788-1824）……………………………………………102

ハウアー、ヨーゼフ・マティアス　Hauer, Josef Matthias（1883-1959）…………………………………………145

パウロ　Paulus（？-60 以後）…………………………………………………………………………………17，44

パガニーニ、ニコロ　Paganini, Nicolò（1782-1840）……………………………68，**97**，100，106，124

バクスト、レオン　Bakst, Léon（1866–1924）………………………………………………………………………129

パーセル、ヘンリー　Purcell, Henry（1659-1695）…………………………………………………**64**，80，125

パーチ、ハリー　Partch, Harry（1901-1974）………………………………………………………………………156

ハチャトゥリヤン、アラム　Khachaturian, Aram（1903-1978）…………………………………………157，158

バッハ、カール・フィリップ・エマヌエル　Bach, Carl Philipp Emanuel（1714-1788）……………**76**，82，102

バッハ、ヨハン・クリスティアン　Bach, Johann Christian（1735-1782）………………80，**81**，82，83，89

バッハ、ヨハン・ゼバスティアン　Bach, Johann Sebastian（1685-1750）
　　　　……………………………33，37，45，57，65，75，**76**，77，78，79，80，91，93，99，109，125，155，171

パッヘルベル、ヨハン　Pachelbel, Johann（1653-1706）……………………………………………………66，155

バード、ウィリアム　Byrd, William（1540 頃 -1623）……………………………………………………………45，49

バーバー、サミュエル　Barber, Samuel（1910-1981）……………………………………………………………154

バビット、ミルトン　Babbitt, Milton（1916-2011）………………………………………………………………156

早坂文雄（1914-1955）…………………………………………………………………………………………………190

林　光（1931-2012）……………………………………………………………………………………………………193

バラキレフ、ミリー　Balakirev, Mily Alekseyevich（1836 か 37-1910）………………………………………119

原　信子（1893-1979）…………………………………………………………………………………………………186

バルトーク、ベーラ　Bartók, Béla（1881-1945）………………………………108，138，**142**，144，156

パレストリーナ、ジョヴァンニ・ピエルルイージ・ダ　Palestrina, Giovanni Pierluigi da（1525 から 26-1594）……40，48，**49**

バンショワ、ジル　Binchois, Gille（1400 頃 -1460）………………………………………………………………38

バーンスタイン、レナード　Bernstein, Leonard（1918-1990）…………………………………………………150

ハンスリック、エドゥアルト　Hanslick, Eduard（1825-1904）…………………………………………110，114

ハンディ、ウィリアム・クリストファー　Handy, William Christopher（1873-1958）……………………148

ビオンディ、ファビオ　Biondi, Fabio（1961- ）……………………………………………………………………72

ピカソ、パブロ　Picasso, Pablo（1881-1973）…………………………………………………………………133，134

ビスマルク、オットー・フォン　Bismarck, Otto von（1815-1898）……………………………………………124

ビゼー、ジョルジュ　Bizet, Georges（1838-1875）………………………………………………………………118

ヒトラー、アドルフ　Hitler, Adolf（1889-1945）…………………………………………………………………139

ピュタゴラス　Pythagoras（前 6 世紀後半に活躍）…………………………………………………………14，16

ビューロー、ハンス・フォン　Bülow, Hans Freiherr von（1830-1894）…………………98，110，113，127

ヒラー、レジャレン　Hiller, Lejaren（1924-1994）………………………………………………………………173

ヒンデミット、パウル　Hindemith, Paul（1895-1963）·· 136, **141**, 159, 160

ファーニホウ、ブライアン　Ferneyhough, Brian（1943- ）··· 172

ファリャ、マヌエル・デ　Falla, Manuel de（1876-1946）·· 142, **143**

フィニスィー、マイケル　Finnissy, Michael（1946- ）·· 172

フィリップ善良公　Philippe III（le Bon）（1396-1467）··· 37, 38

フェルドマン、モートン　Feldman, Morton（1926-1987）··· 155

フェントン、ジョン・ウィリアム　Fenton, John William（1831-1890）······························ 177, 178, 180

フォスター、スティーブン　Foster, Stephen（1826-1864）··· 147

フォーレ、ガブリエル　Fauré, Gabriel（1845-1924）·· **124**

ブクステフーデ、ディートリヒ　Buxtehude, Dieterich（1637 頃 -1707）······························ 65, 66

藤倉　大（1977- ）·· 200

藤原義江（1898-1976）··· 185, 195

ブゾーニ、フェルッチョ　Busoni, Ferruccio（1866-1924）··· **139**, 141, 154

プッチーニ、ジャコモ　Puccini, Giacomo（1858-1924）·· **116**, 118, 129

プトレマイオス、クラウディオス　Ptolemaios, Klaudios（後 83 以降 - 後 161）····················· 16, 25

ブラヴァツキー、エレナ　Blavatsky, Elena（1831-1891）·· 137

ブラウン、アール　Brown, Earle（1926-2002）·· 155

ブラウン、ジェイムズ　Brown, James（1933-2006）·· 149

プラトン　Platon（前 429 頃 - 前 347）··· 14, 16, 19

ブラームス、ヨハネス　Brahms, Johannes（1833-1897）················· 98, 99, 106, 109, **110**, 114, 117, 133

フランク、セザール　Franck, César（1822-1890）··· 104, 124

プーランク、フランシス　Poulenc, Francis（1899-1963）·· 141

フランコ（ケルンの）　Franco de Colonia（13 世紀後半活躍）·· 42

ブーランジェ、ナディア　Boulanger, Nadia（1887-1979）··· 148

フランツ 2 世　Franz II（1768-1835）·· 87, 94

フランツ・ヨーゼフ 1 世　Franz Joseph I（1830-1916）·· 109

ブリテン、ベンジャミン　Britten, Benjamin（1913-1976）··· **125**

フリードリヒ・ヴィルヘルム 1 世　Friedrich Wilhelm I（1688-1740）································· 70

フリードリヒ大王（2 世）　Friedrich II（1712-1786）·· 70, 75, 76, 84

プリングスハイム、クラウス　Pringsheim, Klaus（1883-1972）··· 189, 190

ブルックナー、アントン　Bruckner, Anton（1824-1896）··· **109**, 113

フレスコバルディ、ジローラモ　Frescobaldi, Girolamo（1583-1643）································· 66

ブーレーズ、ピエール　Boulez, Pierre（1925-2016）··· 164, **165**, 166, 168, 172

プレスリー、エルヴィス　Presley, Elvis（1935-1977）·· 150

ブレヒト、ベルトルト　Brecht, Bertolt（1898-1956）·· 160

プロコフィエフ、セルゲイ　Prokofiev, Sergey（1891-1953）·· 138, 141, 145, 157, 158

フローベルガー、ヨハン・ヤーコプ　Froberger, Johann Jacob（1616-1667）······················· **66**, 79

フンメル、ヨハン・ネポムク　Hummel, Johann Nepomuk（1778-1837）······························ 108

ベイカー、ジョゼフィーヌ　Baker, Josephine（1906-1975）··· 148

ヘーゲル、ゲオルク・ヴィルヘルム・フリードリヒ　Hegel, Georg Wilhelm Friedrich（1770-1831）···· 99

ベーコン、フランシス　Bacon, Francis（1561-1626）·· 70

ヘシオドス　Hēsiodos（生没年不詳　前 700 年頃）··· 12

ベジャール、モリス　Béjart, Maurice（1927-2007）·· 163

ベッカー、ジョン・ジョセフ　Becker, John Joseph（1886-1961）······································· 154

ベッリーニ、ヴィンチェンツォ　Bellini,Vincenzo（1801-1835）·· 115

ベッローリ、ジョヴァンニ・ピエトロ　Bellori, Giovanni Pietro（1613 頃 -1696）·················· 51

ベートーヴェン、ルートヴィヒ・ヴァン　Beethoven, Ludwig van（1770-1827）
　　·················· 85, 86, 89, 90, 93, **94**, 96, 98, 99, 108, 109, 110, 114, 124, 155, 171, 187

ペトラルカ、フランチェスコ　Petrarca, Francesco（1304-1374）······································ 50

ペトルッチ、オッタヴィアーノ　Petrucci, Ottaviano（1466-1539）····································· 46, 53

聖ベネディクトゥス　Benedictus（480 頃 -547 頃）··· 21

ヘボン、ジェームス・カーティス　Hepburn, James Curtis（1815-1911）································ 178

ペーリ、ヤコポ　Peri, Jacopo（1561-1633）·· 59

ベリオ、ルチアーノ　Berio, Luciano（1925-2003）··· 155, 163, 171

ベルク、アルバン　Berg, Alban（1885-1935）·· **136**, 139

ペルゴレージ、ジョヴァンニ・バッティスタ　Pergolesi, Giovanni Battista（1710-1736）·········· 74, 82, 141

ベルリオーズ、エクトル　Berlioz, Hector（1803-1869）················· 102, **103**, 104, 112, 114, 124, 126

ベルリナー、エミール　Berliner, Emile（1851-1929）··· 198

ペロティヌス　Perotinus（1200 頃パリで活躍）·· **28**, 29, 53

ベンソン、アーサー・クリストファー　Benson, Arthur Christopher（1862-1925）·················· 125

ヘンデル、ゲオルク・フリードリヒ　Händel, George Friedrich（1685-1759）························· 19, 80, **81**

207

ペンデレツキ、クシシュトフ　Penderecki, Krzysztof（1933-2020）・・**169**
ヘンリ2世　Henry II（1133-1189）・・25
ヘンリ8世　Henry VIII（1491-1547）・・45, 56, 151
ボエティウス、アニキウス・マンリウス・セヴェリヌス　Boethius, Anicius Manlius Severinus（480頃-524頃）・・・16, 25
ボーゼ、ハンス＝エルゲン・フォン　Bose, Hans-Jürgen von（1953- ）・・・・・・・・・・・・・・・・・・・・・・・・・・・・・・・・・171
ボッカチオ、ジョヴァンニ　Boccaccio, Giovanni（1313-1375）・・・・・・・・・・・・・・・・・・・・・・・・・・・・・・・・・・・・・・・36
ホルスト、グスターヴ　Holst, Gustav（1874-1934）・・**125**
ホロヴィッツ、ヴラディミール　Horowitz, Vladimir（1903-1989）・・・・・・・・・・・・・・・・・・・・・・・・・・・・・・・・・・・161
ボロディン、アレクサンドル　Borodin, Aleksandr Porfir'yevich（1833-1887）・・・・・・・・・・・・・・・・・・・・104, 119

[ま]
マイヤベーア、ジャコモ　Meyerbeer, Giacomo（1791-1864）・・・・・・・・・・・・・・・・・・・・・・・・・・・・・・・123, 168
マショー、ギョーム・ド　Machaut, Guillaume de（1300頃-1377）・・・・・・・・・・・・・・・・・・・・27, **31**, 32, 33
マスカーニ、ピエトロ　Mascagni, Pietro（1863-1945）・・116
マスネ、ジュール　Massenet, Jules（1842-1912）・・124
マクシミリアン1世　Maximilian I（1459-1519）・・84
マティス、アンリ　Matisse, Henri（1869-1954）・・・138, 140
マネ、エドゥアール　Manet, Édouard（1832-1883）・・・129
間宮芳生（1929- ）・・・193
黛　敏郎（1929-1997）・・191, 193, 194
マーラー、グスタフ　Mahler, Gustav（1860-1911）・・・・・・・・・・・・・94, 126, **127**, 154, 155, 171
マラルメ、ステファヌ　Mallarmé, Stéphane（1842-1898）・・・・・・・・・・・・・・・・・・・・・・・・・・・・・・・・・・・・・・・128
マリー・アントワネット　Marie Antoinette（1755-1793）・・・・・・・・・・・・・・・・・・・・・・・・・・・・・・・・・・・・86, 96
マリー・ダグー →ダグー、マリー
マリア・テレジア　Maria Theresia（1717-1780）・・・・・・・・・・・・・・・・・・・・・・・・・・・・・・・・・・82, 84, 85
三浦　環（1884-1946）・・185
三木　稔（1930-2011）・・192
箕作秋吉（1895-1971）・・189
宮城道雄（1894-1956）・・192
ミャスコフスキー、ニコライ　Myaskovsky, Nikolay（1881-1950）・・・・・・・・・・・・・・・・・・・・・・・・・・・・・・・158
ミュラー、ヴィルヘルム　Müller, Wilhelm（1794-1827）・・99
ミュライユ、トリスタン　Murail, Tristan（1947- ）・・172
ミヨー、ダリウス　Milhaud, Darius（1892-1974）・・・・・・・・・・・・・・・・・・・・・・・・・・・・・・・・・・・・141, 148
三善　晃（1933-2013）・・・191
ミラーノ、フランチェスコ・ダ　Milano, Francesco Canova da（1497-1543）・・・・・・・・・・・・・・・・・・・・・54
ムソルグスキー、モデスト　Musorgsky, Modest Petrovich（1839-1881）・・・・・・・・・・・・・・・・104, **119**
メイソン、ルーサー・ホワイティング　Mason, Luther Whiting（1818-1896）・・・・・・・・・・・・・・179, 180
メシアン、オリヴィエ　Messiaen, Olivier（1908-1992）・・・・・・・・・・・・・138, 162, 164, **165**, 168
メッテルニヒ、クレメンス・フォン　Metternich, Klemens Wenzel Lothar von（1773-1859）・・・・・・・97
メーテルリンク、モーリス　Maeterlinck, Maurice（1862-1949）・・・・・・・・・・・・・・・・・・・・・・・・・・・・・・128
メノッティ、ジャン・カルロ　Menotti, Gian Carlo（1911-2007）・・・・・・・・・・・・・・・・・・・・・・・・・・・・・154
メンデルスゾーン、フェリックス　Mendelssohn, Felix（1809-1847）・・・・78, 89, 98, 99, **101**, 102, 105, 114
モーツァルト、ヴォルフガング・アマデウス　Mozart, Wolfgang Amadeus（1756-1791）
・・・・・・・・・・・・・・・・・・・・・・・48, 60, 74, 76, 80, 81, 82, 83, 84, **85**, 86, 87, 88, 89, 90, 91, 94, 123, 125
モーツァルト、レオポルト　Mozart, Leopold（1719-1787）・・・・・・・・・・・・・・・・・・・・・・・・・・・・・・・74, 86
モネ、クロード　Monet, Claude（1840-1926）・・140
モーリー、トマス　Morley, Thomas（1557または58-1602）・・・・・・・・・・・・・・・・・・・・・・・・・・・・・・・・・54
モリエール　Molière（1622-1673）・・・62
諸井三郎（1903-1977）・・・181, 194
モンテヴェルディ、クラウディオ　Monteverdi, Claudio（1567-1643）・・・・・・・・・・・・・50, 59, **60**, 125
モンテスキュー、シャルル＝ルイ・ド　Montesquieu, Charles-Louis de（1689-1755）・・・・・・・・・・・70

[や]
矢代秋雄（1929-1976）・・191
ヤナーチェク、レオシュ　Janáček, Leoš（1854-1928）・・・・・・・・・・・・・・・・・・・・・・・・・・・・・・・・・・・・・・142
山田和樹（1979- ）・・・200
山田耕筰（1886-1965）・・・・・・・・・・・・・・・・・・・177, 181, 184, **185**, 186, 189, 195
ヤロヴィッツ、ハインリヒ　Jalowetz, Heinrich（1882-1946）・・・・・・・・・・・・・・・・・・・・・・・・・・・・・・・160
ヤング、ラ・モンテ　Young, La Monte（1935- ）・・・・・・・・・・・・・・・・・・・・・・・・・・・・・・・・・・・155, 171
湯浅譲二（1929-2024）・・・193
ユゴー、ヴィクトル　Hugo, Victor（1802-1885）・・102

ユンケル、アウグスト　Junker, August（1868-1944） ……… 184
ヨアヒム、ヨーゼフ　Joachim, Joseph（1831-1907） ……… 68
吉田秀和（1913-2012） ……… 191
ヨーゼフ2世　Joseph II（1741-1790） ……… 82, 84, 85

[ら]

ライヒ、スティーヴ　Reich, Steve（1936- ） ……… 155
ライリー、テリー　Riley, Terry（1935- ） ……… 155, 199
ラヴェル、モリス　Ravel, Maurice（1875-1937） ……… 108, 132, 141, **143**, 148
ラジヴィウ、アントニ・ヘンリク　Radziwiłł, Antoni Henryk（1775-1833） ……… 107
ラッグルズ、カール　Ruggles, Carl（1876-1971） ……… 154
ラッソ、オルランド・ディ　Lassus, Orlande de（1530 または 32-1594） ……… 40
ラッヘンマン、ヘルムート　Lachenmann, Helmut（1935- ） ……… 172
ラフマニノフ、セルゲイ　Rachmaninoff, Sergey（1873-1943） ……… 108, 126, **127**, 154, 157, 158, 161
ラマルティーヌ、アルフォンス・ド　Lamartine, Alphonse de（1790-1869） ……… 104
ラモー、ジャン＝フィリップ　Rameau, Jean-Philippe（1683-1764） ……… 73, **74**, 79
ランディーニ、フランチェスコ　Landini, Francesco（1325 頃 -1397） ……… 34, 35
リーガー、ウォリングフォード　Riegger, Wallingford（1885-1961） ……… 154
リゲティ、ジェルジ　Ligeti, György（1923-2006） ……… 169
リシュリュー　Richelieu（1585-1642） ……… 56
リスト、フランツ　Liszt, Franz（1811-1886） ……… 89, 93, 102, 104, 106, **108**, 113, 114, 124, 137, 149
リヒター、ハンス　Richter, Hans（1843-1916） ……… 113
リーム、ヴォルフガング　Rihm Wolfgang（1952-2024） ……… 171, 172
リムスキー＝コルサコフ、ニコライ　Rimsky-Korsakov, Nikolay Andreyevich（1844-1908） ……… **119**, 128
リュリ、ジャン＝バティスト　Lully, Jean-Baptiste（1632-1687） ……… 60, 61, 62, **63**, 73, 74, 79, 123
ルイ8世　Louis VIII（1187-1226） ……… 26
ルイ13世　Louis XIII（1601-1643） ……… 56, 61
ルイ14世　Louis XIV（1638-1715） ……… 37, 56, **61**, 62, 91, 122
ルイ15世　Louis XV（1710-1774） ……… 83
ルイ16世　Louis XVI（1754-1793） ……… 91, 96
ルージェ・ド・リール、クロード＝ジョゼフ　Rouget de Lisle, Claude-Joseph（1760-1836） ……… 96
ルソー、ジャン＝ジャック　Rousseau, Jean-Jacques（1712-1778） ……… 70, 74
ルター、マルティン　Luther, Martin（1483-1546） ……… 36, 37, **44**, 45, 65
ルッセル、アルベール　Roussel, Albert（1869-1937） ……… 154
ルートヴィヒ2世　Ludwig II（1845-1886） ……… 113
ルドルフ1世　Rudolf I（1218-1291） ……… 84
ルーニング、オットー　Luening, Otto（1900-1996） ……… 156
ルノワール、ピエール＝オーギュスト　Renoir, Pierre-Auguste（1841-1919） ……… 140
ルビンシテイン、アントン　Rubinstein, Anton（1829-1894） ……… 119
ルビンシテイン、ニコライ　Rubinstein, Nikolay（1835-1881） ……… 119
ルリエー、アルトゥール　Lur'ye, Artur（1891-1966） ……… 157, 158
レヴァイン、ジェームズ　Levine, James（1943-2021） ……… 154
レオナルド・ダ・ヴィンチ　Leonardo da Vinci（1452-1519） ……… 36
レオニヌス　Leoninus（1150 年代 -1201 頃パリで活躍） ……… **28**
レオンカヴァッロ、ルッジェーロ　Leoncavallo, Ruggero（1857-1919） ……… 116
レスピーギ、オットリーノ　Respighi, Ottorino（1879-1936） ……… 128
レーニン、ウラジーミル　Lenin, Vladimir（1870-1924） ……… 158
レハール、フランツ　Lehár, Franz（1870-1948） ……… 117
ローシー、ジョヴァンニ・ヴィットーリオ　Rosi, Giovanni Vittorio（1867-1940?） ……… 186
ロストロポーヴィチ、ムスティスラフ　Rostropovich, Mstislav（1927-2007） ……… 125
ローゼンシュトック、ヨーゼフ　Rosenstock, Joseph（1895-1985） ……… 159, 190
ロック、ジョン　Locke, John（1632-1704） ……… 70
ロックバーク、ジョージ　Rochberg, George（1918-2005） ……… 155
ロッシーニ、ジョアキーノ　Rossini, Gioachino（1792-1868） ……… 97, 109, **115**, 123
ローレ、チプリアーノ・デ　Rore, Cypriano de（1515 か 16-1565） ……… 50

[わ]

ワンダー、スティーヴィー　Wonder, Stevie（1950- ） ……… 149
ワーズワース、ウィリアム　Wordsworth, William（1770-1850） ……… 102

事項索引

[あ]

アイソリズム 32
アウクスブルクの和議 56
アウトリーチ 197
アウロス 13
ア・カペッラ **51**
浅草オペラ 186
アタック 164
新しい単純性 172
新しい複雑性 172
アテネ 10, 11
アリア 60, 65, 111, 115, 116
アルス・ノヴァ 21, 26, **31**, 32, 33, 38, 52
アルビジョワ十字軍 26
アルベルティ・バス 83, 89
アルマンド 79
アンシャン・レジーム 70, 96
アンセム 45
イエズス会 36
イギリス国教会 36, 44, **45**, 56, 151
異国趣味 116, 129
イタリア・オペラ ... 59, 60, 74, 85, **115**, 116, 117
イタリア王国 92, 118
イデー・フィクス 103, **104**, 112
印象主義 **128**, 135, 140
インターネット 174, 189, 198
インテルメッツォ（幕間劇） 74
ヴァージナル 65
ヴァイオリン **68**, 79, 97, 106, 144
ヴァイマル共和国 134, 139, 159
ヴァイマル文化 135, **139**, 160
ヴィオラ・ダ・ガンバ 54, 79
ヴィルトゥオーソ 89, **106**, 124, 126
ウィーン 71, **84**, 85, 86, 93, **94**, **97**, **109**, 117
ウィーン楽友協会 109
ウィーン古典派 85, 89, 98, 114
ウィーン体制 92, 97
ウィンナ・オペレッタ 117
ウィンナ・ワルツ **117**
ウェストファリア条約 56
ヴェネツィア 37, 46, 47, 59, 67, **71**, 72
ヴェネツィア楽派 **47**
ヴェリズモ 116
ヴェルサイユ宮殿 56, 61
エール 79
エル・システマ 197
応唱 18
王政復古 56, 64, 123
王党派 56
オーストリア継承戦争 70
オーストリア＝ハンガリー帝国 92
オスマン帝国 84
オペラ 57, **59**, 60, 73, 82, 84, 111, 115, **185**
オペラ・コミック 60, 74, 123
オペラ・セリア 60, 115
オペラ・ブッファ 60, 74, 115

[か]

オペレッタ **117**
お雇い外国人 177, **180**
オラトリオ **48**, 59, 71, 80, 84
オルガヌム 21, 28, 29
オルガヌム様式 28, 29
オルガン 65, 66, 67
音楽学校（音楽院） 71, 105, 190
音楽教育 177, 189
音楽大学 189
音楽取調掛 105, 177, **179**, 180, 183
音楽批評 114
音楽理論 11, **14**, 15, 25
音高 155, 156, 164, 166

階名 30
階名唱法 30
ガヴォット 79
雅楽 177, 178
歌曲 57, 64, 99, 101, 102, 179, 181
楽劇 **111**, 113
カストラート 72
カセットテープ 199
合唱隊 11, 12, 15, 45
合奏協奏曲 66, 67, 68
カッチャ 34
活版印刷術 36, 46
カトリック教会 17, 36, 45, 48
歌舞伎 177, 195
カメラータ 59
カルヴァン派 36, 44, 45, 56
カンタータ 65
カンツォーナ 47
カンティクム 18
カントリー 149
カントル 75
カントリー・ウェスタン 149
カントリー・ブルース 148
管理された偶然性 166
擬古典主義 **109**
騎士歌人 21, **26**
キタラ 13
記譜法 21, 28, 42, 52, 155, 167
客観主義 128
逆行形 145, 146
逆行反行形 145, 146
キャラクター・ピース 89
ギャラント様式 82, **83**, 89
旧制度（アンシャン・レジーム） 70, 96
宮廷バレ 60, 73, 96
宮廷文化 27, 31, 56, 57
教会音楽 22, 37, 45, 47, 57, 65
教会旋法 22, **23**, 45, 66, 128, 132, 140
教会ソナタ 89
共産主義 135, 161
協奏曲 37, 57, 67, 75, 98, 101, 141

協奏様式 ·················· 37，65，67	コラール ·················· 33，44，**45**
強度 ························· 164	コレギウム・ムジクム ·········· 66，75
協和音程 ···················· 14，16	コロス ······················ 12，15
ギリシア文化 ·················· 10，11	コンサート・オブ・エンシェント・ミュージック ········· 80
キリスト教 ····· 10，11，**17**，20，21，22，26，27	コンセール・スピリテュエル ··········· 74
キリスト教会 ················ 177，178	コンチェルト　→協奏曲
グイードの手 ···················· 30	コンチェルト・グロッソ　→合奏協奏曲
空間音楽 ······················· 193	コンピュータ音楽 ·········· 135，**173**
偶然性の音楽 ···················· **166**	
具体音楽　→ミュジック・コンクレート	［さ］
組曲 ·················· 66，67，**79**	サウンドスケープ ·········· 135，**174**
クラヴィコード ··················· 67	サラバンド ······················ 79
クラヴサン ·············· 61，63，108	サロン ························· **106**
グラフィティ ···················· 149	讃歌 ························· 18，30
クーラント ······················ 79	三月革命 ·········· 92，97，109，113
グランド・オペラ ················· 123	産業革命 ·········· 80，92，97，117
グランド・ソナタ ··················· 89	三国協商 ······················ 134
クリミア戦争 ····················· 92	三国同盟 ······················ 134
グレゴリオ聖歌 ······· 18，21，**22**，23	三十年戦争 ·············· 56，**65**，70
黒符計量記譜法 ·········· 42，52，53	山東出兵 ······················ 188
軍歌 ·························· 190	讃美歌（コラール） ······· 37，44，45，65，178
軍楽隊 ············ 84，177，178，180	三部会 ························· 70
芸術文化振興基金 ················· 196	サンフランシスコ平和条約 ··········· 188
啓蒙主義 ········· 70，71，**82**，92，101	サン・マルコ大聖堂 ··············· 37，47
啓蒙専制君主 ····················· 84	式部寮雅楽課 ···················· 177
計量記譜法 ················· 39，**42**	ジーグ ························· 79
劇音楽 ·················· 57，64，67	自然主義 ···················· 51，128
ゲルマン人の大移動 ················· 10	ジダーノフ批判 ················ **158**，162
弦楽四重奏曲 ·········· 83，85，86，94	七年戦争 ························ 70
原始主義 ·········· 135，**138**，140	室内楽 ·········· 61，88，98，106，119，123
減七の和音 ················ 130，137	室内ソナタ ······················ 89
幻想曲 ···················· 77，106	疾風怒濤　→シュトゥルム・ウント・ドラング
五・一五事件 ···················· 188	実用音楽 ······················ 141
公開コンサート ····· 65，74，80，83，96，97，123，124	CD（コンパクトディスク） ··········· 199
交響曲 ······· 76，80，83，85，**90**，94，98，109，114，119，141	示導動機　→ライトモティーフ
交響詩 ·················· 102，**104**，114	支配音 ························· 23
後期ロマン派 ·········· 126，157，160	詩編 ························· 18，45
交唱 ·························· 18	資本主義 ···················· 80，134
口承 ························· 22，46	市民階級 ·········· 57，71，93，115，123
行進曲 ························· 88	社会主義 ·········· 92，134，161，177，188
高度経済成長 ·········· 188，191，196	社会主義リアリズム ·········· 135，157
古楽演奏　→ピリオド演奏	社会包摂 ······················ 196
国際連盟 ················ 177，188	ジャズ ·········· **148**，150，151，154
黒人霊歌 ·········· **147**，148，149，154	ジャポニスム ···················· **129**
国土回復運動 ····················· 20	写本 ·························· 46
国民音楽協会 ·········· 104，118，**123**，124	シャンソン ·············· 38，46，139
国民楽派 ·········· 104，118，**119**，120，142	宗教改革 ·········· 36，37，44，45
国民国家 ···················· 92，134	宗教モテット ····················· 39
ゴスペル ·········· **147**，148，149，154	終止音 ························· 23
古代ギリシアの音階 ················· 14	修辞学 ························· 25
固定楽想　→イデー・フィクス	十字軍 ···················· 20，21，24
コメディ・バレ ················· 62，73	自由七科 ························ 25
固有唱　→ミサ固有唱	自由主義 ·········· 92，97，118
固有文　→ミサ固有文	重商主義 ························ 70
コラージュ ················ 155，171	修道院 ···················· **21**，31
コラージュ（パスティッチョ）様式 ········· 155	12音技法 ······· 135，137，141，**145**，146，**156**，164，168，171
コーラス ························ 15	主題動機労作 ···················· 114

シュトゥルム・ウント・ドラング ·············· 102
シューベルティアーデ ······························ 97
シュレジエン ··· 70
象徴主義 ··················· **128**, 131, 135, 141
序曲 ··············· 60, 83, 88, 90, 98, 111
植民地政策 ·· 36
白符計量記譜法 ················· 42, 43, 52, 53
新ウィーン楽派 ·············· 136, 137, 139, 168
新音楽 ··· **57**
新型コロナウィルス感染症 ··············· 188, 199
ジングアカデミー ································· 99
ジングシュピール ············· 60, 82, 84, 88
新古典主義 ·················· 135, 136, **141**, 156
シンコペーション ················· 32, 147, 148
神聖ローマ帝国 ········· 20, 56, 65, 82, 84, 97, 98
新即物主義 ··· 141
新ドイツ楽派 ······································· 114
新日本音楽 ··· 192
神秘思想 ·· 126
神秘和音 ······························ 126, 137, 157
シンフォニア ······················ 60, 79, 83, 90
新ロマン主義 ···························· 135, **171**
スウィング・ジャズ ································ 148
図形楽譜 ··············· 155, 166, **167**, 169, 192
スケルツォ ·································· 94, 106
スコラ・カントルム ························· 21, 22
ストリーミング ···································· 199
スパルタ ··· 10
スペイン継承戦争 ································· 70
スペクトル楽派 ···································· 172
聖歌 ·················· 11, **17**, 18, 21, 22, 84
聖歌学校 ·· **21**
正格旋法 ··· 23
世紀末芸術 ··································· 92, 126
西南戦争 ·· 176
聖務日課 ······························· 17, 18, 21
聖務日課唱 ··· 40
世界恐慌 ······························ 134, 188, 189
絶対王政 ································· 56, 61, 70
絶対音楽 ····································· 88, **114**
セミオペラ ··· 64
全音音階 ······················· 128, 131, 137, 140
前古典派 ····································· **82**, 89
前奏曲 →プレリュード
ソナタ ··················· 47, 57, 83, **88**, 89, 114
ソナタ形式 ······················ 85, 89, 90, 141
ソナチネ ··· 89
ソルフェージュ ····················· 105, 180, 191
ソ連 ················ 134, 135, **157**, 158, 161, 162, 171
ソロ・コンチェルト →独奏協奏曲

[た]
第一次世界大戦 ·············· 134, 139, 159, 176, 186
大学 ·········· 20, 21, **24**, 25, 152, 183, 189, **190**, 191
大航海時代 ··· 36
対抗宗教改革 ····························· 36, 38, 48
第三共和政 ··································· 92, 123

第二次世界大戦 ···· 134, 147, 148, 155, 158, 160, 162, 171, 188
大日本帝国憲法 ···························· 176, 183
第二帝政 ··· 92
退廃芸術 ······························· 139, 159
退廃主義 ·· 126
太平洋戦争 ······················ 188, 189, 190
ダ・カーポ・アリア ································ 60
多感様式 ··· 82
多声音楽 ··············· 18, 21, 27, 28, 31, 37, 48, 59
多様式主義 ···························· 157, **171**
ダルムシュタット国際現代音楽夏期講習会 ············· 156, **168**
ダルムシュタット派 ································ 164
耽美主義 ·· 126
チェンバロ ································· 67, 108
チャイコフスキー国際コンクール ················· 161
チャールダーシュ ································ 122
チャンス・オペレーション ························· 166
調 ··· **66**
調性 ········ **66**, 111, 126, 130, 137, 140, 141, 145, 146, 171
調性からの逸脱 ··············· 111, 126, 128, 131
朝鮮戦争 ······························ 135, 188
通商条約 ·· 176
通常文 →ミサ通常文
通奏低音 ··············· 33, 50, 57, **58**, 65, 66, 67, 83, 89
ディスカントゥス様式 ·························· 28, 29
デジタル録音 ······································· 199
テトラコルド ·································· 14, 15
テノル声部 ··································· 28, 29
テープ音楽 ······························ 163, 167
電子音楽 ··············· 135, 156, **163**, 167, 171, 173, 193
テンプス ··· 43
典礼音楽 ································· 17, 27, 45
ドイツ・オペラ ······················ 111, 115, 117
ドイツ革命 ······························ 134, 139
ドイツ帝国 ······················ 92, 118, 139
東京音楽学校 ············· 105, **180**, **183**, 184, 185, 190, 191
東京藝術大学 ···························· 105, 191
同時多発テロ事件 ································· 135
東方遠征 ··· 10
東方植民 ··· 20
独奏協奏曲（ソロ・コンチェルト） ··········· 67, 68
独奏ソナタ ··· 89
都市市民（ブルジョワジー） ·············· 71, 92
トータル・セリー ··········· 135, **164**, 166, 169, 171, 172, 193
トッカータ ································· 67, 79
トラジェディ・リリック ······················ **62**, 74
トリオ・ソナタ ····················· 67, 68, **89**
トリスタン和音 ······················ 111, **130**, 137
トルヴェール ································· 26, 27
トルバドゥール ····················· 26, 27, 34
トレチェント ································· 21, 34
トロヴァトーレ ···································· 34
トロープス理論 ···································· 145
トーン・クラスター ················· 154, **169**, 171

[な]
ナショナリズム ····················· 97, 98, 118, 142

ナチス …… 134, 139, 158, 159, 160, 162, 188	ピッチクラス・セット理論 …… 156
ナポレオン戦争 …… 70, 71, 93, 97	ヒップ・ホップ …… 149
ナポリ …… 59, 60, **71**, 72	ビバップ …… 148
ナントの王令 …… 56	微分音 …… 154, **156**, 169
二月革命 …… 92	百年戦争 …… 20
２管編成 …… 90, 94, 106, 114	ピューリタン革命 …… 56, 64
西ローマ帝国 …… 10, 11, 20	表現主義 …… **135**, 136, 137, 140, 141
日独伊三国防共協定 …… 188	標題音楽 …… 102, 104, **114**
日米安全保障条約 …… 188	開かれた形式 …… 155
日米和親条約 …… 176	ピリオド演奏 …… **73**
日露戦争 …… 176	ファンタジア …… 54
日清戦争 …… 176	ファンタジア　→幻想曲
日中戦争 …… 188	フィレンツェ …… 12, 34, 56, 57, 59
二・二六事件 …… 188	フォーヴィスム …… **138**, 140
日本国憲法 …… 188, 191	フォーク …… 150
ネウマ …… 22, 24	フォーブルドン …… 38
ネウマ記譜法 …… 52	フーガ …… 67, **77**, 114, 132
ネウマ譜 …… **24**	不確定性の音楽 …… 135, **166**, 167, 193
能楽 …… 177, 178	複合唱（コーリ・スペッツァーティ）…… 47, 48, 49, 88
農地改革 …… 188	普仏戦争　→プロイセン＝フランス戦争
農奴解放令 …… 118	プラウダ批判 …… 158
ノクターン　→夜想曲	ブラック・ソウル・ミュージック …… **149**
ノートルダム楽派 …… 21, **28**, 29, 31, 33, 41, 52	フランク王国 …… 11, 20, 21, 27, 31, 37
	フランス王家 …… 36
[は]	フランス・オペラ …… 62, 73
バイロイト祝祭劇場 …… 112, **113**	フランス革命 …… 70, 92, 94, **96**, 97, 98, 105, 118, 123
パヴァーヌ …… 54	フランス六人組 …… 141, 142
バスティーユ牢獄 …… 70, 96	フランドル …… 37
パスティッチョ　→コラージュ	フランドル楽派 …… **39**, 47, 48, 50
パスピエ …… 79	プリペアド・ピアノ …… 155, **168**
バッソ・コンティヌオ　→通奏低音	フルクサス …… 155, 171
初音ミク …… **198**	ブルース …… **148**, 151, 153
バッハ・アーベル演奏会 …… 80	ブルゴーニュ楽派 …… **37**, 38, 39
バッラータ …… 34	ブルゴーニュ公国 …… 31, 37, 38, 39
ハープシコード …… 63, 108	ブルジョワジー …… 82, 92
ハプスブルク家 …… 36, 39, 56, 84, 85, 94, 120	ブルー・ノート …… 150, **151**
バブル経済 …… 188	ブーレ …… 62, 79
バラッド・オペラ …… 60	ブレイクダンス …… 149
バラード …… 106	プレリュード …… 67, 79, 107
パリ …… 25, **27**, 61, 71, **73**, 74, 93, 96, 105, 138, 148	プロイセン公国 …… 70
パリ国立高等音楽院 …… **105**	プロイセン＝フランス戦争 …… 124, 142
パリ万国博覧会 …… 128	プロテスタント …… 36, **44**, 57, 65, 151
バレエ …… 61, 73, **122**, 138, 143, 163	プロラツィオ …… 43
バレエ・リュス …… 122, 133, 138	フロンドの乱 …… 56
パレストリーナ様式 …… 48	文化庁 …… 196
パロディ …… 38	文明開化 …… 176
パロディ・ミサ …… 38	平行オルガヌム …… 28
半音階 …… 50, 51, 57, 59, 77, 111, 130, 137, 164	ベトナム戦争 …… 135, 150
半音階主義 …… 137, 141	ペルシア戦争 …… 10
反行形 …… 145, 146	ベルリン …… 71, **75**
ハンブルク …… **75**	ベルリンの壁 …… 135, 161, 162
ピアノ …… 89, 97, 98, 100, 101, 102, 106, **108**	ヘレニズム文化 …… 10
比較音楽学 …… 142	ペロポネソス戦争 …… 10
東日本大震災 …… 188	変格旋法 …… **23**
東ローマ帝国 …… 10, 17	変奏曲 …… 83
ビザンツ教会 …… 17	ヘンデル・ルネサンス …… 142
ビーダーマイヤー …… **97**	亡命文化 …… 135, **160**

[ま]

ポエニ戦争	10
北伐	188
ホケトゥス	32
ホモフォニー	83
ポリス	10
ポリフォニー	57，83
ポルカ	117
ポロネーズ	106，107，118

[ま]

マイスタージンガー	**26**，27，45
マスク	60，64
マズルカ	106，107，118，122
マドリガーレ	34，**50**，51，57
マニエリスム	**51**
マニフィカト	38
満州事変	188
マンハイム楽派	74，**76**，90
ミサ	17，18
ミサ曲	18，32，38，39，40，48
ミサ固有唱	40
ミサ固有文	18
ミサ通常文	18，151
ミニマル・ミュージック	155，171，199
身分制議会	20
ミュジック・コンクレート	135，**163**，171，172
ミューズ	12
民主主義	118，188，189
ミンストレル・ショー	**147**
民族主義	93，118，135，**142**，190
民族主義運動	**118**
ミンネゼンガー	26，27
無限旋律	111
ムーサ	12，15
ムシカ・インストゥルメンタリス	16
ムシカ・フマーナ	16
ムシカ・ムンダーナ	16
無調	111，**137**，145，157
無調音楽	135，**137**，139，140，171
明治維新	176，177，**178**，179，190
名誉革命	56
メディチ家	108
メヌエット	62，63，79，83
モテット	28，**33**，38，40，48，49
モテット様式	33，41
モード	164
モード・リズム	27，**28**，29，42
モノディー	48，57，58，59，65
模倣様式	**41**，47
モンテ・カッシーノ修道院	21，22

[や]

夜想曲（ノクターン）	106
夕べの音楽	65
ユグノー	36，56

[ら]

ライトモティーフ	104，111，**112**
ライプツィヒ	**75**，78，93
ラグタイム	148
ラップ	149
ランディーニ終止	**35**，38
リアリズム	128
リコーダー	54
リチェルカーレ	54
リート	99，**102**
リトルネッロ形式	67
リュート	54，57，64，79
リングシュトラーセ	**109**
ルター派	44，**45**，65
冷戦	135，**161**，162，189
レコード	199
レチタティーヴォ	60，65，111
鹿鳴館	182
ロシア遠征	92
ロシア革命	134，157，158
ロシア五人組	119
ロック	150
ロックンロール	150
ローマ	10，11，17，20，22，48
ローマ楽派	33，47，**48**
ローマ・カトリック教会	17，20，44
ローマ聖歌	11，22
ローマ文化	10，11
ロマン主義	82，89，92，93，**101**，111，122，126，135
ロマンティック・バレエ	122
ロンドー	38
ロンドン	71，**80**，86

[わ]

ワークショップ	197
ワルツ	107，**117**，122

プロフィール

編著

久保田慶一（くぼた・けいいち）
東京藝術大学音楽学部、同大学大学院修士課程を修了。1999年、東京藝術大学より「博士（音楽学）」を授与。ドイツ学術交流会の奨学生として、ドイツ連邦共和国のフライブルク大学、ハンブルク大学、ベルリン自由大学に留学。東京学芸大学、国立音楽大学で勤務。現在、東京経済大学客員教授。
編・著書には、「はじめての音楽史」（音楽之友社）、「キーワード150 音楽通論」、「音楽用語ものしり事典」（以上、アルテスパブリッシング）、「バッハ・キーワード事典」（春秋社）「西洋音楽史100エピソード」、「音楽再発見100エピソード」（以上、教育芸術社）、など多数。
【執筆】各時代「時代と社会」「音楽史の流れ」「まとめと今後の勉強のために」
「アメリカ的音楽を求めて（20～21世紀）」「アメリカの前衛音楽（20～21世紀）」「アメリカの歴史（20～21世紀）」
ランディー二終止 (p.35)　ア・カペッラ (p.51)　ドイツ：ハンブルク、ライプツィヒ、ベルリン、マンハイム (p.75)
啓蒙主義と音楽 (p.82)　ベートーヴェンの交響曲 (p.94)

執筆

上野大輔（うえの・だいすけ）
東京学芸大学大学院連合学校教育学研究科学校教育学専攻博士課程満期退学。これまでに、東京情報大学、東京学芸大学、宇都宮大学等で非常勤講師を務める。現在、東海大学教養学部芸術学科音楽学課程講師、開成学園講師。専門は音楽学。研究テーマは、20世紀にウィーンとベルリンで活躍した作曲家A.シェーンベルクの音楽思想。論文：「A.シェーンベルクの12音技法における音楽思考」（『音楽学』第46巻第3号）
【執筆】「前5～後8世紀」「9～14世紀」「15～16世紀」「20～21世紀」
古典派ソナタに至る歴史(p.88)　トリスタン和音(p.130)　ドビュッシーの和声(p.131)　時代を先取りした作曲家サティ(p.132)

小山文加（おやま・あやか）
東京学芸大学卒業、同大学院修了。在学中にドイツ・ハイデルベルク大学へ交換留学。東京藝術大学大学院（応用音楽学）博士後期課程修了。大学院アカンサス音楽賞受賞。教育学修士、学術博士（博士論文：「日本におけるプロフェッショナル・オーケストラの形成過程」）。アーツカウンシル東京調査員（2012-14）、東京藝術大学音楽学部助教（2015-19）などを経て、現在は教育系NPOに勤務しながらアウトリーチ活動等について実践と研究を重ねる。日本芸術文化振興会文化芸術活動調査員、国立音楽大学非常勤講師などを兼務。専門は音楽史、アートマネジメント、文化政策。
【執筆】「明治・大正」「昭和・平成・令和」

黒川照美（くろかわ・てるみ）
2010年に東京藝術大学音楽学部楽理科を卒業後、2012年に東京藝術大学大学院音楽研究科（音楽学）修士課程を修了。2017年に同大学院博士後期課程を修了し、博士論文「オーケストラ演奏における〈ピリオド対モダン〉の問題系の再考──モダンの文脈から見たエスノグラフィーの試み」で博士号を取得。
【執筆】「17世紀」「18世紀」「19世紀」

【表紙写真】
表紙上から
エピダウロスの劇場の遺跡　◎p.11
弦楽四重奏を指揮するハイドン　◎p.85
『欧州管弦楽合奏之図』　◎p.180
「黄金のホール」と呼ばれるウィーン楽友協会大ホールとウィーン・フィルハーモニー管弦楽団　◎p.109

裏表紙上段左から
ヴィヴァルディの〈四季〉を演奏するファビオ・ビオンディとエウローパ・ガランテ　◎p.72
『パルナッソス』　◎p.12
〈乾杯の歌〉を歌うヴィオレッタ　◎p.116

裏表紙下段左から
ボエティウスに自由七科を紹介する哲学　◎p.25
『大調練之図』　◎p.178
『リュートを弾く若者』　◎p.54

増補改訂版
音楽史を学ぶ　古代ギリシアから現代まで

2024年10月30日　第1刷発行

編　著　　久保田慶一

執　筆　　上野大輔、小山文加、黒川照美

写真提供　アフロ／朝日新聞社／AP／エル・システマジャパン／大阪府／木之下晃アーカイヴス／
　　　　　クリプトン・フューチャー・メディア／ゲッティイメージズ／サントリーホール／
　　　　　水曜社（日本のオペラ史）／新日本フィルハーモニー交響楽団／
　　　　　DNPアートコミュニケーションズ／東京藝術大学附属図書館／東京都／東京二期会／
　　　　　鳴門市ドイツ館／日本オペラ振興会／日本音楽集団／日本楽劇協会／
　　　　　兵庫県立芸術文化センター／毎日新聞社／宮城道雄記念館

発行者　　株式会社 教育芸術社（代表者　市川かおり）
　　　　　　東京都豊島区長崎1丁目12番14号
　　　　　　電話　03-3957-1175（代表）　03-3957-1177（販売部直通）

印　刷　　新日本印刷
製　本　　共栄社製本

©2024 by KYOGEI Music Publishers.
ISBN978-4-86779-067-0 C3073

https://www.kyogei.co.jp